LE
LIBRE ARBITRE

ÉTUDE PHILOSOPHIQUE

PAR

ERNEST NAVILLE

ASSOCIÉ ÉTRANGER DE L'INSTITUT DE FRANCE

> La liberté est aussi essentielle aux esprits
> que l'étendue l'est aux corps.   EULER.

PARIS

LIBRAIRIE FISCHBACHER

(Société anonyme)

33, RUE DE SEINE, 33

1890

LE LIBRE ARBITRE

DU MÊME AUTEUR :

Librairie DELAGRAVE à Paris.

	fr. c.
Œuvres inédites de Maine de Biran. 3 vol. in-8º	18 —

Librairie PERRIN à Paris.

Maine de Biran sa vie et ses pensées. In-12	3 50

Librairie ALCAN à Paris.

La Logique de l'hypothèse. In-8º	5 —
La Physique moderne. In-8º	5 —

Librairie CHERBULIEZ à Genève.

La Vie éternelle. In-12.	2 —
Le Père céleste. In-12	3 —
Le Problème du mal. In-8º	5 —
» » In-12	3 —
Le Christ. In-8º	4 —
» In-12	2 —

Librairie GEORG à Genève.

La Question électorale en Europe et en Amérique. In-8º . . .	2 50
Les Progrès de la réforme électorale en 1873. In-8º	1 —
Les Progrès de la réforme électorale en 1874 et 1875. In-8º . .	2 —
La Démocratie représentative. In-8º	1 —

LE
LIBRE ARBITRE

ÉTUDE PHILOSOPHIQUE

PAR

ERNEST NAVILLE

ASSOCIÉ ÉTRANGER DE L'INSTITUT DE FRANCE

> La liberté est aussi essentielle aux esprits
> que l'étendue l'est aux corps. EULER.

PARIS
LIBRAIRIE FISCHBACHER
(Société anonyme)
33, RUE DE SEINE, 33

1890

AVANT-PROPOS.

La question du libre arbitre a toujours figuré dans le programme de la philosophie[1], mais jamais peut-être les discussions qu'elle suscite n'ont été établies aussi bien qu'à notre époque sur des bases vraiment scientifiques. Les progrès de la physique, dont la loi d'inertie est le fondement, ont généralisé l'idée du déterminisme des phénomènes. De là une tentation à laquelle cèdent nombre de savants : celle de faire du postulat légitime de l'étude de la matière la règle suprême de l'univers, et de nier *a priori*, par la conception même de la science, l'existence de la liberté. Les progrès de la physiologie ont apporté un appui considérable à cette manière de penser. On a toujours connu l'influence du corps sur l'esprit; on n'a jamais ignoré que l'abus de l'alcool trouble les facultés, et que les narcotiques en suspendent l'exercice; mais il y avait loin de ces observations élémentaires aux données de la science actuelle qui établit le lien intime de tous les phéno-

---

[1] On consultera avec intérêt et profit pour l'histoire de la question le volume de M. Fonsegrive, *Essai sur le libre arbitre, sa théorie et son histoire*. Paris, Félix Alcan, éditeur, 1887.

mènes intellectuels et moraux avec les mouvements de la substance cérébrale. En même temps qu'elle a mis ce lien en évidence, la physiologie a réussi à ramener un grand nombre de phénomènes vitaux aux lois de la physique et de la chimie. Dans l'état actuel des études, une psychologie qui n'est pas en quelque mesure physiologique, et une physiologie qui ne prend pas en considération les données de la psychologie sont des sciences très incomplètes. Tels sont les résultats incontestables de l'observation. Mais il arrive que, par une distraction étrange, un certain nombre de philosophes passent de l'idée des rapports de deux ordres de faits distincts à celle de leur identité. Ils pensent que la physiologie remplacera la psychologie, et ramènera finalement toutes ses explications aux lois qui régissent les mouvements de la matière. Un courant d'opinion qui emprunte ses ondes à des sources diverses tend à présenter l'idée du libre arbitre comme une illusion que la science doit détruire, et conduit à ne voir dans les esprits comme dans les corps que les rouages d'un mécanisme dans lequel la liberté ne saurait avoir aucune place.

Non seulement ce courant d'opinion existe, mais il tend à s'imposer par l'argument d'autorité. A l'époque de la scolastique un passage d'Aristote tenait souvent lieu de raison ; aujourd'hui la *science moderne*, telle que la conçoivent ceux qui pensent être ses représentants par excellence, est souvent invoquée comme une puissance anonyme devant laquelle il faut s'incliner, si l'on ne veut pas être rangé au nombre des esprits en retard. Les études philosophiques ne produisent pas toujours, comme elles devraient le faire, l'indépendance de la pensée. Il est nombre d'hommes qui prennent l'audace des affirmations pour un indice de leur vérité, et qui craignent de n'être pas dans le courant des idées de leur époque autant que certaines dames redoutent un vêtement qui ne serait pas à la mode. On parle, et non pas toujours sans quelque dédain, d'une psychologie *intérieure, métaphysique, ancienne* qui faisait de la personne humaine un être réel et actif, psychologie à laquelle il faut renoncer pour en adopter une autre dont le dogme fondamental paraît être que les manifestations de l'esprit humain ont un caractère de nécessité. Il serait facile de constater cette disposition de la pensée dans les publications d'auteurs français contemporains; mais personne n'a manifesté un mépris plus entier pour les défenseurs du libre arbitre qu'un Allemand qui joignait à un talent exceptionnel une dose non moins exceptionnelle d'orgueil et d'impertinence : Schopenhauer. Les hommes qui pensent trouver dans la conscience la preuve de la liberté sont signalés par lui comme : « des philosophatres sans cervelle, des ignorants sans culture, des esprits superficiels ou timides, des discoureurs indécis et flottants [1]. » Si l'on prenait souci des injures et des sarcasmes de ce philosophe irascible, on pourrait se rassurer en observant qu'il est obligé de placer Descartes et Leibniz dans le nombre des esprits superficiels ou timides, tandis que Priestley et Voltaire figurent dans son catalogue des penseurs profonds.

La négation de la liberté est aussi ancienne que la philosophie ; mais ce qui caractérise la crise actuelle de la pensée, c'est l'appareil scientifique toujours plus considérable sur lequel on appuie cette négation. Sans la liberté

---

[1] *Essai sur le libre arbitre*, par Arthur Schopenhauer, traduction Salomon Reinach, pages 88, 89, 120, 203, etc. — Voir, dans le présent volume, l'article 82.

cependant, la responsabilité disparaît, et toutes les bases de l'ordre moral se trouvent supprimées. Personne ne peut raisonnablement contester le lien qui unit l'affirmation du libre arbitre aux notions ordinaires de la morale; mais les penseurs peuvent prendre à cet égard deux positions différentes. Les uns ne reculent pas devant les conséquences logiques d'une conception déterministe de la nature humaine; ils mettent au rang des chimères, en même temps que le libre arbitre, la responsabilité et tous les jugements qui s'y rapportent. D'autres marchent dans la voie ouverte par Kant. Ils admettent que le déterminisme est la vérité au point de vue scientifique; mais, ne voulant pas sacrifier les notions qui font la dignité de l'esprit humain, ils se réfugient dans une foi morale qui subsiste pour eux à côté de la science, bien qu'elle paraisse en contradiction avec elle. Mettre ainsi hors de la science l'ordre moral et le libre arbitre qui en est la base est un procédé violent qui ne sera jamais à l'usage que d'un nombre restreint d'individus, parce qu'il place la pensée en contradiction avec la recherche de l'unité qui est l'instinct fondamental de la raison. Le libre arbitre, s'il existe, est une des données essentielles du problème capital de la philosophie. Maine de Biran a très bien vu que ce problème est de savoir si la volonté est une cause proprement dite, ou si elle n'est que l'un des modes nécessaires de la substance éternelle. Constatant le rapport intime de cette question avec celle des fondements de la morale, il écrit: « le premier problème de la philosophie « ne sera bien résolu que par l'analyse de la conscience mo- « rale et *vice versa* [1] ».

---

[1] Manuscrit inédit.

AVANT-PROPOS.

L'étude du libre arbitre a été, dans l'ensemble de mes travaux, un fragment d'un essai de philosophie complète. L'introduction qui succède à cet avant-propos est destinée à marquer la place de ce fragment dans l'ensemble dont il fait partie.

Les grands docteurs de l'Église chrétienne, depuis le temps de saint Augustin jusqu'à celui de Bossuet et de ses successeurs, ont souvent écrit des traités spéciaux sur la question du libre arbitre. Ils ont dû établir les rapports de leur doctrine avec l'autorité religieuse qui était l'objet de leur foi, et discuter la portée, soit des textes de l'Écriture-Sainte, soit des décrets des Conciles. Les mots *étude philosophique*, placés comme sous-titre en tête de ce volume, indiquent que la question ne sera pas abordée sous ce point de vue, mais sera traitée uniquement selon la méthode de la philosophie qui n'admet que deux autorités : celle des faits, constatés directement ou par le témoignage, et celle de la raison. Du reste, il serait facile de montrer que les idées de la liberté et de la responsabilité se trouvent aux fondements intellectuels de l'édifice religieux qui abrite les chrétiens. La négation du libre arbitre, lorsqu'elle s'est introduite dans la théologie, a été l'infiltration de théories étrangères aux doctrines qui se dégagent logiquement de la foi des Églises.

L'écrit que le lecteur a dans les mains garde, dans le procédé adopté pour l'exposition des idées, la trace de son origine. C'est la reproduction soigneusement revue et corrigée d'un enseignement oral. J'avais adopté pour cet enseignement la méthode de brèves dictées suivies de leur explication. Ce procédé m'a paru offrir de sérieux avantages. En mettant les idées principales en saillie dans un texte précis, il offre aux auditeurs une base d'étude plus sûre que leurs souvenirs ou leurs simples notes; il leur permet d'indiquer avec précision les points sur lesquels ils peuvent avoir des explications à demander ou des objections à poser. D'autre part, ce procédé préserve le professeur des entraînements de la rhétorique, de l'intervention abusive de l'art oratoire dans des matières scientifiques. Ces avantages subsistent pour les lecteurs qui jugeraient les pages suivantes dignes d'être étudiées et non pas simplement parcourues. Pour faciliter cette étude, des chiffres placés entre parenthèses renvoient aux dictées à consulter pour bien saisir la portée des affirmations contenues aux endroits où ces chiffres se trouvent placés.

INTRODUCTION.

Pour marquer la place de la philosophie dans l'ensemble des connaissances humaines, il faut déterminer ses caractères spécifiques[1]. Toutes les sciences se ramènent à l'unité dans la pensée qui est leur instrument commun. Descartes s'exprime ainsi dans la première de ses *Règles pour la direction de l'esprit* : «Toutes les sciences réunies ne sont «rien autre chose que l'intelligence humaine, qui reste «toujours une, toujours la même, si variés que soient les «objets auxquels elle s'applique, et qui n'en reçoit pas plus «de changements que n'en apporte à la lumière du soleil «la variété des objets qu'elle éclaire». Cette pensée est incontestablement vraie si l'on ne considère que le sujet du savoir; mais si on lui donne une signification générale, elle devient manifestement fausse. Unes par leur instrument commun, les sciences se diversifient par la diversité des objets auxquels s'applique l'instrument intellectuel. Si on prend la phrase de Descartes dans un sens absolu, on en extrait

---

[1] Les considérations brièvement indiquées ici ont été présentées avec plus de développements dans la *Bibliothèque universelle*. Avril et mai 1884.

le système de Hegel; mais le système de Hegel résulte de la confusion entre deux formules dont le contenu est fort différent. Il est certain qu'il y a de la logique partout; mais il n'en résulte pas que la logique soit tout. En réalité, il y a autant de sciences distinctes qu'il y a d'objets irréductibles auxquels s'applique la pensée.

Lorsqu'on distingue la philosophie de sciences telles que la logique, la psychologie, la morale, qu'on peut désigner légitimement par le titre de *philosophiques*, mais qui ne sont toutefois que des sciences particulières, on constate qu'elle n'a pas de matière spéciale. Ses recherches se portent sur toutes les classes d'êtres; la généralité est son premier caractère. Si un philosophe prétendait tout savoir, sa prétention serait une orgueilleuse folie; mais la philosophie est possible parce que, bien que sa matière soit générale, elle a un but spécial qui caractérise et limite ses recherches. Ce but est la découverte d'une unité cachée sous la multiplicité des phénomènes. La raison, obéissant à un besoin essentiel et fondamental, se place en face du monde considéré comme un tout, et se pose cette question: Quel est le principe qui peut rendre raison de la totalité des objets de l'expérience? Généralité et recherche de l'unité, tels sont les caractères de la philosophie. Ces deux idées se réunissent en une seule, celle de l'universalité. Le mot univers, d'après son étymologie (*unum* et *versum*) désigne l'ensemble des choses considérées comme tournées vers l'un. En disant *univers* nous exprimons la totalité des êtres dans leur rapport à l'unité. Les deux caractères de la philosophie peuvent donc être réunis dans cette définition: *l'étude du problème universel.*

Tel est l'objet de la philosophie; quelle est sa méthode?

Celle de toutes les sciences, méthode qui se compose de ces trois actes de la pensée : observer, supposer, vérifier. Observer ou constater les faits, supposer un principe d'explication, voir enfin si le principe supposé rend compte des données de l'observation [1]. Ces trois éléments de la méthode, envisagés en eux-mêmes et d'une manière générale, sont identiques dans toutes les sciences, mais leur mode d'application diffère selon la nature des objets observés.

La philosophie, vu son caractère de généralité, doit diriger l'observation sur tout l'ensemble des choses ; mais elle n'a pas à s'enquérir du détail infini des phénomènes, ce qui rendrait sa tâche impossible ; voici pourquoi : Les sciences particulières réussissent à rendre raison d'une multitude de faits par un petit nombre de données. La mécanique céleste, par exemple, qui est la plus avancée de toutes nos sciences, explique tous les mouvements des astres par leur position, leur masse et la loi de gravitation. Ces résultats acquis seront pour la philosophie un point de départ et un contrôle. Il en est de même de tous les résultats vérifiés des sciences particulières. Ces résultats, dans lesquels une multitude de faits sont ramenés à un petit nombre de formules, sont l'objet de l'observation philosophique. On peut dire, si l'on veut, que la philosophie est la reine des sciences ; mais il faut ajouter qu'elle occupe le trône d'une monarchie essentiellement constitutionnelle ; elle ne dirige les sciences particulières que sous la condition de se soumettre sans réserve à leurs décisions légitimes.

Le but de l'observation philosophique est de constater

[1] Voir la *Logique de l'hypothèse*, un volume in-8°. Paris, Germer Baillière, 1880.

quelles sont, dans l'ensemble des choses, les classes d'êtres véritablement distinctes. Aussi, bien qu'il intervienne dans ce travail une foule de synthèses, le but de l'effort de la pensée étant la distinction des éléments de l'univers, cette première partie de la science peut être désignée par le terme Analyse.

La supposition propre à la philosophie est une détermination de la nature du principe premier. En présence de cette tâche, un homme modeste et prudent ne s'enfermera pas dans la solitude de sa pensée individuelle. Il s'informera des solutions du problème universel qui ont été essayées dans le cours des siècles, et dont la valeur peut être appréciée par leurs conséquences. Il agira comme un voyageur qui, pour éclairer ses démarches, prend connaissance des relations de ceux de ses devanciers qui ont exploré les régions dans lesquelles il veut s'engager. L'histoire de la philosophie a donc sa place marquée dans la deuxième partie d'un travail auquel sa nature impose le nom d'Hypothèse.

Une hypothèse n'ayant de valeur que dans la mesure où elle rend raison des faits, la vérification doit suivre la supposition. Vérifier un principe, c'est en déduire les conséquences, et comparer ces conséquences aux données de l'observation. Les résultats des sciences particulières, qui ont formé la base de la philosophie, reparaissent donc pour fournir le contrôle des hypothèses essayées. Comme il s'agit de relier les divers éléments du monde à un principe d'unité, ce troisième travail peut recevoir le nom de Synthèse.

Analyse, hypothèse, synthèse, telles sont les trois parties d'une philosophie complète. Constatons d'abord quels sont les résultats de l'analyse.

Le premier objet qui s'offre à l'observation est le corps ou la matière, c'est-à-dire ce qui frappe les sens et se représente à l'imagination. La réflexion établit que l'essence du corps est sa résistance dans l'espace ; et la science moderne a démontré que les qualités des corps telles que le son, la lumière et la chaleur sont des rapports entre les mouvements de la matière et notre sensibilité, en sorte que s'il n'existait pas d'êtres capables de sentir, il n'y aurait ni lumière, ni chaleur, ni son, mais seulement les mouvements auxquels répondent diverses sensations lorsque les êtres capables de sentir existent. Il est un groupe de sciences qui s'occupent de la matière seule : la mécanique, la physique, la chimie, la géologie pure, l'astronomie et la minéralogie. Elles se réunissent dans une science de premier ordre que je désignerai, en profitant d'une indication d'Ampère, par le nom de *Stéréologie*[1].

La stéréologie a pour objet l'étude de la matière inorganique. Son ambition est de ramener toutes ses explications aux lois de la mécanique. La principale de ces lois est la loi d'inertie, ou l'affirmation que les corps ne modifient jamais leur propre mouvement. La matière est une force, puisqu'on appelle force toute cause de modification du mouvement. En effet, si un corps qui se meut en rencontre un autre, le mouvement de ces deux corps se trouve modifié. Mais la matière n'est jamais force par rapport à elle-même ; tant qu'une cause étrangère n'intervient pas, elle demeure dans l'état où elle se trouve. La loi d'inertie, dont la

---

[1] στερεός *ferme, dur*. Ce mot ne s'applique à proprement parler qu'aux solides ; mais les Grecs l'ont employé déjà dans un sens plus général, et il peut désigner tout ce qui est matière. — Voir Ampère, *Essai sur la philosophie des sciences*, tome I, page 76.

formule remonte à Descartes, a été souvent attaquée, et l'est encore de nos jours, dans un intérêt philosophique[1]. La meilleure réponse à ces attaques est celle que faisait Euler, réponse dont les progrès de la science n'ont pas diminué la valeur. « Quelque solidement établie que soit la « vérité de ce principe que tout corps étant mis en mouve- « ment continue à se mouvoir avec la même direction et la « même vitesse, à moins qu'il ne survienne quelque cause « extérieure qui dérange ce mouvement, elle est néanmoins « attaquée par quelques philosophes qui n'ont jamais fait « de grands progrès dans la science du mouvement, pen- « dant que ceux auxquels nous sommes redevables de toutes « les grandes découvertes qui ont été faites dans cette « science, conviennent unanimement que toutes leurs re- « cherches sont uniquement fondées sur ce principe[2]. » On peut donc considérer l'inertie de la matière comme une des bases fondamentales des études stéréologiques.

Comment la matière nous est-elle connue ? Son idée essentielle est celle de la résistance dans l'espace. D'où vient cette idée ? De la résistance des corps étrangers au mouvement de notre corps propre et de celle de notre corps propre à l'action de la volonté. Un homme aveugle et sourd possède la notion du corps qui lui résiste ; mais pour un être incapable de vouloir, l'idée de la matière n'existerait pas. Comment les propriétés secondaires de la matière (lumière, chaleur, etc.) nous sont-elles connues ? Ce sont des rapports entre des mouvements et notre sensibilité, en sorte qu'un être sensible seul peut en avoir l'idée. D'où

---

[1] Voir *la Physique moderne*, un volume in-8°. Paris, Germer Baillière, 1883, pages 109 et suivantes.

[2] *Lettres à une Princesse d'Allemagne*. Partie II, lettre 5.

vient enfin notre connaissance scientifique de la matière? Toute science suppose les lois de notre intelligence. Sans la volonté s'exerçant par la force motrice, pas d'idée des corps; sans les êtres sensibles pas de chaleur, pas de lumière; sans les êtres doués de raison pas de science des corps. La condition de la connaissance de la matière est donc que nous nous connaissions nous-mêmes sous un triple rapport, comme étant doués d'activité, de sensibilité et d'intelligence.

L'esprit qui connaît le corps se connaît lui-même par la conscience qu'il a de son être propre. Il y a là une série de faits parfaitement distincts des phénomènes objectifs, des faits que nous appelons *psychiques* et qui appartiennent à l'esprit. Le plus important de ces faits est celui d'une activité qui, par opposition à l'inertie de la matière, renferme un élément de liberté. Voici donc une série de sciences qui ont l'esprit humain pour objet: la psychologie, la morale, l'histoire, la théorie de la société, etc. Les sciences qui composent ce groupe peuvent êtres réunies dans une science de premier ordre, sous le nom de *Pneumatologie*. Ce mot, couramment employé autrefois, est tombé en désuétude; mais il est resté dans le Dictionnaire, et il convient de le maintenir pour désigner l'ensemble des études relatives aux éléments spirituels de l'univers. Il n'y a, me paraît-il, aucune raison valable pour en limiter l'application, comme l'a fait M. Bartholmèss dans le *Dictionnaire des sciences philosophiques*, aux doctrines religieuses ou mystiques relatives aux esprits supposés intermédiaires entre l'homme et Dieu comme les anges et les démons.

Directement, chacun de nous ne connaît qu'un seul esprit: le sien; mais par une induction dont personne ne conteste sérieusement la valeur, nous attribuons un esprit comme le nôtre aux êtres que nous appelons nos semblables, et dont la collection forme l'humanité. Y a-t-il des esprits supérieurs à l'esprit humain? On le nie quelquefois en déclarant que l'homme est le sommet de l'univers. Cette assertion manque à la fois de prudence et de modestie. Ce qui demeure acquis, c'est que l'existence d'esprits supérieurs à l'humanité ne peut être considérée que comme une probabilité, ou comme une possibilité dont la vérification expérimentale directe est impossible. Une autre question est celle de savoir s'il existe des esprits inférieurs à celui de l'homme. Par une induction naturelle, qui a plus de force qu'une simple analogie, nous attribuons des éléments psychiques aux bêtes. Il est bien difficile de les considérer comme de simples machines, ainsi que le voulait Descartes.

Stéréologie et Pneumatologie; voilà deux sciences de premier ordre, renfermant chacune un grand nombre de sciences secondaires. Est-ce tout, ou faut-il établir une troisième science de premier ordre? La question est de savoir s'il y a une science de la vie qui ne rentre ni dans la stéréologie ni dans la pneumatologie? Il s'agit de la vie simple, de la vie dégagée de tout élément psychique, telle que l'opinion commune l'attribue aux végétaux. La vie simple s'explique-t-elle par les lois de la physique et de la chimie? Si oui, il n'y a pas une science spéciale des êtres vivants; si non, il faut reconnaître entre la stéréologie et la pneumatologie une troisième science de premier ordre.

En théorie pure, on ne peut pas dire que les phénomènes de la vie simple soient irréductibles aux lois de la physique, puisque ces phénomènes se réduisent à des mouvements;

mais en présence des résultats de l'observation il en est autrement, du moins dans l'état actuel de nos connaissances. Demandez à un géologue comment les Alpes ont été soulevées et d'où procède l'ordre de leurs couches, il vous répondra d'une certaine manière. Un de ses confrères vous répondra peut-être autrement ; mais il y a un point sur lequel ils seront d'accord, malgré la diversité possible de leurs pensées. Ils ne chercheront l'explication des phénomènes que dans les lois de la physique et de la chimie. Demandez-leur d'expliquer l'origine des forêts qui couvrent les montagnes. Les rochers se sont soulevés par l'action des agents physiques, pourquoi les sapins ont-ils dressé leurs pointes vers le ciel ? Les géologues répondront que la question sort des limites de leur science, et ils vous renverront aux botanistes. Pourquoi ? parce qu'ils admettent qu'il existe dans les êtres vivants des principes spéciaux de coordination des mouvements de la matière. Cette opinion n'est pas incontestée dans les débats contemporains de la pensée, mais c'est l'opinion la plus généralement admise. Claude Bernard était arrivé à la conviction que là où paraît la vie il y a quelque chose qui n'est ni la physique, ni la chimie, savoir le principe même de l'organisation. Dans un ouvrage dont il corrigeait les épreuves sur son lit de mort, il a résumé sa pensée dans cette phrase : « La force « vitale dirige des phénomènes qu'elle ne produit pas ; les « agents physiques produisent des phénomènes qu'ils ne dirigent pas[1]. » Il est facile de développer cette pensée en se rendant compte des conditions de la construction d'un édifice. On a taillé des pierres dans la montagne ; on s'est

---

[1] *Leçons sur les phénomènes de la vie communs aux animaux et aux végétaux.* Tome I, page 51.

procuré du fer ; on a coupé des arbres dans la forêt ; des maçons, des charpentiers, des serruriers ont travaillé les matériaux ; il n'est aucune des parties du bâtiment dont on ne trouve la cause efficiente dans le travail des ouvriers ; mais le travail des ouvriers ne doit pas faire oublier celui de l'architecte qui a coordonné les actions accomplies en vue du plan qu'il avait conçu. De même, il peut y avoir dans les êtres vivants un principe directeur et coordonnateur des mouvements, bien que tout s'accomplisse conformément aux lois de la physique. S'il en est ainsi, la vie est l'objet d'une étude spéciale. La botanique, la zoologie et la science des êtres qui paraissent intermédiaires entre le règne végétal et le règne animal se réunissent dans une science de premier ordre qui reçoit le nom de *Biologie*.

Il importe de préciser quelle est l'idée de la vie simple. C'est celle d'un principe spécial de mouvement. Nous ne croyons pas que ce principe ait conscience de ce qu'il fait ; nous ne croyons pas que les germes du chêne, du palmier, de la violette aient l'idée des formes que produira leur développement. Il y aurait donc en chaque vivant, une force inconsciente réalisant un type qu'elle ignore. Entre l'inertie de la matière et la liberté de l'esprit apparaît ainsi la spontanéité de la vie.

Tel est le résultat général de l'analyse philosophique dont je n'ai pu offrir ici que de faibles linéaments.

Trois éléments : Matière, vie et esprit.

Trois principes : Inertie, spontanéité, liberté.

Trois sciences de premier ordre : Stéréologie, Biologie, Pneumatologie.

Passons à l'hypothèse. Quelle est la nature de l'hypothèse philosophique ? C'est un essai de détermination d'un principe premier. Tout système de philosophie est un *monisme*, c'est-à-dire une recherche de l'unité, et tout monisme est un système de philosophie. L'école matérialiste contemporaine s'est approprié ce terme indûment, et c'est à tort que quelques-uns de ses adversaires le lui ont concédé. La vraie notion de la philosophie étant admise, la question n'est pas de savoir si l'on doit rechercher l'unité, mais quelle est la nature de l'unité.

Au sujet de l'hypothèse philosophique il se pose deux questions préalables: La recherche est-elle légitime? Peut-elle aboutir à un résultat?

La recherche de l'unité est-elle légitime? C'est demander quelle est la valeur de la raison humaine; car, selon une définition qui, sauf erreur, remonte à Saint-Augustin, la raison humaine est une force orientée vers l'unité. On pourrait opposer à cette affirmation l'existence du polythéisme; mais l'histoire des religions ne montre jamais le polythéisme, lorsqu'il revêt un caractère sérieux, absolument séparé de quelque conception relative à l'unité du principe du monde. On trouve dans les Védas l'affirmation que les différents dieux ne sont que les divers aspects sous lesquels se présente un être unique. La philosophie grecque apparaît, dans quelques-uns de ses représentants les plus illustres, en lutte ouverte avec l'idolâtrie. Des savants dont l'opinion a du poids admettent que le monothéisme a précédé historiquement l'adoration des dieux multiples, et il n'est pas démontré qu'ils aient tort. Du reste la solution de ce problème n'importe pas à l'objet de mon étude. Il suffit de constater que la raison cultivée par la réflexion a toujours réagi contre le polythéisme qui est la doctrine de l'imagination.

Une objection plus sérieuse à l'idée que la raison cherche naturellement l'unité peut être tirée de l'existence du dualisme. Le monde offre partout une série d'oppositions : le corps et l'esprit, le bien et le mal, la lumière et les ténèbres, etc. L'idée dualiste est donc le résultat assez naturel de l'expérience. Cependant on ne la voit jamais, sauf peut-être chez les Manichéens, obtenir de la pensée humaine une adhésion sans réserve. Les anciens Perses expliquent le monde par la lutte d'Ormuz, le principe du bien, et d'Ahrimane, le principe du mal. Mais plusieurs des interprètes de cette antique doctrine admettent que les deux principes opposés sont sortis d'une unité primitive. Plusieurs aussi admettent qu'Ahrimane n'est pas éternel, ou ne sera pas éternellement mauvais. Selon les uns il sera détruit, selon les autres il sera converti. On a signalé souvent des traces de dualisme dans la pensée de Platon et dans celle d'Aristote. Ils ont besoin pour leur explication du monde d'une matière coéternelle à l'esprit. Cela est vrai; mais ce qui est également vrai, c'est que la pensée de ces philosophes, si elle ne réussit pas à atteindre pleinement l'unité, fait un constant effort pour y parvenir. A la lumière de l'histoire, on peut affirmer que, nonobstant l'existence du polythéisme et du dualisme, la raison humaine tend à l'unité et la recherche. Cette recherche dont on ne peut contester le caractère naturel, et qui a la valeur de la raison même dont elle est la plus haute expression, peut-elle aboutir? Non, répond le scepticisme, et cette doctrine se présente sous trois formes différentes.

1° Le scepticisme absolu nie la possibilité de savoir, d'une manière générale, et quel que soit l'objet de la recherche.

Cette négation radicale renferme nécessairement la négation de la possibilité de la philosophie.

2º On peut admettre qu'une détermination rationnelle d'un premier principe est impossible, ce qui est le scepticisme philosophique, mais qu'il y a moyen de s'élever au-dessus de la raison, et de s'unir au principe premier par un procédé ineffable qui est l'extase. C'est le mysticisme pratiqué dans les Indes et préconisé par l'école d'Alexandrie.

3º Une grande et noble école affirme qu'on ne peut arriver à aucune détermination théorique du premier principe (c'est encore le scepticisme philosophique), mais que l'homme a le sentiment du devoir, et peut élever sur ce fondement des doctrines qui ont une valeur pratique absolue, mais sans avoir une valeur scientifique; c'est le criticisme de Kant que j'aurai à étudier dans ses rapports avec la doctrine de la liberté [1].

Si l'on ne s'arrête pas à l'une de ces formes de scepticisme, on essaie une affirmation sur la nature du principe premier, et cette affirmation devient la base d'un système. Le scepticisme, le criticisme et le mysticisme sont des philosophies, parce que la philosophie est une recherche dont le caractère subsiste quel qu'en soit le résultat; mais il convient de réserver le nom de SYSTÈMES pour les solutions affirmatives du problème posé. La phi-

---

[1] Il serait faux et injuste de confondre le criticisme avec le scepticisme, en donnant à ce second terme une valeur générale. Le criticisme est croyant; mais sa foi *morale* laisse la science sceptique au point de vue de la philosophie telle que j'en ai déterminé l'idée.

Qu'il me soit permis de déposer ici l'expression de ma respectueuse sympathie pour les efforts persévérants consacrés par M. Renouvier à défendre, contre le déterminisme contemporain, les affirmations de *la grande et noble école* dont il est, dans les pays de langue française, le représentant par excellence.

losophie est un genre dont les systèmes sont des espèces. Si l'on admet cette terminologie on dira : la philosophie de Hume et le système de Hobbes, la philosophie de Kant et le système de Hégel. Il n'existe que trois systèmes vraiment distincts : le matérialisme, l'idéalisme et le spiritualisme. Ces trois systèmes, à l'état pur ou à différents degrés de mélange, et avec les luttes que leurs partisans soutiennent entre eux et contre le scepticisme, constituent toute la trame de l'histoire de la philosophie.

Le matérialisme prend l'objet des sens pour le principe universel. Il affirme que les agrégats matériels et leurs mouvements constituent seuls la réalité dont la vie et les phénomènes psychiques sont de simples manifestations. C'est l'ancienne doctrine de Démocrite et d'Épicure. L'affirmation est reproduite, de nos jours, par des penseurs qui s'efforcent de lui trouver un appui dans les progrès de la science moderne. C'est une conception *stéréologique* du principe universel. Cette doctrine des sens et de l'imagination se détruit au premier éveil d'une réflexion sérieuse. Nous ne connaissons la matière que sous condition de nous connaître nous-mêmes. Comment faire entendre que la matière existant seule, elle puisse devenir l'objet du travail de l'intelligence? Pour qu'un acte de vision matérielle s'accomplisse, la présence d'un objet visible ne suffit pas, il faut le regard. La vision intellectuelle est dans les mêmes conditions, et l'on peut soutenir hardiment cette thèse, qui devient évidente dès qu'on y réfléchit: Si la matière existait seule, le matérialisme n'existerait pas.

Autant le matérialisme est facile à entendre, parce que c'est la doctrine des sens et de l'imagination, autant il est difficile de comprendre l'idéalisme. Il ne s'agit pas ici de cet idéalisme auquel Berkeley a attaché son nom, et qui consiste à nier la réalité des corps pour ne laisser subsister que leurs idées; ce dont il est question c'est d'une affirmation relative au principe de l'univers. Il faut entendre que des idées, des lois, sont les seules réalités, et se rattachent à une idée suprême, à une loi primitive dont elles sont l'épanouissement, et dont on peut logiquement les déduire. M. Taine a exposé cette conception, qui n'est pas la sienne, dans les termes suivants: «Au suprême sommet des choses, au plus «haut de l'éther lumineux et inaccessible, se prononce «l'axiome éternel; et le retentissement prolongé de cette «formule créatrice compose, par ses ondulations inépui-«sables, l'immensité de l'univers. Toute forme, tout chan-«gement, tout mouvement, toute idée est un de ses actes[1]». Conçoit-on un axiome qui se prononce sans être prononcé? Comprend-on ce que peuvent être les ondulations d'un axiome, comment un axiome est une formule créatrice, et comment toutes choses peuvent être les actes d'un axiome? Il serait impossible cependant de rédiger une exposition de l'idéalisme pur qui ne demeurât pas enveloppée des mêmes obscurités; l'esprit ingénieux de M. Taine n'a réussi qu'à rendre les ténèbres visibles.

Pour que l'idéalisme devienne intelligible, il faut qu'il se transforme, en plaçant sous l'idée une force qui la réalise. Cette force étant supposée inconsciente (supposition imposée à la doctrine) ne possède aucun élément de détermination propre. Elle réalise donc nécessairement des idées, et c'est dans ces idées que se trouve la raison d'être dernière des choses. En se transformant, l'idéalisme con-

---

[1] *Les Philosophes français du XIXᵉ siècle*, chapitre XIV.

serve donc son caractère essentiel. Mais qu'est-ce qu'une force inconsciente réalisant des types qu'elle ignore? C'est le principe de la vie simple tel que nous le concevons. L'idéalisme ne devient donc intelligible qu'au moyen d'une transformation qui lui donne le caractère d'une conception *biologique* du principe de l'univers.

Le spiritualisme affirme que le principe de l'univers est un esprit infini, éternel, créateur, dont la volonté est la raison d'être du monde. C'est l'affirmation de l'existence de Dieu au sens habituel et traditionnel de ce mot. L'activité suprême est inséparable de la suprême intelligence ; et c'est par la participation de l'esprit humain à la pensée divine que le monde devient intelligible pour nous. Les lois de la nature qui sont les idées régulatrices des phénomènes matériels, les lois morales qui doivent être les idées régulatrices de l'action des esprits, sont les manifestations de l'Esprit incréé qui est leur sujet d'inhérence. Ce qui est au fond de toute réalité, ce qui est la dernière raison d'être du monde, ce n'est pas une pensée, mais l'acte d'un pouvoir. Cette doctrine a des rapports manifestes avec la religion, et spécialement avec la religion chrétienne ; mais cette considération historique ne doit pas intervenir dans l'appréciation philosophique de sa valeur. Pour trouver l'expression précise des bases du spiritualisme en dehors des documents spécialement religieux, il suffit d'ouvrir les *Méditations métaphysiques* de Descartes ou de lire la conclusion des *Principes mathématiques de la philosophie naturelle* de Newton.

On formule souvent contre le spiritualisme l'accusation d'anthropomorphisme; on lui reproche de prendre le type du principe universel en nous-mêmes, de se faire un Dieu à l'image de l'homme. Il est un anthropomorphisme vicieux, celui qui attribue à l'être divin des qualités humaines ayant le caractère de la faiblesse ou du mal. Mais, en prenant la chose dans un sens général, un élément d'anthropomorphisme est imposé à tout système de philosophie ; voici pourquoi. L'homme est matière ; mis dans une balance, il pèse comme du bois ou du fer. L'homme a une vie végétative comme les plantes, et une vie animale comme les bêtes. Il possède enfin les caractères spécifiques de sa propre nature. Tous les éléments des réalités qui sont l'objet de nos observations et de nos expériences possibles se trouvent donc réunis dans son existence concrète ; il est véritablement le *microcosme,* le résumé du monde.

Si on se borne à dire que le principe universel est l'infini, l'absolu, l'inconditionnel, on ne prononce que des adjectifs ; on désigne des qualités que l'on substantifie verbalement sans pouvoir leur accorder l'existence. Pour introduire un élément de réalité dans la détermination du premier principe, il faut y introduire un élément pris dans l'expérience. Il en résulte que si tous les éléments de l'expérience sont concentrés dans l'homme, l'anthropomorphisme est imposé à tout système qui veut sortir du vague des abstractions. La vraie question est de savoir s'il est un élément d'expérience susceptible de revêtir les qualifications de l'absolu et de l'infini. Poser cette question c'est poser le problème capital de la philosophie ; et s'il est établi que l'idée de cause est la seule des données expérimentales qui puisse revêtir les caractères de l'infini et de l'absolu, le spiritualisme a gain de cause.

Le reproche d'anthropomorphisme est le plus souvent

formulé par les idéalistes. Ce reproche serait à sa place dans leur bouche si l'idéalisme pur pouvait se maintenir ; mais cette doctrine ne devient intelligible que par l'introduction d'une force inconsciente qui réalise nécessairement des idées, c'est-à-dire en devenant une conception biologique, celle que nous appliquons spécialement aux végétaux. Il arrive donc que, pour éviter l'anthropomorphisme on lui substitue une sorte de *botanomorphisme*, ce qui est encore moins satisfaisant.

Telles sont les bases essentielles des trois systèmes de philosophie, c'est-à-dire des trois hypothèses adoptées pour tenter d'expliquer l'univers. On les distinguera facilement si l'on évite d'identifier, comme on le fait parfois, l'idéalisme et le spiritualisme. Ces deux théories combattent l'une et l'autre le matérialisme ; mais la négation qui leur est commune ne doit pas faire oublier que leurs affirmations sont, non seulement différentes, mais positivement opposées, puisque l'une place à la base de l'univers un principe dont le développement est nécessaire, et l'autre une volonté libre.

Les trois hypothèses philosophiques se rapportent aux trois éléments de la réalité distingués par l'analyse. Le matérialisme est une conception stéréologique ; l'idéalisme, quand il devient intelligible, est une conception biologique ; le spiritualisme est une conception pneumatologique. On peut donc dresser le tableau suivant :

ÉLÉMENTS	PRINCIPES	SCIENCES	HYPOTHÈSES
Matière	Inertie	Stéréologie	Matérialisme
Vie	Spontanéité	Biologie	Idéalisme
Esprit	Liberté	Pneumatologie	Spiritualisme.

Après l'analyse et l'hypothèse vient la synthèse. La synthèse ne justifie l'hypothèse qui lui sert de point de départ que dans la mesure où elle rend raison des résultats de l'analyse. Il s'agit dans tous les cas d'expliquer les faits. De plus, si l'analyse a discerné la liberté, comme étant, à un degré quelconque, un des éléments de l'univers, la synthèse n'aura pas seulement à rendre compte de ce qui est, elle devra formuler les règles de ce qui doit être, en étudiant les lois de la liberté. Cette considération est capitale. La lutte entre le matérialisme et l'idéalisme est intéressante au point de vue métaphysique, mais son intérêt est nul en ce qui concerne la question de la liberté. En effet le matérialisme et l'idéalisme ont pour caractère commun l'idée de la nécessité universelle. Que les faits soient le résultat d'une nécessité mécanique ou d'une nécessité logique, dans un cas comme dans l'autre on affirme le déterminisme absolu des phénomènes, y compris les sentiments, les pensées et les volontés des hommes. Le spiritualisme seul fait une place à la liberté. C'est son caractère distinctif, et ce caractère le place en opposition directe avec les deux autres systèmes.

Les circonstances actuelles m'appellent à placer ici quelques considérations supplémentaires. Il existe une doctrine qui joue un rôle considérable dans les discussions contemporaines sous le nom de théorie de l'évolution. Pour un certain nombre de savants cette doctrine est une philosophie, une solution du principe universel. Quelle place peut-elle occuper dans la classification des systèmes [1] ?

---

[1] Les considérations suivantes se trouvent exposées avec plus de développements dans la *Revue philosophique* de décembre 1885.

Pour bien entendre la nature de cette théorie, il faut se reporter au point de départ, non pas de sa production, car elle est fort ancienne, mais de son renouvellement. Au XVIIᵉ siècle, l'opinion la plus généralement admise était que le monde est fixe, qu'il a été constitué dès son origine tel qu'il est aujourd'hui. Descartes avait conçu l'idée d'une organisation graduelle des astres. Il préludait ainsi à l'hypothèse de la nébuleuse primitive ; mais il ne proposait sa pensée que comme une manière de se rendre compte de l'état présent des choses à un point de vue purement théorique. Il déclare, avec une bonne foi qu'on n'a pas le droit de suspecter, que la considération de la sagesse divine l'oblige à affirmer que le monde a été créé immédiatement tel qu'il est[1]. Au XVIIIᵉ siècle, les tentatives de la géologie naissante provoquaient les protestations de Voltaire qui refusait d'admettre que le globe eût varié[2]. A l'idée de la fixité du monde, les partisans de la doctrine de l'évolution opposent trois thèses :

1° *Le monde a varié.* La géologie nous enseigne que le globe a passé par une période d'incandescence qui le rendait impropre à la vie. La paléontologie démontre l'existence de faunes et de flores différentes des faunes et des flores actuelles. Des astronomes se croient autorisés à dire que le ciel s'organise, et que certaines nébuleuses sont des étoiles en formation. Enfin, ce qui n'a jamais été contesté, l'histoire de l'humanité nous révèle des civilisations très différentes de la nôtre ; les idées morales et sociales offrent le spectacle de très grandes transformations. Cette pre-

---

[1] *Les Principes de la philosophie.* Partie III, article 45.
[2] Saigey. *Les Sciences au XVIIIᵉ siècle.* Livre I, chapitres 8 et 9.

mière thèse des partisans de l'évolution est établie avec toute la certitude dont la science humaine est susceptible.

2° *Le développement du monde est un progrès continuel.* Cette deuxième thèse n'a pas la solidité de la première. Elle ne soulève pas d'objections sérieuses si l'on ne considère que le passé du monde matériel tel que la science croit pouvoir l'établir, en le comparant à son état actuel. Les éléments de la matière paraissent bien s'être organisés par un mouvement de progrès graduel. Il faut observer toutefois que la physique contemporaine, appuyant une idée de Laplace[1], fait entrevoir une époque où le monde, sous l'action des mêmes lois qui l'ont organisé, arrivera à un état de décomposition et de mort. C'est la prévision qu'on a cru pouvoir déduire en particulier de la théorie mécanique de la chaleur. S'il en est ainsi, il faudrait représenter le développement de l'univers, non par une ligne droite ascendante, ce qui serait l'expression symbolique de la théorie du progrès indéfini, mais par une circonférence, le chaos étant le point de départ et se retrouvant le point d'arrivée de l'évolution cosmique. C'est un retour à l'ancienne conception d'Héraclite et des stoïciens.

L'idée du progrès continuel des êtres organisés a soulevé les réclamations de naturalistes qui ne sont pas suspects d'être sous l'empire d'un *a priori* philosophique. M. Alphonse de Candolle, constatant que les modifications des êtres organisés sont parfois des dégénérescences, écrit : « Le mot transformisme est préférable à celui d'évolution, « attendu que les changements successifs de formes ne sont « pas toujours dans le sens d'un plus grand développement[2]. »

---

[1] Exposition du *Système du monde*, à la fin.
[2] *Darwin*, par A. de Candolle, page 35.

S'agit-il de l'humanité? A considérer les choses en général, et en prenant pour point de comparaison des périodes d'une longue durée, l'histoire manifeste certainement un progrès dans la marche de la civilisation ; mais ce progrès a-t-il le caractère d'une loi absolue ? Existe-t-il également dans tous les domaines? Il ne le semble pas. On eût fait difficilement admettre à Perse et à Juvenal que les mœurs de leur époque étaient meilleures que celles des beaux temps de la République. Les artistes ne sont pas d'accord pour admettre que nos sculpteurs produisent des œuvres d'art supérieures à celles des Grecs. La peinture actuelle est-elle supérieure, sous tous les rapports, à celle de Raphaël et de Michelange? Sans multiplier ces questions, n'est-il pas généralement admis qu'il y a dans la marche de l'humanité des périodes de recul et de décadence? La deuxième thèse de la doctrine de l'évolution n'est donc pas à l'abri de la critique; passons à la troisième.

3° *Il y a unité et continuité dans le développement du monde.* Il n'existe pas d'éléments primitifs et irréductibles ; tout se produit à partir d'une substance primitive qui demeure la même sous toute la variété de ses manifestations. La science moderne est en mesure d'expliquer comment les formes supérieures de l'existence ont procédé de ses formes inférieures par une simple transformation. — Cette troisième thèse soulève les réclamations de savants de premier ordre. Pour la soutenir, il faut affirmer que la matière contient la raison d'être de la vie, et que la vie simple contient la raison d'être des éléments psychiques. La science moderne a-t-elle établi la doctrine de la génération spontanée, c'est-à-dire du passage de la matière brute aux corps vivants ? Non, répondent, avec M. Virchow [1], presque tous les naturalistes qui veulent demeurer fidèles aux données de l'expérience. Le transformisme absolu, c'est-à-dire l'affirmation que tous les organismes végétaux et animaux proviennent de formes primitives identiques, est-il l'expression légitime des faits observés ? Non, répondent des savants favorables du reste à l'admission de la doctrine dans de certaines limites, tels que MM. Gaudry et Vogt [2]. N'y a-t-il pas entre les mouvements physiologiques du cerveau et le phénomène psychique le plus élémentaire un véritable abîme que la pensée ne saurait franchir sans abandonner la vraie méthode scientifique ? L'abîme existe, répondent sans hésiter et avec bien d'autres savants, Messieurs Du Bois-Reymond et Tyndall [3].

En résumé, dans son opposition à la doctrine de la fixité du monde, la théorie de l'évolution renferme certainement une part de vérité. Déterminer quelle est cette part, est la tâche des sciences particulières. Mais lorsqu'on élève à l'absolu les trois thèses dans lesquelles se résume la théorie, on franchit visiblement les limites des inductions expérimentales. On franchit ces limites sous l'influence d'une conception générale du monde qui constitue une philosophie. Laquelle ? c'est l'objet direct de mon étude.

---

[1] *Revue scientifique*, du 8 décembre 1877, page 540.

[2] Gaudry. *Les enchaînements du monde animal*, page 202. — Carl Vogt. *Lettre à Monsieur de Quatrefages*, communiquée à l'Académie des sciences de Paris.

[3] Pour M. Du Bois-Reymond, voir la *Revue scientifique* du 10 octobre 1874, page 341, et la *Revue philosophique* de février 1882, page 181. — Pour M. Tyndall, voir un passage très important d'un de ses discours cité par M. Wallace dans son volume sur la *Sélection naturelle*, page 380.

M. Herbert Spencer est, de nos jours, le représentant le plus connu de la doctrine de l'évolution ; c'est à lui qu'il convient de s'adresser pour en apprécier la portée philosophique. Il est parti du positivisme d'Aug. Comte. Admettant que nous ne pouvons connaître que les lois des phénomènes, il a cherché à déterminer les lois physiques, biologiques et sociales, et à les ramener à l'unité, au prix d'un immense labeur. Au-delà des lois, il n'y a, dit-il, que l'inconnaissable. Cette affirmation se lit spécialement à la page 124 de ses *Premiers principes* [1]. Aux pages 48 et 120 du même volume, l'Inconnaissable est désigné comme « la « puissance dont l'univers est la manifestation, la puissance « qui se révèle dans tous les êtres » ; et l'auteur semble admettre que ces formules peuvent avoir un contenu analogue à celui du terme de l'Inconnaissable. Il n'en est point ainsi, et l'étude de ces diverses expressions est riche d'enseignements. Et d'abord, pourquoi le singulier ? pourquoi un et non pas deux ou trois inconnaissables? Voilà la raison qui manifeste sa tendance à l'unité. L'inconnaissable est désigné comme une puissance ; il n'est donc plus absolument inconnu ; car la puissance est une idée parfaitement déterminée. Ce n'est pas tout : M. Spencer a rédigé lui-même le résumé de sa doctrine dans seize articles dont voici le dernier : « Ce qui persiste sans changer de quantité « mais en changeant toujours de forme, sous les apparences « sensibles que nous présente l'univers, dépasse la connais- « sance et la conception humaines ; c'est un pouvoir inconnu « et inconnaissable que nous sommes obligés de reconnaître « comme sans limites dans l'espace et sans commencement

---

[1] Traduction de M. Cazelles. Paris, Germer Baillière 1871.

« ni fin dans le temps [1] ». Au pouvoir unique dont toutes choses procèdent, nous sommes donc obligés d'attribuer les qualifications de l'infini et de l'éternel ; le voile qui couvrait l'inconnaissable se soulève. Poursuivons : Ce pouvoir se révèle dans tous les êtres : l'univers est sa manifestation. S'il demeure inconnu en lui-même, il est donc connu dans ses effets. Pourquoi l'univers nous est-il intelligible ? Parce que notre pensée rencontre dans les faits la manifestation d'une intelligence dont nous cherchons à pénétrer les secrets. Le pouvoir un, éternel, infini, se montre donc, dans les lois de l'univers, comme un pouvoir intelligent. Quel est le résultat des lois qui régissent l'univers ? Le progrès et, pour l'humanité, un progrès vers le bonheur. Dans l'opinion de M. Spencer, l'évolution doit conduire la société à un état meilleur que tout ce que nous avons jamais imaginé [2]. S'il en est ainsi, un nouvel attribut du pouvoir qui se manifeste dans l'univers ne s'impose-t-il pas à la pensée ? Le bonheur de l'humanité est le résultat du progrès ; le progrès est le résultat des lois du monde ; les lois du monde sont la manifestation du pouvoir éternel ; ne faut-il pas qualifier de bon un principe qui se manifeste ainsi ? L'affirmation d'un principe du monde un, infini, éternel, intelligent et bon : voilà les thèses essentielles du spiritualisme logiquement déduites des bases de la doctrine de l'évolution. Comment se fait-il donc qu'on oppose cette doctrine à toutes les croyances dont le spiritualisme est la base commune ? Voici l'explication du phénomène :

---

[1] Richard Proctor. *Mysteries of time and space*, page 377.

[2] *Introduction à la science sociale*. Conclusion.

La doctrine de l'évolution, certainement vraie en quelque mesure dans son application aux sciences particulières, devient un système de philosophie par l'idée que le développement de l'univers est la manifestation d'une loi *nécessaire*. Devant la pensée de la nécessité, l'idée de la bonté du premier principe disparaît, car la bonté est libre par essence. L'idée de l'intelligence disparaît aussi; car qui dit intelligence dit adaptation des moyens à un but. On reste alors en présence d'une force inconsciente et fatale dans ses manifestations. Mais d'où procède cette idée de la nécessité qui ne vient certainement pas des données toujours contingentes de l'expérience? Entend-on qu'il s'agit d'une nécessité mécanique, et que le monde n'est que le développement de la substance corporelle et de ses divers agrégats? En ce cas la théorie de l'évolution n'est qu'une des formes de l'ancien matérialisme; sous un vêtement nouveau, indûment décoré du titre de science moderne, le corps de la doctrine est le même qu'il était au début de la philosophie grecque. En se plaçant à un point de vue plus élevé, admet-on que les faits sont la manifestation d'un plan réalisé par une force inconsciente et fatale? C'est la théorie idéaliste de l'univers. L'évolution n'est donc pas un système distinct de philosophie. Si l'on déduit des thèses qui lui servent de base leurs conséquences naturelles, on obtient le spiritualisme. Si l'on subordonne ces thèses à l'idée *a priori* de la nécessité, on obtient ou le matérialisme ou l'idéalisme, et peut-être, dans un grand nombre d'esprits, un mélange confus de ces deux conceptions. C'est toujours, dans tous les cas, la négation explicite de la liberté; les défenseurs intelligents de la doctrine n'hésitent pas à le reconnaître. Plus on y réfléchit, plus on constate que la question du libre arbitre est, dans les conditions actuelles de la pensée, le problème capital de la philosophie. Dans les pages suivantes, on trouvera cette question traitée d'abord au point de vue de l'analyse, c'est-à-dire en recueillant les données de l'observation, puis au point de vue de la synthèse, par l'étude des rapports entre l'idée de la liberté et les divers systèmes de philosophie.

PREMIÈRE PARTIE.

ANALYSE.

Le but de l'analyse philosophique est la distinction des éléments dont se compose l'univers. La question à traiter dans la première partie de ce travail est donc celle-ci : La liberté est-elle une des données du problème universel? Cette partie est divisée en trois chapitres. Le premier précise l'idée de la liberté humaine, telle qu'elle doit être comprise par ceux qui en admettent l'existence. Les affirmations contenues dans ce chapitre n'ont qu'une valeur provisoire, et ne doivent être admises que (si cette expression est permise en un tel sujet) sous bénéfice d'inventaire. Le deuxième chapitre doit valider les thèses contenues dans le premier, en indiquant les preuves, ou, pour employer une expression plus exacte, les *signes* de la liberté. Le troisième chapitre expose et discute les objections que l'on peut élever contre les affirmations contenues dans les deux premiers.

CHAPITRE PREMIER.

L'IDÉE DE LA LIBERTÉ.

La liberté a grand besoin d'être définie parce que, ainsi que le dit Montesquieu, «il n'y a point de mot qui ait reçu «plus de différentes significations, et qui ait frappé les «esprits de tant de manières[1]». Le terme est ambigu, et, comme l'a remarqué le professeur Amiel dans un de ses discours académiques, «cette ambiguïté fait sa puissance». Un orateur populaire qui connaît les secrets de son art peut facilement, par un habile emploi du mot liberté, réunir dans un applaudissement commun des hommes qui nourrissent des aspirations généreuses et d'autres qui sont animés de passions mauvaises. Le pavillon de la liberté couvre souvent une marchandise qui n'est autre que le despotisme. Voici à ce sujet un exemple très significatif.

Le 1ᵉʳ Nivôse, an II (21 décembre 1793) un représentant du peuple français en mission publia le décret que voici: «Afin que la liberté des cultes existe dans toute sa «plénitude, il est défendu à qui que ce soit de prêcher ou «d'écrire pour favoriser quelque culte ou opinion religieuse

[1] *L'esprit des lois.* Livre XI, chapitre 2.

« que ce puisse être. Celui qui se rendra coupable de ce délit
« sera arrêté à l'instant, traité comme ennemi de la constitu-
« tion républicaine, conspirateur contre la liberté française, et
« livré au tribunal révolutionnaire[1] ». Interdire toute manifestation des convictions religieuses pour établir la liberté des cultes, cela est positivement burlesque. Cet exemple, auquel il serait facile d'en joindre beaucoup d'autres, suffit pour justifier la pensée de Montesquieu, et pour établir la convenance de définir soigneusement un mot dont l'emploi donne lieu aux plus étranges abus.

1. *Le mot liberté a un sens universel, un sens social et un sens psychique.*

Ces trois sens sont distincts sans être séparés. La liberté sociale n'entrant pas directement dans mon étude, il convient, tout en la laissant de côté, d'en indiquer la nature.

On dit qu'un état est libre lorsqu'il n'est pas soumis à un pouvoir étranger. Les États-Unis d'Amérique sont devenus libres en rejetant la domination de l'Angleterre; la Grèce est devenue libre en secouant le joug des Turcs. Dans ces cas et dans tous les cas analogues il s'agit d'une liberté *nationale*, qui est synonyme d'indépendance.

On applique le mot de liberté à un état dans lequel il n'y a pas des maîtres et des sujets, mais des citoyens qui participent tous à la direction de la chose publique. Dans ce sens, le terme est synonyme de démocratie, c'est la liberté *politique*.

---

[1] *Séances et travaux de l'Académie des sciences morales et politiques*, tome XCIX (1873), page 43.

Une société est libre quand les lois laissent à chacun, autant qu'il est possible, la disposition de sa personne et de ses propriétés; c'est la liberté *Civile*. Cette liberté est plus importante que les deux autres. La disposition de sa personne et de ses propriétés est ce qui intéresse le plus vivement et le plus légitimement la généralité des hommes. La liberté civile et la liberté politique peuvent se trouver réunies, mais elles peuvent aussi se séparer. Il y a des démocraties où la liberté personnelle est fort restreinte, et il existe des monarchies où elle est fort étendue. Après ces indications rapides sur le sens social du mot liberté, il reste deux autres sens à préciser.

2. *La liberté, au sens universel du terme, est l'état d'un être qui réalise sans obstacle les lois de sa nature.*

Dans ce sens, l'idée de liberté s'applique également aux choses et aux personnes. Tout être a une certaine nature; et il existe des lois qui en expriment les manifestations régulières. Un être est libre lorsque ces manifestations ne sont pas arrêtées par des causes extérieures. Il importe à des personnes réunies dans une salle éclairée que les lustres ne soient pas libres; car s'ils l'étaient, ils réaliseraient en tombant la loi de la pesanteur. La flamme tend à s'élever par l'effet naturel de la chaleur; elle s'élève librement, lorsqu'un courant d'air ne la fait pas dévier de sa direction. Un arbre étend librement ses rameaux lorsque le voisinage d'autres arbres, un mur ou un obstacle quelconque ne contrarient pas la réalisation du type que son germe avait le pouvoir de produire.

L'action exercée sur le mouvement de mes membres est un des produits des conditions normales de mon existence.

Je veux lever le bras; si je suis subitement frappé de paralysie, on dira que j'ai perdu la liberté de mes mouvements. L'homme a, comme les animaux, le pouvoir de se déplacer dans l'espace; on met un individu en prison, il n'est plus libre de réaliser une des lois de sa nature. La liberté entendue dans ce sens est la même pour les hommes, pour les animaux et pour les choses.

3. *La liberté au sens psychique du terme est le pouvoir de choisir entre diverses résolutions.*

Je ne discute pas maintenant la question de l'existence de la liberté, je cherche seulement à en préciser l'idée. Être libre, c'est pouvoir choisir entre diverses résolutions. Je ne dis pas entre différentes actions, parce que le mot action entraîne l'idée d'un accomplissement. Un homme veut accomplir un certain acte, mais un obstacle invincible s'oppose à la réalisation de sa volonté. La résolution ayant été prise, la liberté psychique a eu sa manifestation; c'est la liberté de nature qui a été supprimée.

L'idée de la liberté psychique ne peut s'appliquer qu'à un être capable d'une action intelligente. En effet toute résolution est un choix entre divers actes possibles, et un choix suppose la présence d'idées. La liberté psychique est la liberté de volonté, qui est le caractère des esprits, et qu'il importe de distinguer de la liberté de nature qui appartient à tous les êtres. Les deux sens du terme sont dans un rapport que nous aurons à constater plus tard (28); pour le moment il fallait en reconnaître la différence. La confusion fréquente entre ces deux sens d'un même mot a des conséquences graves. Elle existe à quelque degré dans les textes de Descartes, et explique l'introduction du déterminisme dans l'école d'un philosophe qui avait si nettement affirmé l'existence du libre arbitre.

Le pouvoir libre, s'il existe, est une cause première, nullement quant à son existence, mais quant à ses actes. Supposer un acte libre, et lui attribuer une cause autre que le pouvoir qui l'accomplit (il s'agit d'une cause totale et nécessitante), est une contradiction manifeste.

La liberté psychique ne peut être étudiée directement que dans l'homme, à la lumière de la conscience. On peut ensuite la supposer par analogie dans des esprits supérieurs à l'humanité, et l'on doit se demander dans quelle mesure une induction légitime porte à l'attribuer aux bêtes (22). Mais le point de départ de l'étude doit toujours être la réflexion appliquée aux données subjectives de la conscience. Entrer dans une autre voie, c'est inévitablement employer les termes sans les avoir définis, et suivre une méthode qui peut être une source féconde d'erreurs. Qu'on admette ou non l'existence de la liberté de volonté, il demeure certain, dans tous les cas, que l'idée n'en peut être prise qu'en nous-mêmes, et que toute conception purement objective la défigure inévitablement.

4. *La liberté doit être distinguée de la spontanéité.*

La spontanéité est le caractère des actes qui procèdent d'un principe interne propre à l'être qui en est l'agent, par opposition aux actes qui sont le produit d'une influence extérieure. Une girouette ne tourne que sous l'action du vent ; ses mouvements sont toujours communiqués ; une montre, une fois remontée, a en elle-même le principe de son mouvement. Si l'on isole par la pensée la montre de l'action qui en a tendu le ressort, on pourra dire que son

mouvement est spontané. Les corps inorganiques n'ont jamais de mouvements spontanés; c'est la conséquence de la loi d'inertie. Aussi longtemps qu'on n'aura pas réussi à ramener la biologie à la physique, on attribuera aux germes des êtres vivants un pouvoir de mouvement qui organise la matière dans des formes déterminées. Lorsqu'un pouvoir spontané réalise ses effets sans rencontrer d'obstacles, ses manifestations sont libres, au sens universel du terme (2). Mais si un pouvoir spontané manifeste une nature déterminée, dont ses actes sont le résultat inévitable, on se trouve en présence d'une nécessité interne qui, pour n'être pas le résultat d'une cause extérieure, n'en est pas moins la nécessité. La spontanéité est une idée purement objective qui n'a pas de rapport avec la liberté psychique en vertu de laquelle un être supposé libre n'a pas seulement un principe interne d'action, mais un principe de *décision*, une possibilité de choix. Il y a là deux idées essentiellement distinctes qui ne doivent pas être confondues. Toutefois on les confond souvent. Des philosophes qui affirment la nécessité universelle affirment en même temps qu'ils ne nient pas la liberté. Cela vient de ce qu'ils appellent libres les êtres auxquels ils reconnaissent un principe interne de développement, bien que, dans leur opinion, la loi de ce développement soit nécessaire. Ce qu'ils appellent liberté, c'est la simple spontanéité. Il se produit ainsi une équivoque signalée par Kant qui a fait, pour en prévenir le retour, un effort dont le succès n'a point été complet. « On appelle quelquefois libre, dit-il, un effet
« dont la cause déterminante réside *intérieurement* dans
« l'être agissant, comme quand on parle du libre mouve-
« ment d'un corps lancé dans l'espace, parce que ce corps,

« dans son trajet, n'est poussé par aucune force extérieure;
« ou comme on appelle libre le mouvement d'une montre,
« parce qu'elle pousse elle-même ses aiguilles, et que
« celles-ci, par conséquent, ne sont pas mues par une force
« extérieure. De même, quoique les actions de l'homme
« soient nécessitées par leurs causes déterminantes, qui
« précèdent dans le temps, nous les appelons libres, parce que
« ces causes sont des représentations intérieures produites
« par notre propre activité, ou des désirs excités par ces
« représentations suivant les circonstances, et que, par con-
« séquent, les actions qu'elles déterminent sont produites
« selon notre propre désir. Mais c'est là un misérable
« subterfuge dont quelques esprits ont encore la faiblesse
« de se contenter. » Dans l'opinion de Kant, cette sorte de
liberté qui n'est que la spontanéité, « ne vaudrait guères
« mieux que celle d'un tourne-broche qui, une fois monté,
« exécute de lui-même ses mouvements [1] ».

Il n'est rien de plus important, dans l'état actuel des discussions philosophiques, que de ne pas perdre de vue la distinction entre ce qui est simplement spontané et ce qui serait vraiment libre.

Telle est l'idée de la liberté, au sens psychologique du mot. Voyons maintenant dans quelles conditions cette liberté s'exerce.

5. *La liberté humaine est relative parce que la volonté ne peut que choisir entre divers actes dont la pensée préexiste à sa détermination.*

L'idée d'une liberté absolue est celle de l'état d'un pou-

---

[1] *Critique de la raison pratique.* Livre I, chapitre III, pages 284 à 286, de la traduction Barni.

voir auquel rien ne préexisterait, d'une volonté qui créerait son objet. Cette liberté existe-t-elle dans le principe du monde? C'est l'opinion de Descartes. Dans la théorie de ce philosophe rien ne préexiste à l'acte de la volonté divine ; les vérités éternelles et immuables ne sont telles que parce que Dieu l'a voulu ainsi[1]. Leibniz pense au contraire qu'il est des possibles qui préexistent, non à l'existence de Dieu qui est l'Être éternel, mais à l'acte créateur. Dans cet acte, la volonté suprême a choisi, pour l'appeler à l'existence, le meilleur entre tous les mondes possibles présents dans l'intelligence divine[2]. La discussion de ces thèses contradictoires n'importe pas à mon objet ; il suffit de constater, ce que personne ne sera tenté de contredire, que la liberté absolue est en dehors de toute expérience possible, et que l'homme ne la possède assurément pas. Nous ne pouvons que choisir entre diverses résolutions. Ces résolutions ont un objet dont la pensée préexiste à notre choix ; la volonté ne peut donc pas se créer son objet. Notre liberté est ainsi relative par rapport à l'intelligence ; elle l'est aussi par rapport à la sensibilité.

6. *La liberté humaine est relative parce que la volonté ne peut que choisir entre des impulsions qui préexistent à son acte.*

Quand nous prenons une résolution, nous avons conçu divers actes possibles, mais il n'y a pas un rapport direct entre nos idées et nos déterminations. La volonté est toujours sollicitée par des attraits ou des répugnances qui sont

---

[1] Voir dans les *Méditations métaphysiques*, les réponses à Gassendi et aux sixièmes objections.
[2] Voir la *Théodicée*.

des éléments de sensibilité et constituent des impulsions. Quand nous avons l'idée d'un acte, cet acte nous attire comme étant agréable, utile, beau, bon, ou bien il nous repousse comme étant pénible, nuisible, laid, mauvais. Voici par exemple un ivrogne. La disposition qui le pousse au cabaret appartient à la catégorie de l'agréable; elle peut être combattue par des impulsions appartenant aux catégories du nuisible, du laid ou du mauvais. Lisez dans le « Richard III » de Shakespeare [1] la scène où figurent deux hommes soudoyés pour accomplir un meurtre. Voyez chez l'un d'eux la lutte entre le désir d'avoir son salaire et cette misérable conscience « qui réduirait à la mendicité celui qui l'écouterait ». C'est la lutte de l'intérêt et de la conscience, de l'attrait qu'inspire l'utile et de la répulsion qu'inspire un acte criminel.

Si des impulsions contraires sont de force égale, la volonté peut rester en suspens, comme un corps peut rester immobile sous l'action de forces égales agissant dans des directions opposées, mais il ne faut pas dire qu'il n'y a pas d'impulsion. Une volonté se décidant en présence des seules idées sans aucun élément de sensibilité, est un fait en dehors de toute expérience, aussi bien qu'une liberté absolue qui se créerait ses objets. Si l'on entend par *liberté d'indifférence* l'état d'une volonté qui se décide entre des actes possibles sans aucune impulsion qui la sollicite, l'affirmation de la liberté d'indifférence est une erreur qui doit être absolument rejetée. Il faut seulement éviter de confondre la présence des impulsions et leur caractère de nécessité.

---

[1] Acte I, scène 4.

7. *La liberté humaine est relative parce que son exercice est soumis à des conditions physiologiques.*

Existe-t-il des esprits qui ne soient pas liés à un organisme matériel? Nous pouvons le *concevoir* si nous nous libérons du poids de l'habitude et des liens de l'imagination, mais nous ne pouvons pas nous le *représenter*, parce que cette conception, étrangère à toutes les analogies expérimentales, demeure purement abstraite. Dans tous les cas, ce n'est pas la condition humaine. Descartes a raison lorsqu'il distingue les éléments corporels des éléments spirituels, mais il a tort lorsqu'il les sépare, en affirmant qu'il peut se connaître comme un être qui pense sans avoir aucun sentiment de son corps. Ne savait-il pas que l'exercice prolongé de la pensée produit la fatigue du cerveau? Dans le domaine entier de notre expérience, le lien de l'esprit et du corps est intime et permanent. Faisons une supposition propre à éclairer ce sujet. Supposons un encéphale transparent et un savant qui connaîtrait toutes les lois de la physiologie et tous les rapports du physique et du moral. Les données de la science contemporaine permettent d'affirmer, sinon comme une vérité certaine, du moins comme une thèse probable, que ce savant pourrait discerner tous les phénomènes psychiques dans la disposition et les mouvements de l'appareil cérébral, de même que nous lisons dans un livre toutes les pensées qu'un écrivain y a déposées. Il saurait que les idées, les sentiments, les désirs, les volitions ont un corrélatif cérébral qui en deviendrait le signe pour lui. Il n'est pas nécessaire de réfuter longuement l'erreur grossière qui consisterait à identifier le phénomène spirituel et son signe matériel; il suffira de rappeler à ce sujet deux affirmations de Wundt, qui ont toute la clarté de l'évidence : « Le fait psychique est régu- « lièrement accompagné de phénomènes physiques déter- « minés. — Le matérialisme est dans l'erreur, car il admet « une dépendance essentielle, alors qu'il existe seulement « une corrélation de phénomènes simultanés, mais nulle- « ment comparables entr'eux [1] ».

S'il existe des actes libres, le savant observateur que j'ai supposé les reconnaîtrait en constatant des mouvements cérébraux qui ne seraient pas la transformation mécanique de mouvements antérieurs. Il constaterait en même temps les conditions physiologiques qui permettent des mouvements de cette nature, ou ce que Claude Bernard appelle le déterminisme de la liberté morale (52). Quelles sont ces conditions ? La physiologie actuelle ne saurait en pénétrer entièrement le secret ; mais que ces conditions existent, qu'il y ait un état du corps nécessaire pour les manifestations possibles de la liberté, c'est ce que les considérations suivantes établissent avec une entière certitude.

La liberté suppose le choix, c'est son essence même. Le choix suppose l'intelligence qui conçoit divers possibles ; l'intelligence suppose la conscience, et la conscience paraît ou disparaît selon l'état des organes. L'évanouissement, par exemple, est le résultat de causes physiques ; et dans l'évanouissement la conscience disparaît et, avec la conscience, l'intelligence, la possibilité d'un choix et par conséquent l'exercice de la liberté. On arrive à la même conclusion en considérant les phénomènes du somnambulisme provoqué et de l'hypnotisme. Malgré les causes

[1] *Éléments de psychologie physiologique*, traduction Rouvier, tome I, page 26.

d'erreur qui abondent en cette matière, il paraît bien établi que, dans certains états, un individu perd son propre pouvoir d'action et tombe sous la dépendance d'un autre (53 à 57). Sa liberté disparaît avec sa responsabilité ; c'est ce qui rend les expériences de cette nature dangereuses et peut les rendre criminelles. La perte de la conscience étant le résultat de causes qui modifient l'état des organes, on en conclut légitimement que l'exercice de la liberté humaine a des conditions physiologiques. Il serait facile de multiplier les preuves de cette affirmation, mais cette multiplication serait superflue en raison même de sa facilité.

8. *La liberté humaine est relative, parce que son emploi légitime est réglé par une loi.*

Nous ne sommes pas nos maîtres dans le plein sens du mot. Une liberté absolue serait celle d'une volonté qui n'aurait pas de loi, ou qui se ferait sa loi elle-même. Telle n'est pas la volonté humaine, puisqu'elle ne peut que choisir entre des antécédents qu'elle ne crée pas (5 et 6). Ces antécédents sont de diverses natures. A côté des impulsions qui constituent des désirs, se place le sentiment du devoir, c'est-à-dire d'une obligation qui est un rapport de notre volonté à une loi que nous considérons comme en réglant l'emploi légitime. Il n'est pas nécessaire de discuter ici les diverses théories des philosophes relatives au sentiment de l'obligation et à l'idée du devoir ; c'est un sujet que nous aborderons bientôt (12). Quelle que soit l'origine attribuée à ces phénomènes psychiques, leur existence demeure incontestable. Ce qui le prouve, c'est que les philosophes qui en nient le caractère spécifique et la valeur objective sont bien obligés d'en chercher l'explication et, par conséquent, d'en reconnaître la réalité subjective. Il existe une loi pour la volonté. Cette loi est observée ou violée; mais sa présence suffit pour établir que notre volonté n'est pas dans les conditions d'une indépendance absolue.

La liberté humaine est donc relative sous bien des rapports. Il est important de le reconnaître et de le rappeler, pour qu'on comprenne que les arguments irréfutables dirigés contre la thèse d'une liberté absolue n'ont pas de valeur contre l'affirmation d'une liberté relative mais réelle. Le passage d'une de ces idées à l'autre constitue un paralogisme très caractérisé.

9. *La liberté n'aurait pas l'occasion de se manifester si la volonté était en présence des seules impulsions de la sensibilité.*

Supposons un être libre par nature, mais qui ne serait sollicité à l'action que par les impulsions de la sensibilité, c'est-à-dire par des sollicitations de même espèce et ne différant que par leur degré de force; qu'arriverait-il? L'impulsion la plus forte l'emporterait nécessairement; et, si deux impulsions étaient égales, il n'y aurait pas de décision possible. On agitait déjà chez les Grecs la question de l'état d'un homme éprouvant avec la même intensité la faim et la soif; et quelques philosophes admettaient que cet individu demeurerait immobile ne pouvant ni boire ni manger, parce qu'il serait sollicité par deux besoins égaux[1]. Dante a exprimé la même pensée dans les paroles suivantes: «Entre deux mets à égale distance et attirant

---

[1] Aristote. *Traité du Ciel.* Livre II, chapitre XIII, § 22.

« pareillement, un homme libre mourrait de faim avant de
« porter à sa dent l'un ou l'autre. De même un agneau
« entre les appétits de deux loups féroces tremblerait éga-
« lement, et un chien resterait immobile entre deux daims[1] ».
Dante parle d'un être libre par essence, mais qui ne serait
en présence que de deux attraits de même nature et de
même puissance. Cette question a joué un assez grand rôle
dans l'histoire de la Philosophie à l'occasion de ce que l'on
appelle l'âne de Buridan. Buridan était, dans le commencement du XIV° siècle, un philosophe célèbre, recteur de
l'Université de Paris. Il n'est guère connu aujourd'hui que
par une thèse qu'on lui attribue, bien qu'on ne la trouve
pas dans ses ouvrages; la voici : Un âne ayant faim, et se
trouvant placé entre deux rations d'avoine parfaitement
égales, n'aura aucun motif de se décider, et se laissera
mourir de faim. Il en sera de même d'un âne placé entre
une ration d'avoine et un seau d'eau si l'on suppose,
comme dans la question formulée par Aristote, sa faim et
sa soif absolument égales. Leibniz accepte la thèse, mais
en déclarant qu'il est impossible qu'elle se réalise pratiquement. En effet, dit-il, pour que les impulsions fussent
vraiment égales, il faudrait qu'une ligne passant par l'échine
de l'âne partageât son corps et l'univers entier en deux
parties absolument similaires, ce qui est impossible, soit
quant au corps de l'animal, soit quant aux influences extérieures qui agissent sur un corps dans une situation donnée.
D'autres ont dit : Si l'âne se laissait mourir de faim, c'est
qu'il est un âne ; et l'homme a des moyens de se décider
entre des impulsions égales (63). La position d'un homme

---

[1] *Le Paradis.* Chant IV au commencement.

qui n'agit que sous l'influence de la sensibilité a été décrite dans ces vers d'Alfred de Musset:

> « Ce n'était pas Rolla qui gouvernait sa vie,
> « C'étaient ses passions; — il les laissait aller
> « Comme un pâtre assoupi regarde l'eau couler. »

Chacun peut, en une certaine mesure, se placer dans cette position et en observer les conséquences. Il suffit pour cela de fermer l'oreille aux données de la raison et aux prescriptions de la conscience pour constater les actions qui résulteraient du seul entraînement des désirs. L'expérience est facile, mais elle n'est pas exempte de danger, car il s'agit de faire abdication des caractères spécifiques de la nature humaine. Ce sont ces caractères que nous avons à signaler maintenant.

10. *La raison permet à l'homme de choisir entre sa jouissance actuelle et son intérêt.*

Nous ne sommes pas seulement en présence des impulsions immédiates de la sensibilité; nous sommes doués de raison, et la raison permet de prévoir et de calculer. Ainsi s'établit la lutte entre la jouissance actuelle, le plaisir, et la prévision d'une somme de jouissances qui constitue l'intérêt ou l'utilité. Aristippe de Cyrène, disciple infidèle de Socrate, enseignait la morale du plaisir, si le terme de morale peut s'appliquer à une telle doctrine. Il exhortait ses disciples à s'accorder toutes les jouissances possibles et à fuir toutes les douleurs sans aucun élément de prévision et de calcul. Épicure, sans faire intervenir autre chose dans la règle de la vie que le plaisir et la douleur, appliqua à ces éléments l'emploi de la raison, et il formula quatre règles :

1° Prends le plaisir qui ne doit être suivi d'aucune peine.
2° Fuis la peine qui n'amènera aucun plaisir. — Ces deux règles ne sont pas nécessaires; chacun les suit instinctivement sans avoir besoin des philosophes.
3° Fuis la jouissance qui doit te priver d'une jouissance plus grande, ou te causer plus de peine que de plaisir. — C'est un ivrogne qu'on engage à considérer que son vice le prive de grandes jouissances et lui prépare des peines graves pour l'avenir. C'est un étudiant, sollicité de se joindre à une partie de plaisir, et qui y renonce de peur de manquer ses examens.
4° Accepte la peine qui doit te délivrer d'une peine plus grande ou qui doit être suivie d'un plus grand plaisir.

Il est facile de constater, dans un exemple familier, la différence entre la morale du plaisir et celle de l'intérêt. L'extraction et le traitement des dents sont des opérations généralement douloureuses qu'un disciple d'Épicure acceptera lorsqu'il saura qu'elles sont avantageuses; mais, dans une ville peuplée uniquement par des disciples d'Aristippe, les dentistes seraient sans emploi. L'intervention de la raison permet de mettre en opposition la jouissance actuelle et l'intérêt; il y a dès lors pour la volonté un élément de choix, une occasion qui permet la manifestation de la liberté.

Épicure, selon les meilleurs témoignages, était un homme d'une grande douceur de caractère et d'une sobriété rare. Il avait reconnu que la faim est le meilleur des apprêts d'un repas, et que, d'une manière générale, les actions que l'on appelle vertueuses, sont une source de bonheur. Mais la sobriété d'Épicure n'a point été le caractère général de ses disciples. Sa doctrine fait appel aux prévisions et aux calculs; mais, comme l'a justement remarqué Madame de Staël, «la passion foule aux pieds tous les calculs». Lorsque la jouissance sensible est le seul principe d'action, il est toujours à craindre que ce ne soit la jouissance actuelle qui l'emporte.

11. *Le sentiment esthétique appelle l'homme à choisir entre sa jouissance ou son intérêt et la réalisation de l'idéal.*

Un statuaire se place en face d'un bloc de marbre, et voit dans sa pensée l'objet d'art qu'il en veut extraire. L'homme peut se mettre en face de sa nature personnelle et se proposer d'en faire sortir quelque chose de beau, de noble, de grand; ou, si son ambition est plus modeste, il peut se proposer au moins de ne rien faire de bas, de vil, de laid. Il y a là une application du sentiment esthétique qui fournit une base d'une nature plus élevée que le plaisir ou l'intérêt à une morale qui devient celle de la dignité. Ce sentiment peut être en lutte avec l'impulsion immédiate du plaisir; c'est le cas d'un homme qui résiste aux séductions d'une volupté qui l'avilirait. Il peut être en lutte avec les calculs de l'intérêt; c'est le cas d'un négociant qui résiste à la tentation de s'enrichir par des opérations contraires à l'honneur. Dans tous les cas analogues, il y a un choix possible entre des impulsions d'espèces différentes, ce qui offre à la liberté une occasion de paraître; mais, il y a des distinctions importantes à faire à ce sujet.

Voulons-nous accomplir de belles actions afin d'être loués par nos contemporains ou par la postérité, d'obtenir de la gloire? Le vrai mobile qui agit sur nous est, alors, non le sentiment esthétique dans sa pureté, mais la vanité. Dans les poëmes d'Homère, les deux mobiles principaux qui agissent sur les héros grecs sont le désir de participer à des repas copieux et celui de s'acquérir une grande renommée. On trouve un élément de vanité dans l'âme de l'Empereur Auguste mis en scène par Corneille. Lorsqu'il apprend que Cinna a voulu l'assassiner, il hésite entre l'attrait de la vengeance et la répulsion que lui inspire le sang qu'il faudrait continuer à répandre; puis il se décide à pardonner:

«Je suis maître de moi comme de l'univers;
«Je le suis, je veux l'être. O siècles! ô mémoire!
«Conservez à jamais ma dernière victoire.
«Je triomphe aujourd'hui du plus juste courroux
«De qui le souvenir puisse aller jusqu'à vous.
«Soyons amis, Cinna, c'est moi qui t'en convie»;[1]

On voit que le désir de la renommée est un des mobiles qui agissent sur l'âme d'Auguste. En ce cas, ce désir incline la volonté dans un bon sens; mais il n'en est pas toujours ainsi. On ne devient vraiment *illustre* que par l'éclat d'actions belles et bonnes; mais on peut devenir *fameux* par des œuvres mauvaises. Érostrate met le feu au temple de Delphes, afin de se faire une grande réputation. Malgré le décret des Éphésiens qui défendirent, dit-on, de prononcer son nom, le but que se proposait sa coupable vanité a été atteint.

On peut faire de belles actions et éviter des actions basses dans le but de s'acquérir de la renommée; on peut aussi agir ainsi par le désir de s'admirer soi-même.

---

[1] *Cinna*, Acte V, scène 3.

Le sentiment esthétique peut alors être corrompu par l'orgueil. On trouve un grand exemple de cette corruption dans l'école des Stoïciens. Il existe dans cette école un sentiment moral très élevé ; il est peu des hommes de notre époque qui n'aient quelque chose à gagner au contact d'Épictète et de Marc-Aurèle. Les Stoïciens ont admirablement parlé du devoir ; et en proclamant l'idée de la fraternité humaine, ils ont été les précurseurs du Christianisme ; mais l'ensemble de leur doctrine offre des contradictions criantes dont la source n'est pas difficile à discerner. Le disciple de Zénon fait consister l'essence de la vertu dans la possession de soi-même, et dans l'indifférence pour tout ce qui n'est pas soi. Entendons Épictète : Tu t'inquiètes d'un mauvais présage ; veux-tu rentrer dans le calme ? Dis-toi simplement : « Cela ne saurait menacer que mon « corps, mon bien, ma réputation, ma femme ou mes en- « fants » ; quant à moi, je suis hors d'atteinte [1]. — Tu te préoccupes de ce que ton esclave est vicieux ! ne t'en mets pas en peine ; « il vaut mieux que ton esclave soit méchant, « que toi malheureux [2]. » — Tu peux manifester de la compassion aux êtres souffrants ; « mais garde-toi que cette « feinte douleur aille jusqu'à ton âme [3]. » D'où vient cette perversion du sentiment de la dignité ? De ce que l'individu ne l'applique qu'à lui-même, et trouve sa joie dans l'admiration de sa propre vertu. « Je ne ferai pas cela, parce que « cela serait indigne de *moi* », est la formule de l'orgueil. « Je ne ferai pas cette action parce qu'elle est indigne de « *l'homme* », est la formule de la vertu. Quand on oppose

---

[1] *Manuel* XXIV.
[2] *Ibid.* XVI.
[3] *Ibid.* XXII.

le caractère bas d'un acte, non pas à sa dignité personnelle, mais à la dignité de la nature humaine, dont on est l'un des représentants, alors le respect de l'humanité succède à l'orgueil de l'égoïsme.

Lorsque le sentiment esthétique est pur, il se manifeste par l'attrait du beau ; c'est la pensée admirablement développée par Platon, dans ses dialogues, et par Xénophon dans l'endroit des *Entretiens mémorables de Socrate* où, reproduisant une allégorie de Prodicus, il montre Hercule préférant les charmes de la Vertu à ceux de la Volupté. Il est certain qu'il y a un attrait dans ce qui est beau, pur, élevé ; et il est non moins certain que cet attrait diffère de la séduction des plaisirs des sens et des calculs de l'intérêt. Le sentiment esthétique offre donc une occasion de choix qui fait place à l'acte de la liberté ; mais, la vie morale serait en grand danger si elle se trouvait placée sous la seule garde de ce sentiment. L'attrait du beau n'agit avec une puissance capable de lutter contre des passions mauvaises que sur un petit nombre d'individus privilégiés. Puis, et surtout, on ne peut méconnaître la réalité du divorce fréquent entre le beau et le bon dont parle Lafontaine[1]. Il existe des beautés malsaines ; sans cela un art corrupteur qui n'existe que trop ne pourrait pas se produire. On aurait tort de dédaigner l'appui que le sentiment esthétique peut apporter aux résolutions vertueuses ; mais il faut reconnaître que son influence n'est pas toujours salutaire. Il est heureusement pour la vie morale une base plus ferme et plus accessible à tous.

---

[1] Livre VII, fable 2.

12. *La conscience morale appelle l'homme à choisir entre son intérêt et son devoir.*

L'existence d'une loi qui règle l'exercice de la volonté donne à la liberté humaine un caractère relatif (8). D'autre part l'existence de cette loi offre à la volonté un élément de choix qui permet à la liberté d'entrer en exercice. La loi morale s'impose par le sentiment de l'obligation sous la notion du devoir. On ne peut pas nier la différence entre la jouissance actuelle et l'intérêt ; on ne peut pas davantage nier légitimement la différence entre l'intérêt et le devoir. Cette négation toutefois s'est produite à toutes les époques, et se produit très spécialement de nos jours. Il ne peut être question d'aborder ici, dans toute son étendue, le problème des fondements de la morale ; mais les rapports étroits qui unissent ce problème à celui de la liberté m'appellent à présenter à ce sujet des considérations dont le plein développement appartient à une autre partie d'un cours de philosophie.

On lit dans la *Revue scientifique* du 15 novembre 1884, p. 634 : « On ne peut trouver de preuve à l'obligation.... « .... Pour une morale vraiment scientifique, l'homme « n'est obligé à rien. » Si le texte était : « pour une morale « vraiment *commode*, l'homme n'est obligé à rien », tout commentaire serait superflu ; mais l'opposition établie par l'écrivain entre l'idée de l'obligation et celle de la science appelle des réflexions. La question est de savoir si le sentiment de l'obligation, quelle qu'en soit d'ailleurs l'origine, est un fait, et si ce fait est distinct de l'attrait du plaisir et de la recherche de l'intérêt. — « On ne peut trouver de preuve à l'obligation » ! Les faits se constatent et ne se prouvent pas. Or le sentiment de l'obligation existe chez ceux mêmes qui en nient la réalité. M. Secrétan a présenté à ce sujet une remarque qui, sous une forme fine, renferme un sens juste et profond. Vous rencontrez un philosophe qui nie l'obligation et vous lui dites : « Vous allez ébranler les bases de la morale. Si votre doctrine était acceptée, les conséquences en seraient funestes ». Si vous êtes en présence d'un homme sérieux, il vous fera une réponse dont le sens sera : « Je ne puis pas m'arrêter aux considérations de la nature de celles que vous me présentez. L'utilité ne peut pas être la règle de nos pensées. La vérité s'impose et je suis *obligé* de la reconnaître et de la proclamer. » Cela revient à dire : « Je suis obligé de nier l'obligation ». Pour réfuter certaines doctrines, il suffit souvent d'avoir recours aux paroles de ceux qui les professent.

La négation de la spécialité du fait de l'obligation joue un si grand rôle dans l'histoire de la philosophie et dans les discussions de la pensée contemporaine qu'il importe d'en reconnaître les origines et de discerner la vérité qui fournit l'occasion de cette erreur. On établit facilement que, soit dans les diverses époques de l'histoire, soit, de nos jours, dans les diverses régions du globe et dans les diverses classes d'un même peuple, les idées du bien et du mal varient, c'est-à-dire que le sentiment de l'obligation reçoit des applications différentes et même opposées. L'une des plus graves erreurs de Rousseau, dans l'ordre des questions philosophiques, est d'avoir affirmé que la conscience renferme un code de prescriptions toujours les mêmes. A cette erreur considérable s'en oppose une autre, considérable aussi, celle de Locke et de ses disciples qui, en partant du fait incontestable que la morale varie, en déduisent la négation du fait primitif et spécial qui lui sert de base. Ce raisonnement est très défectueux. La morale varie parce que les hommes font des applications différentes des idées du bien et du mal ; mais la diversité de ces applications suppose l'existence de ces idées, dont le sentiment de l'obligation est l'origine. Il est manifeste que pour appliquer une idée de différentes manières, il faut que cette idée préexiste à ses applications.

Une double erreur étant écartée, demandons-nous comment il est possible de nier la différence essentielle entre le devoir et l'intérêt ? Il semble difficile d'expliquer, par exemple, comment le dévouement ne serait qu'une transformation de l'égoïsme. Voici le procédé au moyen duquel on croit pouvoir réussir dans cette tentative. On dit : Comment passons-nous de la recherche du plaisir à celle de l'intérêt ? Par l'intervention de la raison. La raison permet un calcul qui nous fait préférer à une jouissance actuelle une somme de jouissances plus grandes dans l'avenir (10). Il y a plus : La raison ne nous permet pas de rester dans la considération exclusive de notre personne ; unie à l'expérience, elle nous révèle la solidarité qui unit les hommes entre eux. Qui écoute sa raison comprend que l'intérêt de tous est l'intérêt de chacun. Vous avez à la porte de votre demeure une famille pauvre, dont la pauvreté entraîne de mauvaises conditions hygiéniques. Vous êtes préoccupé des chances possibles de contagion. Si vous ne secourez pas vos voisins indigents, il s'établira chez eux un foyer de miasmes malfaisants qui pourront infester votre demeure ; il vous importe donc de les secourir. Le soin que vous avez de vous-même se manifeste ainsi par un acte de bienfaisance. Les expériences et les raisonnements accumulés ont enseigné aux hommes la solidarité qui relie les intérêts particuliers à l'intérêt général. Ce jugement héréditairement transmis de génération en génération est devenu instinctif; et c'est ainsi que s'est formée l'idée du devoir. Le devoir n'est pas un élément spécial de la nature humaine ; c'est l'intérêt éclairé et transformé par la raison. Littré dit, dans son dictionnaire : « L'altruisme est opposé à l'égoïsme»; pour la philosophie dont je viens d'exposer les thèses, l'altruisme n'est qu'un égoïsme intelligent.

Prévenons une confusion d'idées. La consécration de l'individu au bien de la communauté dont il fait partie est-elle la prescription fondamentale de la loi morale? Si oui, et je l'admets pleinement, l'utilité commune est le but de la loi. En résulte-t-il que l'utilité et le devoir soient choses identiques? Nullement; c'est la confusion d'idées qu'il faut prévenir. Ce qui fait la valeur morale d'une action, c'est l'intention d'être utile, de contribuer au bonheur commun; mais on peut se tromper avec une bonne intention. Si l'utilité était la seule qualification des actes bons, l'homme qui se rend utile par vanité serait moralement égal à l'homme vraiment dévoué. Si le dommage causé était la seule qualification des actes mauvais, l'auteur d'un incendie volontaire ne serait pas plus coupable que celui qui a mis le feu par imprudence. Il y a un jugement *objectif* qui porte sur les conséquences des actions; et il y a un jugement *subjectif*, le seul vraiment moral, qui porte, non sur la conséquence des actes, mais sur l'intention de leurs auteurs. Un homme peut être utile sans être vertueux, et il peut être nuisible sans être coupable. Lorsqu'on affirme que le bien général doit être la règle des actions individuelles, on n'établit donc pas l'identité de l'utile et du bon, mais, à l'idée du bien à réaliser, on joint celle du devoir.

Dire que les notions morales sont le simple résultat d'expériences faites sur l'utilité des actes est une thèse qui, sans être vraie, serait spécieuse si l'humanité était une réunion de philosophes. Mais en dehors de toute influence philosophique, avant l'accumulation des expériences et des raisonnements, même chez les races les moins développées, on trouve l'idée du devoir très diversement appliquée, mais toujours la même dans son contenu : le sentiment de l'obligation distinct de celui de la jouissance auquel il s'oppose souvent. La conscience morale est un élément de la nature humaine qu'il est impossible de ramener à une simple transformation du désir. Préférer son intérêt durable au plaisir du moment, c'est la sagesse d'Épicure ; préférer son devoir à son intérêt personnel, c'est la vertu. Dans les deux cas, il y a une possibilité de choix qui fait une place à la liberté. Les considérations qui précèdent se résument dans l'affirmation suivante :

13. *La raison et la conscience fournissent des motifs qui sont d'une autre nature que les mobiles de la sensibilité.*

Le terme *mobile* est équivoque dans l'usage ordinaire de la langue, parce qu'il désigne également un objet mu et une force qui meut. En psychologie, le mobile est une impulsion, et je désigne par ce mot ce qui détermine naturellement les actes sans délibération ni choix. Les mobiles sont de natures très diverses : bas, généreux, sensuels, esthétiques, moraux, nés du contact avec les choses ou de l'affection pour les personnes ; mais ils ont pour caractère commun une action immédiate sur la volonté. Un *motif* est le résultat d'une intervention de la raison ou de la conscience qui amène une délibération à la suite de laquelle est prise une résolution. Un mobile ne suppose rien autre qu'un être sensible et capable d'agir ; un motif suppose un esprit qui, en présence des impulsions, peut se retenir, examiner, délibère et se décide. Or, les impulsions immédiates et directes sont d'une autre nature qu'une résolution prise après l'intervention de la raison et de la conscience.

Éclaircissons les considérations qui précèdent par un exemple familier. Des promeneurs quittent une ville dans la direction d'une montagne voisine. Il en est qui s'arrêtent, sans délibération aucune, au premier débit de boisson qui se trouve sur la route ; l'enseigne d'une auberge a agi sur eux comme un aimant agit sur une aiguille ; ils ont mis en pratique la morale d'Aristippe. D'autres pensent que la marche, en augmentant leur soif, accroîtra pour eux le plaisir de la boisson ; ils s'arrêtent à une auberge plus éloignée que la première ; ce sont des disciples d'Épicure. D'autres gravissent la montagne pour jouir du grand spectacle que son sommet promet à leurs regards ; le beau les attire ; ils sont de l'école de Platon. D'autres enfin, résistant aux sollicitations du plaisir et aux attraits des jouissances esthétiques, supportent les fatigues d'une marche prolongée pour atteindre un lieu où les attendent des misères à soulager, un devoir à remplir. Les premiers de ces promeneurs ont suivi l'impulsion d'un mobile sensuel ; les trois autres groupes ont réglé leurs démarches par des motifs. Ces motifs ne sont pas placés au même rang dans l'échelle de la dignité. Il y a plus de noblesse dans le sentiment de la beauté que dans la satisfaction des appétits ; et, dans l'opinion commune, l'accomplissement du devoir a une valeur plus haute que les jouissances esthétiques. Mais, en comparant la conduite des premiers promeneurs à celle des autres, on constatera la différence qui sépare les mobiles des motifs. Il est heureusement des mobiles d'un ordre plus élevé que celui qui m'a servi d'exemple.

14. *L'élément libre de la volonté doit être distingué du fait complexe d'une volition.*

Cette distinction est de la plus haute importance. On compromet gravement la cause de la liberté en considérant l'élément libre comme la cause unique des déterminations de la volonté. Lorsqu'on demande à quelqu'un qui n'a pas réfléchi : pourquoi avez-vous fait telle action? il pourra répondre : parce que je l'ai voulu. Mais pourquoi l'avez-vous voulu? Votre volonté n'a pas un pouvoir vraiment créateur; elle est toujours en présence d'actes conçus comme possibles et des sollicitations diverses de la sensibilité (5 et 6). L'élément supposé libre, quelle que soit l'importance qu'on lui attribue, ne peut être, dans aucun cas, la source totale des actes; il n'est qu'un des facteurs d'une volition. L'autre facteur se compose des influences qui résultent, soit de la nature d'un individu, soit des circonstances dans lesquelles il se trouve placé. L'élément libre semble parfois se réduire à une quantité infinitésimale, mais ce n'est pas une raison valable pour en nier l'existence.

15. *L'élément libre de la volonté ne se prête pas à l'analyse.*

Un acte de volonté se prête à l'analyse. Cette analyse sépare d'abord deux facteurs : les impulsions et le choix. Les impulsions se décomposent en un grand nombre d'éléments: la nature primitive d'un individu déterminée par l'hérédité, les habitudes acquises, les influences extérieures actuelles; mais le choix libre, s'il existe, ne se prête à aucune décomposition; il n'a d'autre antécédent que la liberté même, c'est-à-dire le pouvoir de choisir. Une volition s'analyse donc; mais l'acte libre s'y présente comme un facteur simple, irréductible qui est un vrai principe, un commencement. Prenons un exemple devenu classique dans cette discussion: le passage du Rubicon par J. César. Quelles sont les données à prendre en considération pour l'explication du fait? C'est d'abord le tempérament de César qui le portait à l'ambition. D'où provenait la constitution organique qui se traduisait par cette disposition psychique? De la manière dont la vie lui avait été transmise; il y avait dans sa nature personnelle une influence directe de ses parents. Ses parents avaient hérité certaines dispositions qui venaient de leurs ascendants et ainsi de suite en remontant indéfiniment: telle est la solidarité qui relie entre elles les générations humaines. Après la nature personnelle de César, il faudra prendre en considération l'état de la République romaine et les causes historiques qui avaient amené cet état. Des circonstances météorologiques ne doivent-elles pas entrer dans les données du problème? Plutarque rapporte que César passa une nuit d'angoisse partagé entre son ambition et son devoir de citoyen. Qui peut savoir si un autre état de l'atmosphère n'eût pas modifié l'état de son système nerveux, par son système nerveux ses dispositions morales, et, par ses dispositions, son acte? Voilà qui donne lieu à un nombre indéfini d'analyses; mais s'il y a eu dans la détermination de César une part de responsabilité, un choix libre entre des influences contraires, devant ce choix l'analyse s'arrête. A cet égard il y a beaucoup de confusion dans plusieurs écrits contemporains. On se livre à des considérations souvent fort justes sur le caractère très complexe d'une volition, et l'on conclut que les actes tenus pour libres se dissolvent dans une série d'influences où la liberté ne se trouve nulle part. On oublie qu'on peut analyser les conditions de l'exercice de la liberté, mais que, si le choix libre existe (c'est la question), il échappe à toute analyse par sa nature même. Il est l'un des facteurs d'un acte de la volonté, mais c'est par essence un facteur simple, comme l'est un atome dans les conceptions de la chimie ordinaire.

16. *Le terme de libre arbitre exprime convenablement le rôle de l'élément libre de la volonté.*

Qu'est-ce qu'un arbitre? Deux propriétaires voisins ont une contestation sur une bande de bois; il s'agit de savoir qui aura le droit d'y faire une coupe. La question est soumise à un arbitre et, à la suite de la sentence rendue, l'une des parties procède à la coupe. Il y a deux causes efficientes du fait: la décision de l'arbitre et le travail qui a lieu par l'effet de cette décision. De même la volonté décide quelle sera, entre diverses impulsions, celle qui aura son libre cours, et ce sont les impulsions qui deviennent ensuite les causes efficientes. L'élément libre est une force de décision qui n'agit jamais seule dans l'exécution. Cette idée peut être éclaircie par une comparaison. On trouve, dans quelques localités des Alpes et du Jura, des bassins d'eau qui se déversent d'un côté dans un affluent du Rhône et de l'autre dans un affluent du Rhin. Supposons qu'une goutte d'eau placée au centre d'un tel bassin soit douée du libre arbitre. Par un mouvement imperceptible, elle pourra se placer d'un côté ou de l'autre et, par l'effet de ce choix, elle ira dans les froides mers du Nord ou descendra dans les mers tièdes du Midi. La force qui l'aura entraînée dans une direction ou dans l'autre n'est pas un acte de sa part mais la pesanteur. Cette considération a résolu pour moi un problème psychologique relatif à l'apôtre saint Paul. Cet homme a exercé dans le monde une action des plus énergiques. Or il dit en parlant de lui-même et de sa conduite : « Quand je fais le mal, ce n'est pas moi qui le fais, c'est le péché qui habite en moi ; quand je fais le bien, ce n'est pas moi qui le fais, c'est la grâce de Dieu qui agit en moi[1] ». Cet homme puissant en œuvres et en paroles ne faisait donc rien ; comme la matière inerte, il obéissait toujours à des forces étrangères ? Non, il a choisi entre des influences contraires qui agissaient sur lui, et ce choix a mis en disponibilité une force considérable qu'il a employée d'abord à persécuter les chrétiens, puis à braver la persécution pour soutenir leur cause. Revenons à ma goutte d'eau. Elle est soumise à l'action de la pesanteur ; mais elle est soumise aussi à l'action du soleil qui tend à l'élever dans l'atmosphère. En la supposant libre, elle pourra, à un moment donné, choisir entre ces deux influences. Si on lui demandait : Pourquoi êtes-vous descendue ? elle pourrait répondre : Ce n'est pas par mon propre effort, c'est par l'effet de la pe-

---

[1] *Épître aux Romains* VII, 20. *Première épître aux Corinthiens* XV, 10.

santeur. Et pourquoi montez-vous maintenant? Ce n'est pas par ma propre vertu, c'est par la grâce du soleil.

17. *La question du libre arbitre est celle de la réalité substantielle de l'esprit.*

Les efforts de l'école phénoméniste ne réussiront pas à bannir de la pensée la différence entre les substances qui sont les êtres proprement dits, ou les éléments des choses, et les modes, ou propriétés des substances, qui se ramènent toujours à des rapports entre les éléments. Dans le monde physique les éléments matériels sont les êtres, leurs combinaisons sont seulement des modes de l'être. Une vague, par exemple, a bien une réalité, mais non pas une réalité substantielle; ce n'est qu'un mode de l'être véritable qui est l'eau. La question est de savoir si le sujet de tous les phénomènes psychiques, l'esprit, n'est qu'un résultat, un mode de l'être, ou s'il est un être véritable, un élément et non pas une combinaison. La question a une grande portée. En effet les combinaisons ont un caractère passager par opposition au caractère durable des éléments; les vagues passent, l'eau demeure. La réalité substantielle des esprits et leur durée sont donc deux notions étroitement unies.

Si l'homme possède le libre arbitre, à un degré quelconque, la question est résolue dans le sens de la réalité substantielle de l'esprit. En effet, le choix entre des impulsions diverses n'a pas d'antécédents dont il soit le résultat nécessaire; il est l'acte d'une puissance initiale. Or une puissance au sens initial du terme, une puissance qui n'est pas un simple agent de transmission, mais une origine, un vrai commencement, est la notion la plus haute de l'être. La puissance de résister est l'essence de la matière;

la puissance d'agir est le caractère constitutif de l'esprit. Il en résulte que nous avons la conscience de notre être propre dans la mesure où nous agissons réellement, c'est-à-dire librement et que, dans la mesure où nous n'agissons pas, la conscience de notre être s'affaiblit et tend à disparaître. Les écrits d'Amiel fournissent un exemple instructif à l'appui de cette affirmation. La lecture des deux volumes extraits de son journal intime[1] laisse l'impression d'un contraste étrange. Voilà un homme dont le regard intellectuel est incessamment tourné sur lui-même; et le résultat de cette concentration de sa pensée est de faire évanouir le sentiment de son existence personnelle. Pourquoi? Amiel le savait bien; sa sincérité est si grande, et son instrument d'analyse est si délicat que, pour avoir un jugement valable sur son compte, on ne saurait s'adresser mieux qu'à lui-même. Il nous révèle le secret de sa destinée; c'est la peur qu'il avait de l'action. Cette peur était combattue par un sentiment sérieux du devoir; mais elle était le fond de sa nature, et elle se manifestait dans l'ordre des idées comme dans celui de la pratique. L'activité libre est loin d'être étrangère aux fonctions de l'intelligence. Les idées *a priori* s'imposent; les faits immédiatement perçus s'imposent; au delà rien ne s'impose plus absolument. En présence d'une affirmation qui n'a, ni l'évidence immédiate de la raison, ni la certitude immédiate de l'expérience, le doute est toujours possible; c'est pourquoi il y a toujours dans l'adhésion à une doctrine quelconque, un élément de volonté. Amiel a fort bien vu que les tentatives des phénoménistes pour supprimer le sujet de la connaissance, c'est-à-dire la réalité substan-

---

[1] Henri-Frédéric Amiel. *Fragments d'un journal intime*, 2 vol. in-12. Paris et Genève 1883, 1884.

tielle de l'esprit n'aboutissent pas; il écrit : « L'esprit étant « le sujet des phénomènes ne peut être lui-même phénomène; « le miroir d'une image, s'il était une image, ne pourrait être « miroir. Un écho ne saurait se passer d'un bruit. La con- « science, c'est quelqu'un qui éprouve quelque chose ; tous « les quelque chose réunis ne peuvent se substituer à quel- « qu'un. Le phénomène n'existe que pour un point qui « n'est pas lui, et pour lequel il est un objet. Le perceptible « suppose le percevant[1] ». L'auteur de ces lignes voit clairement la nécessité de reconnaître le sujet dans l'acte de la connaissance; mais ce qu'il ne voit pas aussi bien, c'est la nécessité de constater l'activité du sujet. Sa peur de l'action se traduisait parfois, dans l'ordre intellectuel, par l'impuissance de se décider. Il lui arrive de se plaindre de cette impuissance; mais, à d'autres moments, il fait de cette faiblesse une force, et considère l'adhésion à une doctrine quelconque comme un rétrécissement de la pensée. Il lui suffit d'être un miroir qui reflète avec indifférence les objets les plus divers. Cette absence d'activité l'amène à concevoir des doutes sur la réalité de l'existence personnelle. Il parle à son ami Félix Bovet « de l'ineffable vanité « de la vie individuelle, ombre d'un rêve, ondulation d'une « vapeur, courbe d'un zéphir dans l'espace, simulacre d'une « apparence ou tout ce que vous voudrez de plus fantas- « tique et de moins réel[2] ».

On perd le sentiment de son individualité dans la mesure où on n'agit pas, parce que l'action est l'essence de l'esprit. Ce résultat s'est produit sur une vaste échelle dans la civi-

---

[1] *Fragments d'un journal intime*, tome II, page 200.
[2] *Collections d'autographes de M. Alfred Bovet*, Paris chez Étienne Charavay, 1884.

lisation de l'Inde. Le caractère contemplatif et quiétiste des populations de ce pays a contribué à y produire des philosophies dans lesquelles l'existence individuelle est considérée comme une illusion. Voici l'une des expressions les plus complètes de cette défaillance de la pensée : « Par l'étude « des principes on acquiert cette science absolue, incontes- « table, compréhensible à la seule intelligence : ni je suis, « ni rien qui soit mien, ni moi n'existent. » (*Non sum, non est meum, nec sum ego*[1]). C'est à la philosophie Sankya, à laquelle appartient cet ancien texte, que se rattachent les doctrines du bouddhisme. Dans notre Occident, un résultat semblable se produit chez les hommes qui peuvent agir beaucoup sous l'empire des impulsions, mais qui agissent peu moralement, c'est-à-dire par des actions libres réglées selon les prescriptions de la conscience. Après la mort de Sainte-Beuve, des indiscrétions coupables ont fait savoir au public qu'il y avait eu chez lui de tristes abdications de la personne morale sous l'influence des penchants inférieurs de la nature. Il a fini par se demander s'il n'était pas simplement « une illusion des plus fugitives « au sein de l'illusion infinie. » Un écrivain de son école a commenté ainsi cette parole : « Fugitive illusion, qui se « dessine un instant sur l'océan de l'illusion universelle ! « Est-ce donc en ces termes que se résume l'expérience des « siècles ?.... Est-ce là le dernier mot de tout ? Et osez- « vous bien nous exciter à des efforts qui doivent être « récompensés d'une si pâle couronne ? Et pourquoi non ? « S'il y a quelque grandeur dans le roseau qui sent sa « faiblesse, n'y en a-t-il aucune dans la vanité qui se com-

---

[1] *Sankhya-Karika*, 64.

« prend ?.... L'illusion qui se connaît, est-elle d'ailleurs
« une illusion ? Ne triomphe-t-elle pas en quelque sorte
« d'elle-même ? N'atteint-elle pas à la souveraine réalité,
« celle de la pensée qui se pense, celle du rêve qui se sait
« rêve, celle du néant qui cesse de l'être pour se reconnaître
« et s'affirmer[1] » ? Il est difficile de comprendre le néant
qui se réalise pour reconnaître qu'il est le néant. Mais,
sans faire un effort inutile pour entendre ce qui ne peut
pas être entendu, je me borne à constater les rapports qui
existent entre l'emploi du libre arbitre et la question de la
réalité substantielle de l'esprit.

18. *L'élément libre de la volonté est la condition de la
conscience psychique.*

C'est ici la thèse capitale de Maine de Biran. Parti de la
doctrine de Condillac, ce philosophe admit d'abord, avec la
plupart de ses contemporains, la thèse que tout ce qui existe
dans l'esprit humain a la sensation pour origine unique;
mais bientôt de nombreuses questions se posèrent dans sa
pensée. Comment le moi serait-il le produit de la sensation,
puisque la sensation, lorsqu'elle devient extrême, détruit
le moi ? Comment admettre que l'attention soit une sensation prédominante, puisque le caractère de l'attention
est souvent un effort pour fixer la pensée, en luttant contre
les sensations qui tendent à la distraire ? Y a-t-il sensation
sans un élément de réaction dont l'origine n'est pas sensible ? Toute sensation ne suppose-t-elle pas l'existence du
moi ? On veut que le moi soit une somme de sensations !
Mais le moi d'un individu n'est certainement pas la somme

---

[1] Edmond Scherer. *Études critiques sur la littérature contemporaine.* Paris, Michel Lévy éditeur, 1863, page 354.

de sensations quelconques ; ce ne sont pas les sensations de Jean qui peuvent constituer l'existence personnelle de Paul. Le moi est donc présent dans chaque sensation. Comment chercher dans une somme l'origine de ce qui est une partie constituante de chacun de ses éléments ? Maine de Biran ayant jugé que ces questions ruinaient par leur base les doctrines de Condillac posa les thèses suivantes : Le sentiment du moi naît de l'effort qui se déploie sur un terme qui résiste. La conscience apparaît lorsque, aux mouvements spontanés de l'organisme, succèdent les mouvements proprement volontaires. De là le double sentiment de notre puissance d'agir et du terme résistant qui est notre corps propre. Il y a donc indivisiblement dans le fait primitif de la conscience le sujet et l'objet. Le fait de conscience se trouve ainsi à la première origine de deux sciences maîtresses : la physique, étude des corps, et la psychologie, étude de l'esprit. Sans l'activité du sujet, pas de moi distinct du non-moi ; un être purement passif existerait objectivement pour un spectateur étranger, il n'existerait pas pour lui-même. L'acte qui donne le sentiment de l'existence personnelle nous est voilé par l'habitude, en vertu de sa continuité même ; mais il se révèle à une observation intérieure suffisamment intense. *Je pense, donc je suis,* avait dit Descartes. Sous le terme de pensée, il comprenait toutes les fonctions de l'esprit : la sensibilité et la volonté comme l'intelligence. Il demande : Qu'est-ce qu'une chose qui pense ? et il répond : « C'est une chose qui doute, qui « entend, qui conçoit, qui affirme, qui nie, qui veut, qui « ne veut pas, qui imagine aussi et qui sent [1] ». Mais, dans

---

[1] *Deuxième méditation métaphysique.*

la construction de sa doctrine, Descartes s'attache spécialement au côté intellectuel des phénomènes psychiques, ce qui a mis son école sur la voie de l'idéalisme. Au célèbre *Cogito ergo sum*, Maine de Biran substitue cette autre formule : *J'agis, donc je suis*; et il établit, par une série d'analyses fines et profondes, qu'un élément d'activité se trouve dans toutes les fonctions de l'intelligence et de la sensibilité. Cette théorie a soulevé un certain nombre de critiques. Maine de Biran a peut-être trop insisté sur l'effort musculaire, sans prendre assez en considération le rapport de la volonté avec la substance cérébrale, organe de toutes les fonctions psychiques. Il n'a peut-être pas assez distingué l'existence du pouvoir personnel et son exercice ; mais les bases de sa doctrine demeurent solides si on l'interprète en admettant, avec M. Jeanmaire, qu'il existe une perception obscure de l'existence personnelle fondée sur le pouvoir d'agir, et non sur l'action même, perception qui précède l'exercice de la volonté proprement dite [1].

Les travaux de Maine de Biran occupent une place qui grandit dans l'histoire de la philosophie ; mais une école contemporaine nombreuse, active et bruyante, paraît en méconnaître absolument la portée. Cette école semble admettre que les thèses de Condillac sont des axiomes, et que la doctrine de la sensation transformée est un point de départ incontestable pour les recherches de la philosophie. Comment explique-t-elle la conscience psychique ?

---

[1] *L'idée de la personnalité dans la psychologie moderne*, par Charles Jeanmaire. Paris, G. Baillière, 1882, page 338.

19. *L'école sensualiste ne peut pas rendre compte de l'origine de la conscience.*

Les sensations objectivement considérées, c'est-à-dire les impressions organiques, sont l'occasion première qui donne l'éveil à la conscience, parce que la vie humaine débute dans l'ordre de la sensibilité. Mais dès qu'on a compris que le moi est présent dans la première sensation envisagée au point de vue subjectif, il devient évident qu'on ne saurait trouver l'origine du pouvoir conscient de ses actes dans ce qui n'est que la condition de son exercice. Quelles sont les explications proposées par les disciples modernes de Condillac pour soutenir une thèse contraire? Pour le dire en passant, les disciples joignent à la théorie du maître des conséquences que le maître aurait certainement désavouées. Condillac, en effet, donne une définition de la liberté qu'il est difficile de concilier avec l'ensemble de sa doctrine, et que l'école contemporaine, qui ramène tout à la sensation, refuse généralement d'admettre; il écrit: « La liberté est le pouvoir de faire ce qu'on ne fait « pas, ou de ne pas faire ce qu'on fait[1] ». Je reviens maintenant à la question: Comment peut-on expliquer l'origine de la conscience dans la doctrine sensualiste?

Voici une hypothèse que M. Ribot indique comme récente: « La conscience est un simple phénomène surajouté « à l'activité cérébrale[2] ». Un simple phénomène! Cela est difficile à entendre: Un phénomène suppose un spectateur. La conscience nous révèle des phénomènes qui se passent en nous; et si la conscience est un phénomène, à qui se

---

[1] *Dissertation sur la Liberté*, § 12.
[2] *Revue philosophique*. Août 1884, page 138.

manifeste-t-elle? Ce phénomène est surajouté à l'activité cérébrale! Surajouté par quoi, ou par qui? Si cela veut dire seulement que la conscience est soumise à des conditions physiologiques, la thèse est inattaquable (7); mais elle ne donne aucune lumière sur l'origine de la conscience. Le même auteur écrit: « Le moi n'est pas seule-
« ment une mémoire, un emmagasinement de souvenirs liés
« au présent, mais un ensemble d'instincts, tendances, dé-
« sirs[1] ». On caractérise généralement les instincts comme des phénomènes inconscients, c'est-à-dire que là où est l'instinct on admet que le moi est absent. Le conscient ne saurait procéder de l'inconscient. Peut-être, du reste, qu'il y a ici une question de mot; passons. Tout désir suppose le moi; car, à moins qu'on n'identifie le désir à une tendance physiologique, ce qui serait une énorme confusion d'idées, le désir est par essence un fait conscient. Le moi que le désir suppose ne saurait en être le produit.

M. Ribot a résumé, dans un important volume, les résultats des travaux d'une des écoles de psychologie anglaise contemporaine. On y lit: « Le seul fait psychologique, pri-
« mitif et irréductible, est la *sensation* . . . . . . Les sensa-
« tions musculaires nous informent de la nature et du degré
« d'effort de nos muscles[2] ». Pour apprécier la portée de ce texte, il faut remarquer que les sensations musculaires sont de trois espèces différentes :

1° On peut avoir un muscle malade. L'impression qui en résulte est une sensation semblable à toutes celles qui procèdent d'un désordre de l'organisme. Que ce désordre

---

[1] *Revue philosophique.* Août 1884, page 158.
[2] *La Psychologie anglaise contemporaine*, pages 423 et 424.

provienne de l'action d'un corps étranger, comme dans le cas d'une blessure, ou d'une lésion interne, comme dans un cas de maladie, le fait a le même caractère, soit au point de vue physiologique, soit au point de vue psychologique.

2° Les sensations peuvent être le résultat de mouvements involontaires des muscles qui, sans être directement malades, peuvent se trouver sous l'influence d'un état spécial du système nerveux. C'est ce qui arrive dans les convulsions, qui réalisent le phénomène au plus haut degré.

3° Il existe des sensations musculaires qui sont consécutives à l'effort de la volonté, et qui deviennent ainsi conscientes, non seulement quant à leur existence, mais quant à leur origine. Mes muscles se meuvent par une cause étrangère à ma volonté; je le sens. Quand le mouvement de mes muscles est un acte voulu, je sens ce mouvement; mais la sensation dans ce cas se présente dans des conditions fort différentes de celles du cas précédent, parce qu'elle est consécutive à mon acte, et que je suis maître de la produire ou de la suspendre. La sensation n'est donc pas « le seul fait psychologique primitif et irréductible », puisqu'il est des sensations qui ont pour caractère spécifique d'être le résultat de l'effort, et que la notion de l'effort ne peut être extraite des sensations, et ne peut provenir que de l'existence d'un pouvoir qui devient conscient par son exercice. A ce sujet, il faut prévenir une équivoque. Dans l'opinion des empiristes anglais, « les sensations mus-« culaires nous informent de la nature et du degré d'effort « de nos muscles ». S'agit-il du degré de tension des muscles? la thèse ne soulève pas d'objection légitime; mais le terme *effort* est pris alors dans un sens purement objectif.

Si la sensation est le seul fait psychologique primitif et irréductible, il faut y trouver l'origine de l'idée de l'effort au sens psychologique, ce qui est positivement impossible. Les muscles ne font pas effort, ils sont l'objet, le terme de l'effort. Parler de l'effort des muscles, n'est-ce pas une impropriété de langage qui révèle une erreur de pensée? Poursuivons.

Voici une nouvelle thèse de l'empirisme anglais. « L'expérience fondamentale irréductible, qui donne la notion de l'extériorité, c'est la résistance[1] ». Le corps étranger résiste aux mouvements du corps propre ; mais la résistance première est celle du corps propre. Les muscles sont la première extériorité dont nous avons connaissance. Si c'étaient les muscles qui fissent effort, ce seraient les muscles qui auraient l'idée de l'extériorité. C'est une conception qu'on ne saurait attribuer sans impertinence à des penseurs sérieux. Il s'agit seulement de constater dans quelles difficultés on se jette lorsqu'on refuse de faire une place à l'acte libre par lequel l'esprit acquiert la conscience de lui-même.

20. *L'élément libre de la volonté constitue la personnalité.*

Dans le monde purement physique, il y a des agrégats qui sont le résultat de la constitution de la matière et des lois du mouvement universel. Dans le monde vivant des plantes et des animaux, il y a des individus. L'individualité est un des caractères de la vie ; elle se montre dans la mesure où les manifestations de la vie deviennent plus intenses par la production d'organismes d'un ordre supé-

---

[1] *La Psychologie anglaise contemporaine*, page 425.

rieur. La personne apparaît dans l'objet des études psychologiques. J'appelle *personne* un pouvoir conscient de ses actes, et conscient par là même des éléments de la nature avec lesquels il se trouve en rapports. C'est la définition qu'adoptait V. Cousin lorsqu'il disait à ses auditeurs : « Tout ce qui est libre est vôtre ; ce qui n'est pas libre en « vous, n'est point à vous, et la liberté est le caractère de « la personnalité [1] ». C'est la personnalité qui constitue l'esprit dans son opposition aux choses. Personne et esprit sont des termes synonymes.

Si l'on ne veut pas reconnaître l'origine de la personnalité dans le pouvoir conscient de ses actes, où placera-t-on cette origine ? Je lis dans la *Revue philosophique* : « Mettre « l'essence de notre personnalité dans un mode d'existence « (la conscience) qui s'évanouit pendant un tiers au moins « de notre vie est une solution singulière [2] ». Le tiers de la vie est le temps du sommeil pour les individus qui dorment 8 heures sur 24. Est-il vrai que la conscience disparaisse absolument pendant le sommeil ? L'auteur des lignes citées l'affirme, parce qu'il pense que le rêve est un évènement rare ; mais on peut soutenir par d'assez bonnes raisons que le rêve est un phénomène habituel. Il est inutile d'aborder ici cette discussion. Admettons qu'on perde la conscience quand on dort. Ma thèse n'est pas que l'essence de la personnalité consiste dans la conscience, mais, ce qui est fort différent, dans le pouvoir capable de devenir conscient, dans le pouvoir dont les actes sont l'objet de la conscience. Ce pouvoir peut se manifester quand les

---

[1] *Introduction à l'histoire de la philosophie.* Leçon 5.
[2] *Revue philosophique.* Août 1884, page 169.

conditions de sa manifestation existent, et peut, dans des conditions différentes, rentrer dans la virtualité pure (26).

Comment la personnalité est-elle expliquée par un philosophe qui ne veut pas en reconnaître l'origine dans le fait de conscience? « La personnalité résulte de deux « facteurs fondamentaux, la constitution du corps avec « les tendances et sentiments qui la traduisent, et la mé- « moire[1] » ? Que les impulsions psychiques (tendances et sentiments) soient des phénomènes correspondants à l'état du corps, des traductions de cet état, si l'on veut user de ce terme, c'est le résultat incontestable des études combinées de psychologie et de physiologie; mais où se fait cette traduction sinon dans la personne consciente? Comment donc ces tendances et ces sentiments seraient-ils un des facteurs de la personnalité puisqu'ils la présupposent? La mémoire est une condition absolue de la personnalité. Supposons que les particules matérielles de notre corps ne soient plus placées sous l'empire de la cohésion qui les réunit, à l'instant notre corps deviendrait une poussière impalpable. De même, la mémoire étant supprimée, le sentiment de l'existence personnelle s'évanouirait immédiatement. La conscience s'exprime par le terme moi, et il faut un certain temps pour prononcer ce mot. La mémoire est donc bien la condition du sentiment de la personnalité. Mais peut-on dire que c'en soit un facteur? Non. Pourquoi? Parce que, s'il est vrai que la mémoire est la condition de la personnalité, il est également vrai que la personnalité est la condition de la mémoire. Sans l'existence

---

[1] *Revue philosophique.* Août 1884, page 160.

préalable de la personne, il n'y aurait pas de mémoire, car il faut un sujet à toutes les manifestations psychiques. Un savant allemand, M. Hering, a lu, à l'Académie impériale des Sciences de Vienne un travail intitulé *De la mémoire comme fonction générale de la matière organisée*[1]. Au début de cet écrit, l'auteur s'exprime ainsi : « Ni la « sensation, ni la perception, ni la volonté consciente ne « peuvent former un anneau de la chaîne des procédés « matériels qui constituent la vie physique d'un orga- « nisme». Il établit, avec une précision vraiment cartésienne, la distinction entre la considération objective des mouvements physiologiques et la considération subjective des phénomènes psychiques ; mais il use d'expressions qui prêtent à l'équivoque lorsqu'il parle de « la mémoire de la substance nerveuse ». La substance nerveuse garde et peut reproduire des impressions organiques déterminées auxquelles répondent des souvenirs ; mais ce n'est certainement pas elle qui se souvient. Lui attribuer la mémoire, c'est, par l'emploi abusif d'un mot, ouvrir la porte à de graves confusions d'idées. Voici à ce sujet les judicieuses réflexions d'un philosophe belge, M. Loomans : « Lors même que les « dispositions et changements actuels du cerveau seraient « les mêmes que les dispositions et changements antérieurs « de cet organe, ils ne procureraient que des sensations « *présentes*, semblables à un livre imprimé depuis longtemps « et agissant maintenant sur les sens. Il y a loin de là à la « coexistence des représentations d'objets présents et passés, « et plus loin encore au souvenir, au jugement qu'ils sont « les mêmes..... Il ne suffit pas de reproduire, mais il faut

---

[1] Discours prononcé dans la séance du 30 mai 1870 (en allemand).

« *reconnaître*, juger que ce qu'on a connu antérieurement
« est le même que ce qu'on connaît maintenant. Voilà le
« souvenir au sens propre. Se souvenir d'un objet, c'est se
« souvenir de la connaissance d'un objet. Or cette connais-
« sance est un état antérieur du moi, et, par conséquent,
« le moi, en se souvenant de l'objet, se souvient de lui-
« même ; et sans souvenir *personnel* il n'y a pas de souve-
« nir *objectif* [1] ».

La mémoire suppose le moi tout autant que la conscience du moi suppose la mémoire. Tous les phénomènes psychiques supposent un sujet qui ne peut jamais être considéré comme le produit de ces phénomènes. Cette vérité est d'une grande importance ; dès qu'on l'oublie, on s'égare.

21. *La personne humaine est intimement unie à une individualité psychique.*

Les esprits sont liés à des corps dans tout le domaine de notre expérience ; mais la dualité de la matière et de la vie consciente et libre ne suffit pas à expliquer l'homme. La vie consciente et libre est engagée dans une vie psychique qui est sous la dépendance étroite de l'organisme, en s'en distinguant par des caractères étrangers au pur mécanisme des corps. Les impulsions qui sollicitent notre volonté sont nôtres en ce sens qu'elles font partie de notre existence totale ; mais elles n'appartiennent pas à ce qui constitue essentiellement la personne. Il nous arrive de dire en parlant d'une de ces impulsions : « cela est plus fort que moi. » Quel est ce moi distinct des impulsions qui sont pourtant

---

[1] Loomans. *De la connaissance de soi-même.* Bruxelles 1880, pages 250, 315, 316.

en moi, puisque j'en ai conscience? C'est l'élément de la volonté raisonnable et libre, c'est la personnalité proprement dite.

Les impulsions sont conscientes ou inconscientes ; examinons successivement ces deux cas. Les impulsions conscientes sont réprimées par l'usage de la liberté, ou bien elles produisent des actes contraires à la volonté de la personne qui cède, après avoir plus ou moins résisté. Si l'on entend par volonté, d'une manière générale, un principe producteur des actions, il faut dire qu'il y a dans l'homme deux volontés en présence, ou, avec les anciens, que l'âme est divisée en deux parties[1] ; mais si l'on entend par volonté le pouvoir producteur des actions libres, il faut reconnaître que ce qui est en présence dans l'homme, c'est d'une part le désir qui sollicite l'action, et d'autre part la volonté, pouvoir fait pour être libre, c'est-à-dire pour choisir entre des impulsions diverses. La lutte entre des désirs que la volonté raisonnable approuve et d'autres désirs que la conscience juge mauvais est un fait que chacun peut constater en lui-même. Ce fait est la base psychologique de la doctrine des Manichéens qui reconnaissent deux âmes dans l'homme comme deux principes dans le monde.

Passons au cas où les impulsions sont inconscientes. Il se produit alors des actes qui sont imputables à l'individu, mais dont la personne n'est pas responsable. Ces actes sont le produit d'un automatisme psychique qui manifeste un automatisme cérébral. Ces actes, automatiques dans leur principe, peuvent parvenir à la conscience à des degrés

---

[1] Est enim animus in partes tributus duas, quarum altera rationis est particeps, altera expers. — Cicéron. *Tusculanes*, livre II, § 20.

divers, d'où il résulte qu'à des degrés divers aussi la volonté peut intervenir ; c'est alors le cas précédent ; mais il arrive aussi qu'ils deviennent totalement inconscients. Qu'on me permette de citer ici des lignes de Xavier de Maistre qui, sous une forme légère, expriment une vérité profonde. « Je me suis aperçu, par diverses observations, « que l'homme est composé d'une âme et d'une bête. — « Ces deux êtres sont absolument distincts, mais tellement « emboîtés l'un dans l'autre, qu'il faut que l'âme ait une « certaine supériorité sur la bête pour être en état d'en « faire la distinction ».

« Je tiens d'un vieux professeur (c'est du plus loin qu'il me « souvienne) que Platon appelait la matière *l'autre*. C'est « fort bien ; mais j'aimerais mieux donner ce nom par excel- « lence à la bête qui est jointe à notre âme. C'est réellement « cette substance qui est *l'autre*, et qui nous lutine d'une « manière si étrange. On s'aperçoit bien en gros que l'homme « est double ; mais c'est, dit-on, parce qu'il est composé « d'une âme et d'un corps ; et l'on accuse ce corps de je ne « sais combien de choses, mais bien mal à propos assuré- « ment, puisqu'il est aussi incapable de sentir que de penser. « C'est à la bête qu'il faut s'en prendre, à cet être sensible, « parfaitement distinct de l'âme, véritable *individu* qui a « son existence séparée, ses goûts, ses inclinations, sa vo- « lonté, et qui n'est au-dessus des animaux que parce « qu'il est mieux élevé et pourvu d'organes plus parfaits[1] ».

Si l'on remplace le mot *âme* par celui de *personne*, l'on trouvera dans cette page du charmant conteur la distinction qu'il importe d'établir entre l'individualité psychique de

---

[1] *Voyage autour de ma chambre*, chapitre VI.

l'homme qui constitue sa nature, et la personnalité dont le pouvoir libre éclairé par la conscience est le caractère essentiel. L'individualité psychique est sous la dépendance étroite de l'organisme, comme l'observation, soit de l'homme, soit de toute la série animale l'établit avec certitude ; mais cette vie psychique n'est ni l'organisme objectivement considéré, ni l'esprit dans ses fonctions propres. Si l'on appelle *âme* le principe de la vie simple, qui peut apparaître dans la conscience ou s'en isoler, il faut dire qu'il y a dans l'homme trois choses ; l'esprit, l'âme et le corps ; l'esprit qui le constitue dans ses caractères essentiels et distinctifs ; l'âme qu'il possède en commun avec tous les vivants ; le corps enfin par lequel il participe aux lois du mécanisme universel de la nature. Pour qu'on pût user de cette terminologie sans crainte d'équivoque, il faudrait que l'on se mît d'accord pour enlever au mot âme le sens qu'il a très souvent dans le langage usuel, le sens dans lequel il désigne les fonctions les plus élevées de l'esprit. Sans s'arrêter à ces questions de mots, ce qu'il importe de remarquer c'est que la vie humaine dans sa totalité n'est pas simplement double, comme on le dit à l'ordinaire en distinguant le corps et l'esprit, mais qu'elle est triple. Si on laisse de côté le corps proprement dit, c'est-à-dire la matière qui fait l'objet des sciences physiques, on se trouve en présence d'une dualité qui n'est pas celle de l'esprit et du corps, mais celle de la vie simplement psychique et de l'esprit, de la personne. Par son individualité psychique l'homme est intimement lié à tout ce qui n'est pas lui, il est solidaire de la nature et de la société ; par son existence personnelle seule il est lui, dans le sens plein et exclusif du terme. Ces deux éléments distincts, mais inséparables dans tout le domaine de notre expérience, exercent l'un sur l'autre une action constante. L'individualité psychique est la source de toutes les impulsions qui sollicitent la volonté libre (6) et la volonté libre modifie l'individualité psychique qui constitue la nature d'un être humain (23).

22. *L'étude de l'individualité psychique de l'homme peut éclairer la question de la nature des bêtes.*

Il n'existe pas de question plus difficile que celle de la nature psychique des bêtes. La thèse de Descartes, qui ne voyait dans les animaux que de pures et simples machines, a suscité une réaction qui, légitime dans son principe, est peut-être devenue excessive. De nos jours, un double courant d'opinion tend à exagérer les éléments d'intelligence et de sensibilité qui se manifestent dans la série animale, et à rapprocher les bêtes de l'homme plus qu'une étude impartiale des faits n'autorise à le faire. L'un de ces courants a pour origine la sympathie des âmes sensibles pour les souffrances des animaux. Les sociétés qui protègent les bêtes sont animées de sentiments très louables, et font une œuvre certainement utile; mais il leur arrive parfois d'appeler à l'appui de cette œuvre des vues théoriques contestables, et de surfaire un peu les êtres qu'ils prennent sous leur protection. L'autre courant d'opinion qui tend à abaisser la barrière entre la bête et l'homme a un caractère scientifique, et résulte d'inductions trop hardies faites par des physiologistes et des naturalistes. Les hommes prudents, qui sont en garde contre l'influence de la mode, ne liront pas sans intérêt et sans profit le volume intitulé: *L'homme et l'animal devant la méthode expérimentale*, pu- publié par MM. Netter, docteur, et Musany de la France

Chevaline[1]. Cet écrit est inspiré par une réaction excessive, à mon avis, et presque cartésienne contre les idées les plus répandues aujourd'hui; mais il est instructif et propre à maintenir la pensée dans un sage équilibre.

Accorder des éléments psychiques aux animaux, c'est leur attribuer des données dont l'origine est purement subjective. Il est certain que nous n'aurions aucune notion des phénomènes psychiques sans une perception interne, et que c'est en nous-mêmes uniquement que nous puisons la connaissance de ces phénomènes. De là une règle de méthode excellente qui prescrit de commencer l'étude par ce qui est clair pour passer à ce qui est relativement obscur, c'est-à-dire de n'aborder la psychologie des bêtes qu'après la psychologie humaine. « Nous ne devons pas oublier, dit « M. Jeanmaire, que nous avons une idée claire de la con- « science qui est en nous, et que nous n'avons qu'une « idée confuse de celle que nous prêtons aux êtres d'une « espèce différente de la nôtre; par conséquent ce serait « un abus de conclure de l'une à l'autre, et plus encore « de chercher des lumières dans la seconde pour éclairer la « première[2] ».

De Maistre désigne sous le nom de bête l'individualité psychique unie à la personne humaine, et il a peut-être raison. Une analogie puissante nous porte à attribuer la sensibilité aux animaux; et il est difficile de méconnaître que, à côté des instincts fixes, plusieurs espèces offrent les preuves d'une intelligence quelquefois assez développée. Mais peut-on signaler chez les bêtes des faits manifestant

---

[1] Un volume in-12. Paris, librairie Dentu, 1883.

[2] *L'idée de la personnalité dans la psychologie moderne*, page 13.

la conscience morale et une lutte de la volonté contre les impulsions, c'est-à-dire un élément de liberté proprement dite? Je ne le pense pas, et toutes les inductions naturelles me semblent diriger la pensée dans un sens contraire. « Les « animaux, dit M. Huxley, sont des automates sensibles et « conscients... les animaux sont des machines con- « scientes[1]. » On peut objecter à cette définition que, dans l'usage ordinaire de la langue, le terme machine exclut l'idée de la conscience; mais ne nous arrêtons pas à cette question verbale. Dans la pensée du savant anglais, pensée qui est aussi la mienne, l'animal serait un être conscient dans le sens psychique et général du terme, mais sans conscience morale et par conséquent sans liberté. Ce serait un automate psychique; ce serait l'homme tel que les déterministes le conçoivent, c'est-à-dire l'homme moins le caractère spécifique de l'humanité, l'homme moins l'esprit. Si cette vue est juste, l'homme peut étudier la bête sans sortir de lui-même. Il suffit pour cela de rendre l'esprit simple spectateur des phénomènes qui se produisent dans l'individu; il suffit de suspendre la volonté proprement dite et de laisser la nature suivre son cours, en faisant l'expérience déjà indiquée (9).

Dans la vie simple, commune à tous les organismes, il existe des mouvements réflexes qui répondent à des impulsions physiologiques; il y en a de tels chez les plantes. Dans la vie animale, il y a des réflexes psychiques intimement liés aux réflexes physiologiques, mais qui s'en distinguent par l'élément subjectif qu'ils renferment. C'est

---

[1] Discours à l'Association britannique pour l'avancement des sciences. — Session de Belfast. — Voir la *Revue scientifique* du 24 octobre 1874, pages 390 et 391.

une vie où tout est déterminé, puisqu'elle est placée sous l'empire exclusif des sensations. Cette vie est en nous et, puisque nous pouvons l'étudier sans sortir de nous-mêmes, une voie importante est ouverte pour l'étude de la psychologie des bêtes, mais il se présente une difficulté grave. La sensation suppose la conscience, car, sans la conscience, il ne reste que la condition organique de la sensation qui est un fait purement objectif. Si l'existence d'un pouvoir libre est la condition de la conscience (18), en déniant aux bêtes tout élément de liberté on leur dénie la condition de la conscience. Comment dès lors leur attribuer des sensations et, d'une manière plus générale, des phénomènes psychiques? La difficulté est réelle. Ne proviendrait-elle pas de ce que nous désignons sous le même terme des objets de nature différente. « Quelle sorte de conscience y « a-t-il chez les animaux? On l'ignore; et tant qu'on « n'aura pas prouvé qu'elle est de la même nature que « chez l'homme, je ne sais pas pourquoi nous nous servi- « rions du même mot pour désigner des choses qui ne se « ressemblent peut-être pas. La seule conscience que nous « connaissions, c'est la nôtre; puis, par celle-là, celle de « nos semblables, qui peuvent, au moyen du langage, nous « faire voir, pour ainsi dire, ce qui se passe en eux. Qu'il « y ait quelque chose d'analogue chez les animaux, c'est « possible; mais il est possible aussi que ce soit quelque « chose de différent[1]. » Une question analogue se pose pour le mot liberté. M. le professeur Thury pense que, tandis que les plantes appartiennent au monde des lois invariables et des choses nécessaires, un élément de liberté,

---

[1] *L'idée de la personnalité*, par Charles Jeanmaire, page 12.

infiniment petit mais réel, existe dans toute la série animale. Mais comme il est loin de méconnaître la ligne de démarcation qui sépare l'homme de la bête, il omet la pensée qu'il y a une liberté qui est celle de l'animal ; et une liberté d'*un autre ordre* qui est celle de l'homme [1]. S'il en est ainsi, on désigne par le mot de liberté des choses de deux ordres différents.

Sans prétendre résoudre la question, je voudrais la bien poser. Dans l'opinion des savants qui adoptent l'hypothèse de Kant et de Laplace, toute la partie purement matérielle de l'univers était contenue dans la nébuleuse primitive. Si l'on admet, avec Descartes, la nature purement mécanique des bêtes, il faut admettre que toutes leurs actions étaient virtuellement contenues dans la disposition de la matière et dans les lois du mouvement ; il faut admettre qu'une intelligence capable d'embrasser tout le développement de la nébuleuse à travers les siècles y aurait distingué les tours du Janot lapin dont Lafontaine parle avec tant de grâce [2] aussi bien que la forme des montagnes et des vallées. L'imagination recule devant cette pensée ; et cette pensée toutefois s'impose dès qu'on admet la nature mécanique de la vie animale. Il est difficile, d'autre part, d'accorder aux bêtes la liberté morale même très atténuée, et il n'est pas moins difficile d'entendre ce que serait une liberté d'un autre ordre que celle qui caractérise l'esprit. Nous n'avons que deux conceptions claires : la conception objective des corps et de leurs mouvements, et la conception

---

[1] *La Création ou la cosmogonie biblique à la lumière de la science moderne*, par Arnold Guyot. Lausanne 1885. Notes de M. Thury aux pages 80 et 204.

[2] Livre VII, fable 16.

subjective des phénomènes de conscience tels qu'ils se produisent en nous. Une vie psychique différente de la nôtre, une vie psychique sans liberté proprement dite, demeure relativement obscure. De là naît la tentation de la nier, soit en faisant des bêtes de pures machines, soit en en faisant des hommes, des hommes amoindris sans doute, mais enfin des êtres possédant à un degré quelconque les caractères spécifiques de l'humanité. Il y a là une double tentation à laquelle une science prudente doit résister, en laissant ouvertes des questions qui ne sont pas susceptibles d'une solution certaine dans l'état actuel de nos connaissances. On aura cependant peu de chances de se tromper en cherchant à pénétrer les secrets de la vie animale par l'étude de la partie de la vie humaine qui se révèle à la conscience sans procéder de la volonté, et en considérant le libre arbitre comme le caractère spécifique qui constitue, dans la série des organismes, ce que M. de Quatrefages appelle le règne humain. Sortons maintenant de la région obscure de la vie des bêtes, pour revenir à l'étude de phénomènes éclairés d'une lumière plus directe.

23. *Le passé de la liberté se retrouve dans le présent de la nature.*

Le mot nature, dans son sens étymologique, indique les dispositions que nous tenons de notre naissance. Chaque être humain a une individualité psychique qui est le résultat de son organisation. Cette nature primitive se trouve immédiatement modifiée par l'influence du milieu dans lequel l'enfant se développe, par les circonstances et par l'éducation qu'il reçoit. Elle est modifiée ensuite par l'usage de sa liberté personnelle. Toutes ces modifications sont le résultat de l'habitude. L'habitude a pour effet de rendre spontané ce qui était d'abord volontaire. Des conscrits ont besoin pour exécuter les manœuvres militaires d'actes répétés d'attention et de volonté. Regardez de vieilles troupes ; à l'instant où le commandement est donné, tout se fait sans effort comme par un procédé mécanique. Une jeune fille étudie le piano. Il lui faut regarder les notes, les reconnaître, trouver les touches qui leur correspondent, y poser les doigts. Cela se fait d'abord lentement et péniblement ; puis tout cela devient si facile que l'accomplissement des actes nécessaires disparaît de la conscience, et devient véritablement automatique.

Les habitudes sont actives ou passives. L'habitude passive résulte d'abdications répétées de la liberté. Les penchants alors déterminent seuls les actes et, si les penchants sont mauvais, le vice devient dominant. Les habitudes vicieuses finissent par se traduire dans l'organisation. Voici un adolescent dans la fleur de la beauté et de la jeunesse; tout en lui est un symbole de pureté. Vous le retrouvez quelques années après ; sa figure ignoble révèle au regard les tristes défaillances de sa volonté. L'habitude active résulte de la répétition d'actes libres. Par l'effet de cette répétition, ce qui était primitivement accompli avec effort devient facile et finalement spontané. Ce passage du libre au spontané est la condition du progrès moral. Si la force de volonté devait toujours être employée aux mêmes efforts, nous n'avancerions pas ; mais les bonnes habitudes acquises dégagent la volonté, et lui permettent de se consacrer à de plus hauts emplois. Il est des hommes qui n'ont plus à lutter contre des tentations dont ils ont triomphé par une victoire définitive. L'habitude de la vertu modifie, comme celle du vice, l'état de l'organisme. Telles physionomies se détériorent, telles autres s'épurent. Ces modifications, visibles sur la figure, atteignent très probablement l'organe cérébral. Il est au pouvoir de l'homme de changer en quelque mesure la disposition de son encéphale et d'améliorer l'organe immédiat des phénomènes psychiques; mais il convient de ne pas attendre trop tard, parce que les organes se durcissent en vieillissant.

La transformation du volontaire en spontané, résultat de l'habitude, est une action exercée par la personne consciente et libre sur l'individualité psychique. C'est ainsi que le passé de la liberté se retrouve dans le présent de la nature.

Le fait de cette action de la liberté n'a pas un caractère purement individuel. L'habitude est une seconde nature, dit un proverbe dont la science justifie la valeur. Mais d'où vient la nature première, l'individualité native de chaque être humain? De son organisation. De quoi dépend son organisation? De celle de ses parents qui a pu être modifiée par l'emploi de leur libre arbitre. Il en résulte que, dans la nature actuelle d'un individu adulte, il y a une part de sa liberté et une part de la liberté de ses ancêtres. Ainsi s'établit la solidarité morale qui relie les générations, et qui donne à la responsabilité un caractère partiellement collectif. La transmission des penchants est un fait positif dont la loi de l'hérédité est l'expression. Cette loi, envisagée dans sa généralité, est absolument certaine; mais elle n'a pas la régularité des lois physiques; son application présente des irrégularités, des intermittences et des exceptions. Les enfants d'une même famille, nés dans des circonstances semblables pour nos moyens d'observation, offrent souvent de prodigieuses diversités de nature dont la science ne parviendra probablement jamais à percer le secret. Il demeure cependant acquis qu'il y a dans notre nature primitive une part de la liberté de nos parents, de même que, dans l'héritage de leurs biens, il y a une part de leur travail. La fortune d'un homme laborieux vient en partie de ses efforts personnels, et en partie, s'il a hérité quelque chose, des efforts de ses ancêtres. Des mesures législatives pourraient supprimer l'héritage matériel; mais l'héritage moral demeurera toujours en dehors des atteintes de la loi.

24. *La personnalité fait l'unité de l'esprit.*

Une pensée de Socrate, admise et développée par Cicéron[1], est que l'unité de l'esprit, par opposition à la complexité des agrégats matériels, est une chose évidente pour la réflexion. Cette pensée est aussi juste aujourd'hui que jadis. L'homme est triple dans la totalité de son existence (21), mais l'élément libre de volonté est simple puisqu'il ne se prête pas à l'analyse (15) et c'est sa réalité (17) qui constitue la personne au sens propre du terme (20). Or la personne est le centre de tous les phénomènes psychiques, et demeure une dans la variété de ces phénomènes. Cette unité considérée sous le rapport de sa persistance dans le temps prend le nom *d'identité*[2]. La personne connaît son unité par la conscience et par la mémoire; mais ce qui constitue cette unité ce n'est ni la conscience, ni la mémoire, qui présentent des intermittences, mais l'existence du sujet qui se connaît par la conscience, et se reconnaît par la mémoire.

[1] *Tusculanes*. Livre I, § 29.
[2] Dictionnaire des sciences philosophiques, au mot *Identité*.

Cette manière de penser est, de nos jours l'objet d'attaques dont il est impossible de ne pas tenir compte. M. Ribot, par exemple, écrit dans la *Revue philosophique*[1] : « L'unité « du moi, au sens psychologique, c'est la cohésion, pendant « un temps donné, d'un certain nombre d'états de con-« science clairs, accompagnés d'autres moins clairs et d'une « foule d'états physiologiques qui, sans être accompagnés de « conscience, comme leurs congénères, agissent autant qu'eux « et plus qu'eux. Unité veut dire coordination ». Il est difficile d'entendre comment les états physiologiques inconscients peuvent entrer comme facteurs dans l'unité du moi; mais laissons cette remarque de détail. L'unité dans la multiplicité se manifeste toujours par la coordination; mais l'unité est le principe de la coordination et non son résultat. La coordination physiologique vient d'un centre organique en rapport avec l'ensemble des fonctions; mais d'où vient la cohésion d'un certain nombre d'états de conscience? De ce que ces états se révèlent à la même conscience. C'est donc l'unité du moi qui fait leur cohésion, et non pas leur cohésion qui fait l'unité du moi. Un état de conscience ne peut exister que dans le moi, en sorte que chacun de ces états réclame le moi et son unité. Il n'est jamais légitime d'attribuer à une somme la formation d'un élément nécessairement renfermé dans chacune de ses parties. Je répète une affirmation qu'il ne faut pas craindre de reproduire, puisque sa valeur est si souvent et si gravement méconnue.

Mais n'y a-t-il pas des états physiologiques qui détruisent la personnalité, ce qui démontrerait que la personnalité n'est pas un principe réel et un, mais un simple résultat? La

---

[1] Octobre 1884, page 446.

question est asssez grave pour réclamer une étude sérieuse. Cette étude a acquis, de nos jours, une importance nouvelle par l'effet des grands progrès de la physiologie. Nombre de savants contemporains disent qu'en présence des découvertes de cette science les arguments de l'ancienne psychologie ont perdu leur valeur, en sorte qu'il n'est désormais permis qu'à des ignorants de parler encore de l'unité et de l'identité du moi. C'est surtout sur l'étude des phénomènes morbides de l'intelligence qu'on prétend fonder cette affirmation.

25. *L'objection physiologique à l'unité de la personne humaine repose souvent sur une confusion d'idées.*

On confond les circonstances, tant internes qu'externes, dans lesquelles se trouve l'agent conscient de ses actes et de son existence, avec cet agent lui-même qui est le sujet de tous les phénomènes psychiques, la personne. Les changements qui se produisent dans le caractère et les facultés sont des modifications de la personnalité dans le sens usuel et populaire du terme, mais non pas dans le sens précis que j'ai donné à ce mot. Le caractère, l'humeur, les facultés sont des éléments extérieurs quant à la personne proprement dite qui est constituée par le pouvoir libre. Toutes ces choses appartiennent à la nature, à l'individualité psychique, et non pas au sujet conscient de son propre pouvoir. On ne peut passer légitimement de l'idée qu'une personne s'attribue des circonstances diverses à l'idée que l'unité de la personne n'existe pas. Un aliéné, par exemple, croit être Napoléon, César, ou, s'il a fait des études classiques, il croit être Jupiter ou Neptune. Dire qu'il s'attribue une autre personnalité que la sienne est une impropriété de langage. Il s'attribue d'autres circonstances, et le sujet de ces attributions diverses s'exprimera toujours sous cette «forme: «C'est *moi* qui suis Napoléon....» Considérons une des rêveries de Lafontaine:

> Quel esprit ne bat la campagne?
> Qui ne fait châteaux en Espagne?
> . . . .
> . . . .
> Quand je suis seul, je fais au plus brave un défi;
> Je m'écarte, je vais détrôner le sophi;
> On m'élit roi, mon peuple m'aime;
> Les diadèmes vont sur ma tête pleuvant.
> Quelque accident fait-il que je rentre en moi-même;
> Je suis gros Jean comme devant [1].

Le fabuliste a fait un rêve éveillé. Admettez une perturbation cérébrale par laquelle l'automatisme de la rêverie s'impose, le rêveur se dira: «C'est moi qui suis devenu le «schah de Perse», mais sa personne n'a pas changé.

Je trouve un exemple de la confusion d'idées que je signale dans la *Revue philosophique*. Messieurs Bourru et Burot, professeurs à l'école de médecine navale de Rochefort, ont fait des observations et des expériences extrêmement curieuses sur un hystéro-épileptique. Par l'emploi de procédés physiques (application de métaux, d'aimant, d'électricité), ils ont obtenu des modifications physiologiques et psychiques vraiment extraordinaires. Le malade a été reporté à des époques diverses de sa vie, avec les goûts, le caractère, le langage, la physionomie, les aptitudes qu'il avait eues à ces différentes époques.

---

[1] Fable 10 du Livre VII : *La laitière et le pot au lait*.

D'autre part, au moyen de suggestions mentales (54), ils ont produit des états physiologiques déterminés. En partant de ces observations, MM. Bourru et Burot arrivent à ces deux conclusions :

« 1° En agissant sur l'état somatique par les moyens « physiques, l'expérimentateur place le sujet dans l'état « concordant de sa conscience.

« 2° En agissant sur l'état psychique, il fait apparaître « l'état somatique concordant [1]. »

Tels sont les phénomènes qui peuvent se produire dans un état spécial du système nerveux. Il est difficile de ne pas s'arrêter avec étonnement devant le fait, dont il y a de nombreux exemples, qu'une condition physiologique déterminée peut réveiller la mémoire de la vie entière, faire revivre un passé dont il ne reste dans l'état ordinaire aucune trace appréciable ; mais ce n'est pas là l'objet de mon étude. Sur le titre du numéro de la Revue qui renferme les observations de MM. Bourru et Burot, on lit : « Un cas « de multiplicité des états de conscience, *avec changement* « *de personnalité* ». La confusion d'idées que je voudrais contribuer à détruire, paraît là fort en évidence. Il s'agit d'un homme qui, sous l'influence d'agents physiologiques, se trouve reporté à différentes époques de sa vie, et dans des conditions psychiques diverses qu'il a effectivement traversées ; mais, dans toute la variété des circonstances, tant internes qu'externes, que suscitait en lui l'éveil prodigieux de la mémoire, il se retrouvait lui-même, le sujet persistant de toutes les modifications. On cherche donc un changement de personnalité dans des observations qui

---

[1] *Revue philosophique* d'octobre 1885, page 416.

mettent en pleine lumière l'identité de la personne. Mais comment interpréter les phénomènes de l'aliénation?

26. *L'aliénation complète est la suppression totale des manifestations de la personne.*

Dans l'aliénation complète, l'homme est entièrement, comme le dit une expression populaire, hors de lui. Les relations intellectuelles et morales avec ses semblables sont, ou supprimées, ou profondément troublées. La personne est absente, parce qu'elle a perdu les conditions physiologiques de son exercice (7); l'individualité psychique demeure seule, et toutes les manifestations de sa vie sont dominées par un automatisme organique. C'est la vérité exposée par M. Mesnet dans un rapport à l'Académie de médecine : « La notion du *moi*, plus particulièrement « atteinte, reste suspendue, et alors même que les autres « facultés, se réveillant plus ou moins incomplètes, semblent « présider aux actes accomplis par le malade, l'être incon- « scient n'obéit en réalité qu'à une activité purement méca- « nique, née de la dissociation violente opérée entre les « centres perceptifs supérieurs anihilés et les centres secon- « daires ou moteurs. C'est l'automatisme, activité incon- « sciente, souvent brutale, qui échappe à toute action « directrice[1] ». Une comparaison tirée de la musique peut jeter quelque lumière sur cet objet. Dans un concert, chaque instrument fait sa partie; le cahier de chaque exécutant lui indique les sons qu'il doit produire, et le rapport de ces sons avec l'ensemble de la musique; ainsi se réalise la pensée du compositeur. Supposez que l'accord

---

[1] *Revue scientifique*, 17 novembre 1883, page 611.

cesse, et que chaque exécutant continue à se faire entendre, mais en l'absence de l'harmonie qui doit relier son action à celle des autres, au lieu d'un concert vous aurez un charivari. De même, dans une aliénation complète les facultés du malade peuvent continuer à entrer en exercice, mais la direction qui doit les coordonner fait défaut. L'aliénation est souvent l'exagération des dispositions habituelles qui ne sont plus bridées; on voit flotter dans l'état de folie les éléments épars de la vie consciente et relativement libre du passé. C'est pourquoi on peut, dans une certaine mesure, juger par les manifestations du délire et de l'aliénation quelle est la nature des personnes; mais la règle n'est pas absolue et souffre de très notables exceptions. Ce qu'il importe surtout de remarquer, pour prévenir des jugements injustes, c'est que ce dont on peut juger alors, c'est seulement la nature de l'individualité psychique isolée de l'emploi de la volonté. Zopyre, précurseur lointain du docteur Gall, se vantait de reconnaître le caractère des individus par l'inspection des traits de leurs visages. Un jour qu'il signalait chez Socrate les signes de divers mauvais penchants, les disciples du philosophe rirent ou s'indignèrent. Socrate, lui, donna raison à Zopyre; il déclara qu'il avait en effet les penchants indiqués, mais qu'il les avait dominés [1].

Dans l'aliénation, la personne est donc absente; mais c'est à tort qu'on conclurait de l'absence de ses manifestations à la négation de son existence. Que la condition organique nécessaire revienne, et la personnalité reparaîtra. Or on ne saurait entendre que les phénomènes organiques

---

[1] Cicéron. *Tusculanes*, Livre IV, § 37, *Du destin*, chapitre V.

produisent des phénomènes psychiques qui sont d'un ordre absolument différent. On ne peut jamais conclure de la non manifestation d'une force à sa non existence. La philosophie a longtemps subi le joug d'Aristote ; elle a eu raison de s'en affranchir, bien que le joug d'Aristote valût mieux que celui de Locke ou de Condillac. Mais, sans accorder au philosophe de Stagire l'autorité indue dont il jouissait au moyen âge, il faut conserver soigneusement la différence qu'il a établie entre l'être en puissance et l'être en acte. Ce qui est en puissance dans un être, c'est tout ce que cet être est capable de produire et non pas seulement ce qu'il produit à un moment donné. La physique moderne peut jeter de la lumière sur ce sujet. Elle établit que l'interprétation des phénomènes conduit à reconnaître la force à l'état potentiel, c'est-à-dire comme une virtualité qui existe sans se manifester. C'est un point de doctrine qui paraîtra plus tard dans notre étude (77). Ce qui est vrai de la force physique peut être également vrai des forces intellectuelles et morales.

27. *Les cas d'aliénation partielle cités pour justifier la négation de l'unité de la personne ne sont pas probants.*

Il existe des états maladifs, qui, sans produire une perturbation totale des facultés, présentent des phénomènes psychiques anormaux qui constituent une aliénation partielle. Un certain nombre de ces états, d'ailleurs divers, ont ceci de commun qu'on les cite comme des exemples de destruction de la personnalité, ou de l'existence de personnalités multiples qui ne permettent pas d'affirmer l'unité et l'identité de l'esprit. Voici par exemple une observation du docteur Ball. Il s'agit d'un jeune homme de 28 ans, employé dans une maison de commerce. Sa santé était bonne et ses facultés intellectuelles intactes. Il tombe subitement dans un état étrange dont il rend compte lui-même en ces termes : « Depuis cette époque, ma personnalité est « disparue *d'une façon complète*, et malgré tout ce que je « fais pour reprendre ce moi-même échappé, je ne le puis. « Tout est devenu de plus en plus étrange autour de moi, « et maintenant, non seulement je ne sais ce que je suis, « mais je ne puis me rendre compte de ce qu'on appelle « l'existence, la réalité [1] ». Ce malade a des sensations étranges ; les conditions de sa vie ordinaire ont changé. Ce qu'il appelle sa personnalité, qu'il dit avoir disparu c'est la nature et l'ordre de ses perceptions ordinaires ; mais il est évident que sa personne, au sens propre du terme, est toujours présente, puisqu'elle est le sujet des efforts, inefficaces mais réels, qu'il accomplit pour reprendre le mode ordinaire de son existence.

Autre cas : Voici le témoignage d'un malade recueilli par Maudsley : « Je suis si changé que je me sens comme « si je n'étais plus moi-même, mais une autre personne ; « je sais que c'est une illusion, et cependant je ne peux m'en « débarrasser. Les choses les plus familières m'apparaissent « plutôt comme un rêve que comme une réalité, et à vrai « dire, je suis comme dans un rêve [2] ». Qui donc se sentant comme un autre, sait que ce sentiment est illusoire, si ce n'est le sujet qui a conscience de son identité, en présence d'un trouble intérieur qu'il juge sans réussir à le détruire ?

---

[1] *Revue scientifique* du 8 juillet 1882, page 43.

[2] Maudsley. *Body and Will*, page 307, cité dans la *Revue philosophique* d'août 1884, page 170.

M. Taine a cité, en 1876, des observations du docteur Krishaber qui lui paraissent justifier, au point de vue expérimental, la thèse philosophique que, « le moi, la personne « morale est un produit dont les sensations sont les pre- « miers facteurs »; d'où résulte que, avec d'autres sensations, il y a un autre moi. Les observations du docteur Krishaber me semblent démontrer la thèse contraire à celle de M. Taine. Voici la confession d'un malade : « Il y avait en « moi un être nouveau, et une autre partie de moi-même, « l'être ancien, qui ne prenait aucun intérêt à celui-ci. Je « me souviens très nettement de m'être dit quelquefois que « les souffrances de ce nouvel être m'étaient indifférentes..... « Jamais, du reste, je n'ai été réellement dupe de ces illu- « sions; mais mon esprit était souvent las de corriger inces- « samment les impressions nouvelles, et je me laissais aller à « vivre de la vie malheureuse de ce nouvel être[1] ». Un autre malade dit : « Je me sentais si complètement changé qu'il me « semblait être devenu un autre; cette pensée s'imposait « constamment à moi, sans que cependant j'aie oublié une « seule fois qu'elle était illusoire[2] ». Si le moi n'est que le résultat des sensations, comment comprendre ce sujet qui, en présence de sensations étranges et tristes qui tendent à constituer en lui un être nouveau, tantôt résiste, tantôt s'abandonne, n'est *jamais dupe des illusions* qui le troublent? Une observation que j'ai pu faire autrefois sur moi-même m'a fourni des lumières assez vives sur ce sujet. J'étais atteint d'un trouble nerveux qui se traduisait par de l'hypocondrie, et j'entendais le dialogue suivant qui

---

[1] *Revue philosophique* de mars 1876, pages 203 et 204.
[2] *Ibid.*, page 204.

s'établissait entre deux personnages sur la scène de ma conscience. Une voix disait: « Tu est fort malade; ta carrière est certainement finie; tu ne vivras pas, ou tu vivras incapable de tout travail ». L'autre voix répondait: « Tu t'alarmes sans raison, ne sais-tu pas que tu as passé plus d'une fois par des états semblables qui ont disparu? » De ces deux voix, l'une était l'expression de l'état maladif, né des sensations, l'autre était la réponse de la raison éclairée par l'expérience. Le dialogue distinctement entendu, la présence des deux personnages en discussion ne m'a jamais fait douter de mon identité personnelle. A ce propos, je me permettrai de fournir une indication utile à ceux qui ne veulent pas juger témérairement leur prochain. Il y a des maladies imaginaires: on se figure souvent avoir une altération organique qui n'existe pas; mais il n'y a pas de malades imaginaires. Les individus que l'on qualifie ainsi, et que l'on juge quelquefois avec une sévérité dure, souffrent d'un désordre qui a pour caractère une altération du système nerveux. Telle est l'intimité du rapport du corps et de l'esprit, qu'une maladie purement spirituelle est un fait qui probablement n'existe pas, et n'a jamais existé.

Voici encore une observation citée pour contredire l'unité substantielle de la personne humaine. Elle est du docteur Richet, et a été reproduite par M. Lionel-Dauriac[1]. Il s'agit d'une femme placée sous l'influence des suggestions d'un magnétiseur (54). « Je dis à A : *Vous voilà changée en* « *chèvre*. Aussitôt elle se tait et se met à grimper violem« ment sur mon canapé, comme si elle voulait monter à « l'assaut de ma bibliothèque. Cela fut fait avec une telle

---

[1] *Critique philosophique*, du 1ᵉʳ novembre 1884, page 221.

« précipitation, que la robe en a été toute déchirée ». Après l'accès, la patiente en a le souvenir et en rend compte ainsi : « *Je me suis vue sur un rocher escarpé, et prise d'une envie irrésistible de grimper* ». Elle ne dit pas qu'elle s'est vue chèvre, mais qu'elle s'est vue, elle, sur un rocher escarpé, avec une grande envie de grimper. En résulte-t-il que sa personnalité ait disparu? Nullement. L'association des mots, des idées, des sentiments et des actes, suffit pour rendre compte du phénomène. Dans une condition cérébrale exceptionnelle le mot chèvre a pu susciter des hallucinations, la vue d'un rocher et le désir d'en faire l'ascension, surtout si la femme observée connaissait les caprices des chèvres décrits par Lafontaine[1] ».

J'en viens à l'étude d'un cas fort remarquable et fort remarqué; il s'agit d'observations faites à Bordeaux, sur une femme nommée Félida X**. Cette femme a été observée, pendant de longues années, par le docteur Azam, aujourd'hui professeur à la faculté de médecine de Bordeaux, et qui était alors l'un des médecins de l'asile des femmes aliénées. On avait eu recours à lui dans la pensée qu'il s'agissait d'un cas de folie[2]. Félida avait quatorze ans au début de la maladie, et dix-huit ans au moment où on appela le docteur. Dans son état ordinaire elle était hystérique, souffrante, triste, silencieuse, concentrée et montrant peu d'affection aux siens. Un jour, elle éprouve une violente douleur aux tempes; elle tombe dans un sommeil passager, et en s'éveillant elle est totalement changée. Elle

---

[1] *Les deux chèvres*. Fable 4 du livre XII.

[2] Voir *Hypnotisme. Double conscience et altérations de la personnalité*, par le docteur Azam. Paris, J. B. Baillière et fils 1887, 1 volume in-12.

ne souffre pas; elle est gaie, affectueuse, loquace, préoccupée de sa toilette. A la fin de l'accès elle passe par un nouveau sommeil dont elle ressort dans son état ordinaire. Le fait se reproduit; la succession des deux états devient un phénomène fréquent et facile à observer. Dans son état ordinaire, Félida oubliait complètement ce qui s'était passé dans l'état crisiaque; mais, dans l'état crisiaque, elle avait le souvenir complet de son existence entière sous ses deux formes. L'état crisiaque a augmenté en durée, de telle sorte qu'il est devenu habituel, et que l'état jadis ordinaire est devenu l'exception. Le docteur Azam a émis la prévision que l'état exceptionnel d'abord, puis fréquent, pourra devenir unique. Tels sont les faits qui ont légitimement fixé l'attention du monde savant, et dont l'interprétation est un problème d'un haut intérêt.

Voici les explications proposées par le docteur Azam. Il fait observer que, au point de vue psychologique, le fait d'être tantôt gai, tantôt triste, n'a rien d'extraordinaire. Il pense que, dans l'état primitivement ordinaire, la tristesse de Félida tenait en grande partie à la perte de la mémoire. L'amnésie lui était d'autant plus onéreuse que cette dame était marchande, et souffrait gravement de ses oublis dans l'administration de ses affaires. L'amnésie trouvait son explication physiologique dans une hystérie agissant sur l'afflux sanguin au cerveau. Voici maintenant les observations que j'ai à présenter sur le rapport de ces phénomènes avec la question qui fait l'objet de mon étude.

Il s'agit de deux vies qui ne sont pas le résultat d'une provocation extérieure, mais de modifications physiologiques spontanées. Y a-t-il quelque chose qui permette de nier l'unité et l'identité de la personne qui demeure le sujet permanent de variations étranges et considérables? Non, à mon avis. Le docteur Azam émet en passant une idée qui me paraît mettre sur la voie de l'explication du phénomène. En signalant le fait que l'état dans lequel Félida a le souvenir des deux phases de son existence était crisiaque au début, et tend à devenir habituel, il emploie le mot de *guérison*. C'est là qu'est peut-être la vérité. L'état d'amnésie, avec ses conséquences sur l'humeur et le caractère, était une maladie qui, habituelle au début et constituant un état ordinaire mais anormal, a fait place progressivement à une santé relative. Confondre les deux vies de Félida avec un dédoublement de la personnalité me paraît un des exemples de la confusion d'idées signalée plus haut (25). La première communication faite par le docteur Azam à la *Revue scientifique* (20 mai 1876) a pour titre : « Amnésie périodique ou dédoublement de la vie ». Dans une communication subséquente (22 décembre 1877), les termes « dédoublement de la *vie* » ont été remplacés par ceux de « dédoublement de la *personnalité* ». Le premier de ces titres est pleinement justifié par le contenu de la communication. Félida avait, sous l'influence de modifications organiques, deux modes différents d'existence, ou deux vies ; mais rien n'autorise à affirmer qu'elle n'ait pas conservé le sentiment de personnelle, avec des intermittences de la mé

28. *La liberté de choix, ou le libre arbitre, a pour fin légitime la réalisation de la loi de la volonté, ou la liberté de nature.*

L'homme est un être doué de raison et capable de vertu (10 et 12). Sa conscience éclairée par la réflexion lui révèle un idéal de conduite, c'est-à-dire ce qui doit être. Il y a un idéal pour l'homme en général : l'observation des principes généraux de la morale ; mais, comme chacun est placé dans des circonstances particulières, il y a un idéal pour chaque individu. Les personnes qui estiment que ce qu'elles sont est parfaitement conforme à ce qu'elles devraient être sont rares. Un homme sérieux et réfléchi qui s'observe lui-même est conduit à se dire : Avec mes facultés natives, mes forces, mes ressources, ma position dans le monde, voilà ce que j'aurais dû être, voilà ce que je serais si j'avais fidèlement observé les prescriptions de ma raison et de ma conscience. La réalisation de cet idéal ou de la loi de la volonté (ces deux expressions ont le même sens) est la réalisation de la nature d'un être intelligent et moral. Celui qui n'est pas ce qu'il aurait dû être s'est écarté de sa destination, comme un végétal qui a dévié de son type. La liberté de nature est donc le but légitime de la liberté de choix. Ainsi se réunissent les deux sens du mot liberté (2 et 3) ; mais ils se réunissent sans se confondre, comme le but et le moyen. La liberté de nature est le but ; le libre arbitre est le moyen. Si on confond les deux sens du mot liberté, on tombe dans l'équivoque, ce qui arrive assez souvent. En un sens, l'homme n'est libre que dans le bien, puisque le bien est l'expression de la loi légitime de sa volonté ; c'est la liberté de nature ; mais pour que le bien soit accompli volontairement, il faut que l'homme possède le libre arbitre, et la possibilité du mal est inhérente au libre arbitre qui disparaîtrait avec cette possibilité. L'homme manifeste donc sa liberté, dans le second sens du terme, par l'accomplissement du mal comme par la pratique du bien. Schiller a dit à ce sujet : « Si tu veux savoir ce qu'il y a de plus grand et « de plus élevé, la plante peut te l'apprendre. Ce qu'elle est « sans le vouloir, sois-le par ta volonté[1]». Le but à atteindre est d'arriver à la pratique facile du bien et à l'impossibilité morale du mal, en faisant entrer dans la nature (au sens expérimental du terme et non au sens idéal) le passé d'une liberté bonne (23). Alors la liberté de choix ayant réalisé la liberté de nature, au sens idéal, n'aurait plus d'emploi et disparaîtrait dans son triomphe même. C'est pourquoi Descartes a pu écrire que l'on est d'autant plus libre que l'on hésite moins[2]. C'est pourquoi le Chancelier d'Aguesseau a pu dire, dans l'un de ses discours : « L'homme n'est jamais « plus libre que lorsqu'il assujettit ses passions à la raison « et sa raison à la justice. » Le libre arbitre se manifeste donc dans l'accomplissement du mal comme dans la pratique du bien ; mais l'esprit n'est libre, dans le sens le plus élevé du terme, que par la réalisation de sa nature idéale.

29. *L'homme ne peut que choisir entre l'obéissance et l'esclavage.*

Cette thèse est la conséquence directe des considérations précédentes. Se soumettre à la loi que la conscience révèle comme la règle légitime de la volonté, c'est obéir. Si je n'obéis pas, ma volonté peut-elle se créer un objet? Non (5). Je tombe donc nécessairement sous l'empire d'impulsions contraires à la conscience. Je ne fais pas mon devoir, parce que je veux mon plaisir ou mon intérêt. Mais si j'ai le sentiment que le devoir seul réaliserait ma véritable

---

[1] Cité par Jean Huber de Munich, dans son traité sur le libre arbitre (en allemand): *Ueber die Willensfreiheit*, à la fin.
[2] Quatrième méditation.

nature, lorsque ma volonté suit des impulsions en sens contraire, elle me réduit à l'état d'esclavage. Un mauvais emploi de mon libre arbitre réalise une sorte de suicide moral. Ma liberté devient, comme le disait Boëce, la cause de ma servitude[1]. Il faut ou céder passivement aux impulsions ou obéir. Céder est le propre de la faiblesse ; la force morale se manifeste dans l'obéissance légitime. Lorsqu'on considère les actions humaines à un point de vue purement objectif en les assimilant aux phénomènes naturels, l'intensité d'une action mesure la force de l'agent. Mais la violence des passions, lorsqu'elles entraînent la volonté dans un sens contraire à la loi reconnue par l'agent lui-même, révèle l'impuissance de l'élément libre de la volonté, comme l'explosion d'une machine en révèle la faiblesse. Opposer l'idée de la liberté à celle de l'obéissance, c'est partir de la conception chimérique d'une liberté absolue.

30. *La liberté est une quantité variable.*

L'homme se trouve sollicité par des impulsions diverses. Le degré dans lequel l'esprit se possède et peut choisir est le degré de la réalisation de sa liberté. A cet égard, les variations sont énormes. Il est des hommes et des races d'hommes qui semblent n'avoir jamais fait usage d'un libre arbitre qui reste chez eux enveloppé et dans un état purement virtuel ; la raison d'être de leurs actes se trouve uniquement dans des entraînements qui s'imposent à leur volonté. Il en est d'autres qui paraissent habituellement en

---

[1] Sunt quodam modo propria libertate captivæ. — *La consolation philosophique.* Livre V, § 33.

pleine possession d'eux-mêmes, et qui n'accomplissent à l'ordinaire que des actes qu'ils ont librement choisis. Non seulement le degré de la liberté varie d'un individu à l'autre ; mais le même individu est loin d'être toujours sous ce rapport dans la même position. Il est des moments où, chez les plus actifs, la liberté sommeille. La grande question est de savoir comment on peut maintenir et accroître l'élément du libre arbitre.

La liberté s'accroît par la répétition d'actes d'obéissance à la loi et de résistance aux impulsions mauvaises ; elle diminue par des abdications multipliées qui détendent le ressort de la vie morale. Pour qu'elle s'exerce, il faut se retenir en présence des impulsions, et ne céder qu'à celles qui paraissent bonnes ; pour se posséder, il est nécessaire de se recueillir. L'habitude qui améliore ou détériore la nature (23) fortifie ou affaiblit l'élément libre de la volonté.

Les hommes religieux affirment qu'ils se libèrent des impulsions mauvaises en s'adressant à Dieu dont ils cherchent le secours ; ils disent que la prière fortifie leur volonté défaillante. Cette affirmation reposant sur une expérience individuelle ne peut pas revêtir un caractère proprement scientifique. On ne peut pas imposer les résultats de cette expérience à ceux qui ne l'auraient pas faite ; mais ceux-ci auraient grand tort de la nier sans en avoir fait l'essai. Il faut remarquer du reste que la prière, cet élément essentiel de la religion, étant un acte volontaire, est, dans son point de départ au moins, un exercice du libre arbitre. La liberté est donc une quantité variable, et ses variations dépendent en partie de son emploi. Mais si elle varie en degrés, en elle-même elle est ou elle n'est pas ; pour qu'un élément soit variable, il faut qu'il existe. L'idée que la liberté ne serait pas un élément primitif de la nature et pourrait se faire elle-même, est une illusion si étrange que je n'aurais pas songé à la signaler si on n'en trouvait pas la trace dans un travail adressé naguère à l'Institut de France. « Suivant l'auteur de ce mémoire, le libre arbitre n'est pas « un attribut essentiel de la volonté. Il ne naît pas avec elle; « c'est nous qui nous faisons libres; le libre arbitre est notre « œuvre, notre conquête [1] ». Dire que le libre arbitre existe d'abord à l'état virtuel, et ne se manifeste que dans la mesure du développement normal de l'esprit humain, c'est dire quelque chose de certainement vrai; mais comment entendre que le libre arbitre est notre œuvre et notre conquête? Qui donc accomplit cette œuvre? Qui fait cette conquête? La liberté de nature doit être la conquête du libre arbitre (28), mais l'idée d'une conquête du libre arbitre par un être qui ne le posséderait pas, ne résiste pas un instant à l'examen.

31. *La liberté est la plus haute manifestation de l'être.*

« Le plus grand don que Dieu fit à l'homme en le créant, « ce fut la liberté de la volonté ». Ainsi s'exprime Dante[2]. Affirmer qu'un être libre est supérieur à un être qui ne l'est pas, c'est prononcer un jugement de hiérarchie. Les jugements de cette nature qui s'expriment par les deux idées de *plus* ou de *moins*, donnent lieu à une étude pleine d'intérêt. Quand il s'agit de la quantité, ces idées n'offrent

---

[1] Rapport de M. Bouillier dans les *Séances et Travaux de l'Académie des sciences morales et politiques*, tome CXXIV (Septembre 1885), page 314.

[2] *Le Paradis*, Chant V, vers le commencement.

aucune difficulté. Le soleil est plus grand que la terre, parce qu'il renferme plus de matière; un homme a plus de mémoire qu'un autre lorsqu'il se rappelle un plus grand nombre de choses. Qu'il s'agisse de la quantité abstraite ou concrète, les idées du plus et du moins s'offrent toujours à l'esprit dans une pleine lumière; mais il en est autrement quand il s'agit de la qualité. Les idées du plus et du moins s'imposent alors, mais sans avoir la clarté des notions mathématiques. Pascal écrit dans l'un des passages les plus connus de ses *Pensées* : « L'homme n'est qu'un roseau, « le plus faible de la nature; mais c'est un roseau pensant. « Il ne faut pas que l'univers entier s'arme pour l'écraser; « une vapeur, une goutte d'eau suffit pour le tuer; mais « quand l'univers l'écraserait, l'homme serait encore plus « noble que ce qui le tue, parce qu'il sait qu'il meurt; et « l'avantage que l'univers a sur lui, l'univers n'en sait rien. « Ainsi toute notre dignité consiste en la pensée. C'est de « là qu'il faut nous relever, non de l'espace et de la durée. » Au bas de ce passage, Voltaire a écrit cette note : « Que « veut dire ce mot *noble*? Il est bien vrai que ma pensée est « autre chose, par exemple, que le globe du soleil; mais est-« il bien prouvé qu'un animal, parce qu'il a quelques pen-« sées, est plus noble que le soleil. En a-t-il moins coûté « au Créateur de faire le soleil que de pétrir un petit « animal, haut d'environ cinq pieds, qui raisonne bien ou « mal.... En quoi quelques idées reçues dans un cerveau, « sont elles préférables à l'univers matériel[1] ? ».

Comment faire reconnaître à Voltaire qu'il a tort, et qu'un être qui pense est supérieur au plus gros des êtres

---

[1] *Éloge et Pensées de Pascal*, Paris 1778, page 222.

matériels qui ne pensent pas? On ne pourra pas lui opposer un raisonnement parce que le jugement de hiérarchie dont il s'agit s'impose, à titre de donnée primitive, et ne se démontre pas. Mais il sera facile de montrer que, sous l'influence d'un besoin de polémique, Voltaire nie en paroles une affirmation qui demeure dans sa pensée. N'est-ce pas lui qui a écrit :

> « Atomes tourmentés sur cet amas de boue,
> « Que la mort engloutit, et dont le sort se joue,
> « Mais atomes pensants, atomes dont les yeux,
> « Guidés par la pensée ont mesuré les cieux,
> « Au sein de l'infini nous élançons notre être.[1] »

Celui qui a écrit ces vers oppose à l'insignifiance matérielle des atomes humains la grandeur de la pensée; c'est précisément la thèse de Pascal. On a souvent remarqué le grand bon sens dont Voltaire fait preuve, lorsqu'il n'est pas dominé par les passions qui, trop souvent, l'égarent et l'avilissent.

Après avoir élevé la grandeur de la pensée au-dessus de ce qu'il appelle les grandeurs charnelles, Pascal élève la grandeur morale au-dessus de celle de l'intelligence[2]. Ce nouveau jugement de hiérarchie est assez généralement accepté; on ne le conteste guère que sous l'influence de l'esprit de système. En dehors de cette influence, la vertu morale attire le plus haut degré de l'estime. Pourquoi? Parce que l'acte moral est le seul qui vienne uniquement de la personne, et dans lequel l'être humain manifeste sa nature essentielle, c'est-à-dire sa liberté. Du reste, pour établir que tout le

---

[1] *Le désastre de Lisbonne.*
[2] *Pensées.* Édition Faugère, Tome II, pages 330 à 333.

monde admet au fond que la liberté est la plus haute manifestation de l'être, il suffit de constater ce que disent ceux qui en nient l'existence. M. Bain, par exemple, estime que, dans la controverse relative au libre arbitre, « les raisons les plus fortes sont en faveur de la nécessité », et que la principale, peut-être même la raison unique de l'opinion contraire est « le sentiment de la dignité humaine », ou « l'orgueil de la volonté[1] ». Ce n'est pas là un fait isolé. Les adversaires du libre arbitre cherchent généralement l'origine de l'idée qu'ils combattent dans une illusion de l'orgueil. Quel est le caractère de l'orgueil? N'est-ce pas de s'attribuer des qualités supérieures à celles qu'on possède ? On trouve donc dans la pensée de ceux qui nient la liberté un jugement de hiérarchie qui leur fait affirmer que, si la liberté existait, elle serait un attribut supérieur à ceux que l'homme possède. C'est tout ce que je voulais établir pour le moment.

32. *La liberté ne peut pas être la transformation d'éléments d'une autre nature.*

En admettant que la liberté soit le plus haut degré de l'être, les partisans de la théorie de l'évolution seront facilement conduits à penser qu'elle est la transformation des phénomènes d'une autre espèce. Ce serait oublier la condamnation justement portée par Auguste Comte contre les doctrines qui veulent expliquer le supérieur par l'inférieur[2]. Sous l'influence d'un de ces courants d'opinion qui consti-

---

[1] *L'Esprit et le Corps*, un volume de la Bibliothèque scientifique internationale, 1873, pages 224 à 226.
[2] Ravaisson, *La Philosophie en France au XIX⁰ siècle*, pages 78 à 79.

tuent la mode dans le domaine de l'intelligence, nombre de savants et d'écrivains de nos jours croient posséder dans l'idée de l'évolution la solution de tous les problèmes, et dans le transformisme, par lequel l'évolution se manifeste, une clé qui ouvre toutes les portes[1]. Il est cependant des transformations qui sont possibles et d'autres qui ne le sont pas. Tous les phénomènes purement physiques peuvent être conçus comme le simple résultat du mouvement modifiant les agrégats de la matière. Il est possible théoriquement que toutes les faunes et toutes les flores aient procédé d'organismes primitivement semblables, sous la double action des lois de la vie et des influences extérieures, mais il n'est pas possible que l'espace se transforme en matière parce que la résistance fait le caractère expérimental des corps, tandis que l'espace est un simple concept. Il n'est pas possible que la matière se transforme en pensée, parce que les éléments subjectifs de la pensée ne sauraient résulter de l'élément objectif du mouvement des corps dans l'espace. Entre les mathématiques et la physique, entre la physique et la psychologie, il existe et il existera toujours des barrières infranchissables pour une intelligence sérieuse. Ce qui est impossible surtout, c'est de faire sortir d'un ordre de choses régi par des lois nécessaires un élément de liberté. Si l'élément libre de la volonté est simple (15), on peut en conclure directement qu'il n'est pas le produit de la combinaison d'autres éléments. Toutes les fois qu'on veut faire de la liberté le résultat d'une transformation, on la nie.

On cherche aujourd'hui des arguments en faveur d'une

---

[1] Voir ci-dessus l'Introduction.

transformation de cette espèce dans la considération de la série des organismes. C'est ainsi qu'on veut trouver l'origine de la volonté dans le mouvement réflexe, qui serait le premier échelon d'une série dont les actes conscients seraient le sommet[1]. Cette thèse suppose l'oubli de cette vérité pleinement évidente qu'entre les phénomènes purement objectifs, comme le mouvement réflexe, et le plus élémentaire des phénomènes psychiques, il existe pour la pensée un infranchissable abîme. La transformation d'éléments physiologiques en faits de conscience est absolument impossible. Ce qui exige une discussion plus attentive c'est l'opinion que le pouvoir libre serait la transformation d'autres phénomènes psychiques. Il existe manifestement des phénomènes psychiques chez les animaux supérieurs (22). Les animaux supérieurs se relient à ceux qui sont plus bas sur l'échelle par une série plus ou moins continue; une induction naturelle conduit donc la pensée à admettre qu'il existe des éléments psychiques chez tous les animaux. Mais la ligne de démarcation entre les animaux et les végétaux n'est pas aussi claire pour la science qu'elle l'est dans l'opinion commune; de là résulte la supposition que la vie organique et la vie psychique sont inséparables. On s'arrête en général à cette conception déjà très hardie; mais des esprits aventureux vont plus loin et émettent la thèse que tout mouvement, même celui de la pierre qui tombe, renferme un élément psychique. C'est la doctrine désignée par le néologisme d'*hylozoïsme*. Wundt, qui admet comme vraisemblable l'hypothèse du lien permanent de la vie organique et de la vie psychique, remarque avec raison que

---

[1] Ribot. *Les maladies de la volonté*, page 148.

l'hylozoïsme qui attribue une vie psychique à la matière inorganique est une théorie qui échappe à toute vérification possible[1]. Cette réserve imposée par la méthode expérimentale n'a pas arrêté quelques savants contemporains qui affirment audacieusement que partout où il y a mouvement, il y a sensation. C'est ramener la science à ses origines; car l'hylozoïsme est le point de vue des anciens philosophes d'Ionie.

On arrive donc à l'idée d'un développement continu des êtres sans l'intervention d'éléments nouveaux dans les êtres que nous considérons comme supérieurs. Il faut un degré de hardiesse assez rare pour attribuer un élément de libre arbitre, non-seulement aux arbres de la forêt, mais aux rochers de la montagne. Pour maintenir l'idée du développement continu, il faut donc considérer la liberté comme la transformation d'autres éléments psychiques; il faut admettre qu'il y a partout quelque chose qui n'est pas positivement la liberté, mais qui le deviendra par un développement naturel. En faisant ainsi, on semble spiritualiser la nature, élever en quelque sorte l'ensemble des êtres à l'humanité; en fait, c'est le contraire qui a lieu. Rousseau écrit dans l'une de ses boutades : « Quand un philosophe « viendra me dire que les arbres sentent et que les rochers « pensent, il aura beau m'embarrasser dans ses arguments « subtils; je ne puis voir en lui qu'un sophiste de mauvaise « foi, qui aime mieux donner le sentiment aux pierres, que « d'accorder une âme à l'homme [2] ». On doit enlever de ce passage les invectives qu'il renferme, supprimer l'idée du

---

[1] *Éléments de Psychologie physiologique*, traduction Rouvier, tome I, pages 22 à 25.

[2] *Profession de foi du vicaire.*

sophiste et l'accusation de mauvaise foi, pour retenir une idée juste en elle-même. Lorsqu'on met la vie psychique partout, avec la liberté au moins en germe, on arrive à la pleine négation du libre arbitre. Voici un exemple remarquable de ce procédé de la pensée.

Un professeur de minéralogie, dans une faculté française des sciences, développait naguère à ses auditeurs la thèse que les minéraux vivent, naissent et meurent. En parlant de leur vie, il disait : « Le cristal tout formé semble quel-
« quefois se douter qu'il existe un idéal, la symétrie par-
« faite, l'ellipsoïde du système cubique qui est une sphère ;
« il le cherche, il s'en approche et s'il ne peut y parvenir,
« il triche, il joue la comédie, il se déguise, tout comme
« parmi les hommes plus d'un s'efforce de jouer le person-
« nage qu'il n'est pas ». (Il s'agit de certaines formes mal déterminées par lesquelles des cristaux d'un ordre inférieur prennent la ressemblance de cristaux d'un ordre supérieur.) « Pour atteindre son but, le cristal s'associera à
« d'autres cristaux de son espèce ; tous ensemble ils se
« grouperont ; comme ils ne peuvent modifier leurs angles,
« ils se pousseront les uns les autres, ils se serreront,
« chacun y mettra du sien ; les vides, s'il en existe, se-
« ront remplis vaille que vaille et si la besogne est impos-
« sible, ils resteront vides. Le minéralogiste s'en tirera ou
« ne s'en tirera pas ; les petits cristaux savourent en silence
« leur gloire usurpée et ne s'inquiètent guère du reste ».
Voilà des éléments de libre arbitre largement introduits dans le monde minéral. Des cristaux volontairement déguisés se moquent des embarras du minéralogiste ; cela est bouffon ; mais voici qui est sérieux. Le professeur va nous révéler le fond de sa pensée. « La matière éternelle accomplit

« un cycle éternel..... chaque homme, chaque animal,
« chaque plante et chaque pierre obéit sans pouvoir jamais
« résister, et ils sont tous emportés sans trêve ni repos
« dans un tourbillon dont le commencement et la fin se ca-
« chent au milieu des ténèbres de l'infini. Nulle différence
« entre le minéral, le végétal et l'animal; la vie de l'être
« inorganisé est identique à la vie de l'être organisé [1] ».

Ces passages sont curieux et instructifs. En apparence la liberté est étendue à la nature entière; en réalité, ce qu'on proclame, c'est l'universelle nécessité. Le libre arbitre ne peut pas provenir par voie de transformations d'éléments d'une autre nature. Il n'existe pas, ou il est le caractère spécifique d'êtres qui constituent un élément distinct de l'univers.

33. *La valeur réelle de la personne humaine résulte de l'emploi de sa liberté.*

Si la liberté est la plus haute manifestation de l'être, il en résulte que c'est son bon emploi qui a, dans l'ordre des phénomènes psychiques, la plus haute valeur. Ce qui fait la valeur des individus dans l'opinion qu'on peut nommer spécialement mondaine, c'est le rang, la fortune, la force ou la beauté du corps. Les sages de tous les temps ont protesté contre de tels jugements. Il est évident, en effet, qu'il s'agit là de choses qui sont à l'esprit ce que le vêtement est au corps. Les facultés, les talents appartiennent à l'individu, mais sont des dons de la nature qu'on peut considérer comme un élément extérieur quant à ce qui constitue essentiellement la personne, c'est-à-dire l'agent libre. Les

---

[1] *Revue scientifique* du 24 janvier 1885, pages 117 et 119.

dons naturels n'ont de valeur morale que par l'emploi qu'on en fait, c'est-à-dire par l'élément du libre arbitre qui entre dans leur exercice. Les facultés, les talents peuvent inspirer un sentiment d'admiration analogue à celui qu'inspirent les beautés de la nature ou les produits de l'art. Ce sentiment peut s'adresser à de grands malfaiteurs comme à des héros de vertu; mais les sentiments de l'estime et du respect ne s'adressent qu'au bon emploi de la volonté. Le même jugement de hiérarchie qui élève la liberté au-dessus des autres manifestations de la vie psychique (34), élève l'ordre moral au-dessus de l'ordre intellectuel et justifie la pensée de Cicéron qui considère toutes les choses humaines comme inférieures à la vertu[1].

Chacun a sa tâche à accomplir. Ces tâches sont très diverses selon la diversité des circonstances et des capacités des individus, mais que la tâche soit grande ou petite, humble ou glorieuse, ceux qui l'accomplissent fidèlement ont tous la même valeur. C'est là qu'est la bonne règle pour juger les autres et pour se juger soi-même. Un esprit sérieux se posera toujours la question du poète:

Qu'as-tu fait de ta vie et de ta liberté?[2]

La liberté c'est la vie ramenée à son centre; mais ce centre rayonne dans toutes les directions, parce qu'il y a une part d'action personnelle dans la nature des individus, dans l'état de leur intelligence, de leur corps, et même dans leur position au sein de la société. Des choses qui, considérées en elles-mêmes, sont extérieures à la personne, se trouvent modifiées par l'effet d'actes personnels.

---

[1] Humana omnia inferiora virtuti. *Tusculanes*. Livre IV, § 26.
[2] Alfred de Musset. *La nuit d'août*.

Lorsqu'on soumet la vie humaine à l'analyse, on y trouve toujours ces deux facteurs indissolublement unis : la nature et la liberté.

Le but des considérations qui précèdent est de déterminer l'idée du libre arbitre telle qu'elle existe dans la pensée de ceux qui, sans méconnaître son caractère essentiellement relatif, croient à son existence. Ces considérations peuvent se résumer dans la thèse suivante : La part de liberté accordée à l'homme fait de l'esprit une puissance initiale, une cause première, non quant à son existence, mais quant à l'acte de son choix entre les impulsions diverses auxquelles il se trouve soumis. Cette thèse ne peut pas être considérée comme valablement établie sans un examen sérieux des arguments qui peuvent la justifier et des objections qu'on lui oppose. Ce sera l'objet de deux chapitres suivants.

CHAPITRE II.

LES SIGNES DE LA LIBERTÉ.

Si le libre arbitre existe, son existence est, non pas un théorème à démontrer en partant de prémisses rationnelles, mais un fait à constater. Fournir les preuves de la liberté, c'est donc passer en revue ses manifestations, ou les signes auxquels on peut en reconnaître la présence.

34. *Tous les phénomènes psychiques sont liés à des mouvements.*

Comment les pensées, les sentiments, les volontés d'un homme se manifestent-ils aux autres? Le plus souvent par la parole. Qu'est-ce que la parole? Un mouvement de l'air atmosphérique déterminé par un mouvement des organes vocaux. Qu'est-ce que le regard qui se joint à la parole et peut la remplacer? Un phénomène de lumière que la physique ramène à des ondulations de l'éther. Comment un homme privé de la parole et du regard entre-t-il en communication avec ses semblables? Par des gestes. Toutes les manifestations des phénomènes psychiques sont donc des mouvements. Passons de la manifestation de ces phénomènes à leur production. Quelle est l'origine des sensations et des perceptions? Une impression se produit sur les organes des sens: c'est un mouvement. Le mouvement se transmet le long des nerfs, et arrive à l'encéphale où se produit un phénomène physiologique central dont la nature n'est pas bien connue, mais qui, dans les conceptions de la science moderne, ne peut être conçu que comme un mouvement. A des mouvements cérébraux répondent nos sensations, nos perceptions, nos sentiments et les impulsions qui sollicitent la volonté. Un acte de volonté se produit. L'action immédiate est un mouvement cérébral qui, si le corps est sain, détermine celui des nerfs et des muscles. Tous les phénomènes psychiques sont donc intimement liés, non-seulement pour leur manifestation, mais aussi pour leur production à des mouvements de l'organisme; l'esprit et le corps sont indivisibles dans tout le domaine de notre expérience. C'est la vérité que Descartes a méconnue, lorsqu'il a affirmé que l'homme peut se connaître comme un être qui pense, sans avoir aucune notion, ni aucun sentiment du corps. Dans la réaction qui s'est produite contre le dualisme cartésien, il importe de faire la part de la vérité et celle de l'erreur. Descartes a *séparé* dans sa pensée les deux éléments intimement unis de notre existence totale. Sous ce rapport la réaction était justifiée; elle a sa part de vérité. Descartes a *distingué* la notion subjective des phénomènes psychiques et la représentation objective des phénomènes matériels. En confondant ce qu'il a distingué, et ce qui sera toujours distinct pour une réflexion sérieuse, en niant le caractère spécifique des phénomènes de conscience qui les distingue de toute représentation objective, en voulant mettre l'unité là où se trouve une diversité irréductible, la réaction contre le dualisme cartésien s'égare absolument. Ce qui demeure acquis, c'est que tous les phénomènes psychiques sont associés à d'autres phénomènes régis par les lois de la mécanique. L'étude des diverses espèces de mouvements prend ainsi une importance capitale pour la psychologie aussi bien que pour la physique.

35. *Les mouvements volontaires se distinguent des mouvements contraints et des mouvements spontanés.*

Il existe dans le corps humain trois classes de mouvements : les contraints, les spontanés et les volontaires. Un mouvement contraint est celui qui résulte d'une action exercée du dehors sur l'organisme. Cette action peut être purement physique, comme c'est le cas, par exemple, lorsqu'un gendarme entraîne de force un individu qui résiste. La contrainte peut avoir un caractère différent, et résulter d'un sentiment impérieux : tel est le travail de l'esclave en présence du fouet de son surveillant. Les mouvements spontanés sont ceux qui procèdent de l'organisme lui-même. En voici un exemple très simple : Placez-vous devant un matelas moelleux étendu par terre. La raison vous dira qu'en vous laissant tomber, vous ne vous ferez pas de mal. Essayez ! Vous sentirez un mouvement spontané qui se produira pour remettre vos jambes en équilibre. Les convulsions et les tics offrent des exemples frappants de ces mouvements spontanés produits par la nature ou déterminés par l'habitude. Les mouvements volontaires sont ceux dont l'agent qui les exécute a l'initiative, et qui peuvent se mettre en opposition avec les mouvements des deux autres espèces.

Le mouvement volontaire ne peut pas se constater d'une manière objective. Le sujet les connaît directement en lui-même; mais il ne peut les connaître chez les autres que par le moyen de l'induction ou du témoignage. Pourquoi ? nous allons le dire.

36. *Les mouvements volontaires ont pour caractère spécifique la conscience de la liberté.*

C'est pour cela qu'on ne peut pas les constater objectivement. Vous vous trouvez près d'une personne dont les membres vous heurtent. Cette personne s'excuse en déclarant qu'elle est sujette à des mouvements convulsifs. Si vous ajoutez foi à son témoignage, vous saurez que le heurt que vous avez subi n'était pas volontaire. Si vous ne croyez pas à sa véracité, vous pourrez supposer que le mouvement était volontaire; mais ce n'est que par l'induction et le raisonnement que vous pourrez valider une supposition dont la vérification directe est impossible.

On a essayé de nier le caractère spécifique des mouvements volontaires en partant de la théorie physiologique des mouvements réflexes. Une impression se produit sur les extrémités nerveuses; elle parvient à un centre, l'encéphale ou la moëlle épinière, et, à l'impression reçue, correspond un mouvement dit réflexe. Au mouvement centripète, résultat de l'impression transmise au centre nerveux, répond un mouvement centrifuge, par un mécanisme qui est l'un des secrets de la vie. Les actions réflexes peuvent se produire après la mort, comme l'ont prouvé des expériences récentes, mais pendant un temps fort court. En partant de ces données incontestables, on a dit : « Les mouvements appelés volontaires ne sont que des mouvements réflexes devenus conscients ». Pourquoi certains mouvements réflexes sont-ils conscients et d'autres non ? Admettons que la physiologie arrive à pouvoir répondre à cette question. On saura, je le suppose, la condition organique qui rend conscients certains mouvements réflexes tandis que d'autres ne le sont pas. Au mouvement réflexe conscient, il manque précisément le caractère spécifique du mouvement volontaire, le sentiment d'une libre initiative de la volonté. Comment identifier deux ordres de faits qui peuvent entrer directement en conflit? Mucius Scévola, dit-on, tint sa main sur un brasier ardent jusqu'à ce qu'elle fût calcinée; il dut pour cela dompter une action réflexe violente qui le poussait à la retirer. Si vous en doutez, appliquez volontairement votre main sur un poêle trop chaud. L'intérêt d'une expérience psychologique pourra vous l'y faire maintenir un moment, et vous sentirez distinctement la lutte du mouvement réflexe et du mouvement volontaire. Vous aurez la conscience des deux mouvements et celle de leur opposition.

La liberté se manifeste donc dans le mouvement, qui est le fait le plus habituel de la vie. On trouve un second signe de son existence dans un des phénomènes fondamentaux de l'intelligence.

37. *La liberté se manifeste dans les fonctions de l'intelligence par l'acte de l'attention.*

Dans la doctrine de Condillac, l'attention n'est qu'une sensation plus forte que les autres. Cette thèse était combattue, au siècle dernier, par de Saussure qui, s'inspirant des pensées de Charles Bonnet, consacrait une partie importante de son cours de philosophie à démontrer que loin d'être une sensation prépondérante, l'attention est un acte de volonté[1]. Il est facile, en effet, de reconnaître que, par l'attention, l'esprit peut s'opposer à la force des sensations. Vous vous trouvez dans un salon où il y a beaucoup de monde, et les sons de la musique s'ajoutent au bruit des conversations. Dans l'angle d'une fenêtre, deux personnes parlent, vous le savez, d'un objet qui vous intéresse très vivement. Vous arriverez parfois à entendre ce qu'elles disent; et la perception de leurs paroles sera le résultat des plus faibles des sensations multiples de votre ouïe. Vous regardez un paysage, vous y verrez le mieux, non ce qui sera le plus éclairé, mais les objets sur lesquels un intérêt quelconque vous fera diriger votre regard. La volonté agit sur les organes et modifie l'état du corps qui résulterait des sensations seules.

Cette intervention de la volonté, si facile à constater dans les perceptions sensibles, se manifeste également dans le travail de l'intelligence proprement dite. Vous étudiez les mathématiques. La série des idées s'impose à votre pensée avec une nécessité absolue; mais il dépend de vous de faire cette étude ou de ne pas la faire. Si Condillac avait raison, nous serions toujours conduits à une étude ou à l'autre par le goût, par l'attrait. Or, en vue d'un examen qui s'approche, les étudiants se livrent souvent aux études qui leur plaisent le moins. L'attention dirigée sur un objet ou sur un autre est un acte de volonté; et cet acte manifeste la possibilité du choix entre des impulsions diverses, ce qui est le caractère propre du libre arbitre. M. Taine reconnaît que pour faire une psychologie complète, il faudrait ajou-

---

[1] Pour la philosophie de H. B. de Saussure, consulter la *Bibliothèque universelle*, mars, avril et mai 1883 et les *Séances et travaux de l'Académie des sciences morales et politiques*, tome CXIX.

ter à la théorie de l'intelligence une théorie de la volonté[1]. La remarque est juste, mais insuffisante. Ces deux théories ne peuvent pas être isolées et juxtaposées ensuite. Une étude de l'intelligence séparée de celle de la volonté sera nécessairement défectueuse parce qu'elle laissera dans l'ombre l'élément actif du sujet dans le fait complexe de la connaissance. N'est-ce point pour avoir commis cette erreur que Kant a violemment déchiré la vie humaine par une conception déterministe de la science qui relègue la liberté hors du savoir proprement dit (84)?

38. *L'homme a un sentiment immédiat de son propre pouvoir.*

Cette affirmation est le résultat des deux précédentes. L'homme a le sentiment de son pouvoir initial dans le mouvement volontaire de ses membres et dans l'attention, acte psychique qui se manifeste par une action sur les organes. L'idée d'un élément de liberté est l'expression d'une expérience interne immédiate. C'est ce qui faisait dire à Cicéron : « L'âme sent qu'elle se meut, et elle sent en « même temps qu'elle se meut par sa force propre et non « par une force étrangère[2] ». Un savant contemporain exprime ainsi la même pensée; à l'occasion des objections formulées contre le libre arbitre, il écrit : « Nous sentons en « nous-mêmes ce qu'est notre liberté; par conséquent la « négation de cette liberté ne peut pas être une chose vraie[3] ».

---

[1] *De l'Intelligence.* Préface.

[2] Sentit animus se moveri, quod quum sentit, illud una sentit, se vi sua, non aliena moveri. *Tusculanes.* Livre I ; § 23.

[3] Alphonse de Candolle. *Histoire des sciences et des savants depuis deux siècles.* Page 438 de la première édition.

Ce sentiment immédiat de la liberté a été exprimé dans des termes émouvants par Jules Lequier. Il raconte comment, un jour de son enfance, il se trouva conduit à la pensée de la nécessité universelle. Je lui laisse la parole : « Une « seule idée partout réverbérée, un seul soleil aux rayons « uniformes : Cela que j'ai fait était nécessaire. Ceci que « je pense est nécessaire. L'absolue nécessité pour quoi « que ce soit d'être à l'instant et de la manière qu'il est, « avec cette conséquence formidable : le bien et le mal « confondus, égaux, fruits nés de la même sève sur la « même tige. A cette idée, qui révolta tout mon être, « je poussai un cri de détresse et d'effroi, et comme si « j'eusse touché l'arbre de la science, je baissai la tête en « pleurant. Soudain, je la relevai. Ressaisissant la foi en « ma liberté, par ma liberté même, sans raisonnement, sans « hésitation, sans autre gage de l'excellence de ma nature « que ce témoignage intérieur que se rendait mon âme « créée à l'image de Dieu et capable de lui résister, puis- « qu'elle devait lui obéir, je venais de me dire, dans la sé- « curité d'une certitude superbe : Cela n'est pas, je suis « libre[1] ».

Les déterministes intelligents ne contestent pas l'existence du sentiment que l'homme a de son propre pouvoir, mais ils contestent la valeur objective de ce sentiment. Voici comment s'exprime l'un d'entre eux : « Tout homme, « dit cette doctrine (celle du libre arbitre) sent et sait « qu'il est un agent libre et aucune subtilité d'argument « ne peut détruire la conscience que nous avons de pos-

---

[1] *La recherche d'une première vérité*, fragments posthumes de Jules Lequier. 1 vol. in-8°, non mis en vente. Saint-Cloud. Imprimerie Belin, 1865, pages 7 et 8.

« séder un libre arbitre..... Le fait que nous avons
« conscience de certains phénomènes prouve que ces phé-
« nomènes existent dans l'esprit ou lui sont présentés;
« mais dire que ce fait démontre la vérité des phénomènes,
« c'est aller plus loin, c'est non seulement offrir un té-
« moignage, mais aussi prononcer un jugement[1] ». La
distinction établie par cet auteur entre un témoignage
affirmé et un jugement prononcé n'est pas admissible, au
moins d'une manière générale, parce que tout témoignage
est un jugement. Dans le cas dont il s'agit, le témoignage
est celui de la conscience de la liberté. Or ma thèse est que
l'homme a un sentiment immédiat de son libre arbitre; je
constate le fait. Il faut bien constater aussi qu'il s'élève des
doutes sur la portée du témoignage que l'homme se rend
à lui-même. Ces doutes sont exprimés par des savants, et
prennent fréquemment la forme illégitime de la négation.
Il n'est pas nécessaire, du reste, d'être savant pour que
le caractère relatif de notre liberté (5 à 8) fasse hésiter
parfois à en affirmer l'existence. Tout homme sérieux et
de bonne foi, quelque partisan qu'il puisse être du libre arbitre, devra convenir qu'il est des moments où un point
d'interrogation se pose dans sa pensée. C'est pourquoi, après
avoir reconnu les signes directs de la liberté, il importe de
constater, comme nous allons le faire, à quelles conséquences
on arrive lorsqu'on en nie l'existence. Formuler et maintenir
une négation avant d'en avoir étudié sérieusement la portée,
serait un procédé contraire à toutes les règles d'une méthode vraiment scientifique.

[1] Thomas Buckle. *Histoire de la civilisation en Angleterre*. Traduction Baillot, tome I, page 21 et note de la page 22.

39. *La liberté est le postulat commun d'une série d'idées, de sentiments et de jugements.*

J'appelle postulat, en donnant au mot le sens qu'il a dans la doctrine de Kant, sens qui diffère de celui que lui attribue Aristote[1], une affirmation qui se trouve contenue dans une autre, en sorte qu'en démontrant la seconde on a, par cela même, démontré la première. Si le jugement A est contenu dans le jugement B et en sort par une conclusion certaine, la démonstration de B suffit pour établir la vérité de A. Si la solidarité des deux jugements est complète, ils subsistent ou tombent ensemble. Qui nie directement A, nie indirectement, mais réellement B. Un physicien affirme qu'un phénomène naturel se produira toujours de même dans des circonstances identiques. Son affirmation renferme celle de la constance des lois de la nature, ce qui est le postulat général des sciences physiques. Niez-vous que, dans des circonstances identiques, un phénomène se produira toujours de la même manière? il est évident que vous niez la constance des lois.

Passons en revue les idées, les sentiments et les jugements qui supposent l'existence du libre arbitre. Si les postulats sont dûment établis, on verra avec clarté quels sont les jugements, les sentiments, les idées, dont on est nécessairement conduit à nier la valeur lorsqu'on nie tout élément de libre arbitre. On se prononcera alors en connaissance de cause.

---

[1] «Le postulat est ce qu'on pose sans démonstration, quoiqu'on puisse le démontrer, et dont on se sert sans en avoir donné la démonstration.» *Derniers Analytiques.* Livre I, chapitre X, § 7.

40. *L'existence du libre arbitre est l'explication la plus naturelle de l'idée de la liberté.*

Buckle (38) reconnaît dans l'homme une conscience de la liberté sur laquelle repose l'affirmation, fausse selon lui, de l'existence du libre arbitre. On peut trouver un signe de l'existence du libre arbitre dans quelque chose qui est moins que la conscience, illusoire ou non, d'un pouvoir personnel, je veux dire dans la seule idée de la liberté. La présence de cette idée dans l'esprit humain est un phénomène psychique certain. A cette idée peuvent se joindre, quant à l'existence de son objet, l'affirmation, la négation ou le doute; mais, dans les trois cas, la conception dont il s'agit demeure précisément la même. C'est bien le même objet dont on déclare l'existence réelle, fausse ou douteuse. Existe-t-il pour l'homme à l'état normal un pouvoir de choisir entre diverses résolutions? La raison d'être du choix se trouve-t-elle dans ce pouvoir même, qui serait une faculté primordiale de l'esprit? Le psychologue, dans ses explications, doit-il s'arrêter à l'existence de ce pouvoir, comme à un point de départ, de même que le physicien s'arrête aux propriétés primordiales de la matière? Telle est précisément la question; et, je le répète, que la question soit résolue dans le sens de l'affirmation, de la négation ou du doute, l'objet de la discussion demeure le même. Les partisans du libre arbitre ont une idée claire de ce qu'ils affirment; les adversaires de leur doctrine ont une idée claire de ce qu'ils nient; les sceptiques ont une idée également claire de ce dont ils doutent. La présence de l'idée de la liberté est donc un fait psychique incontestable et incontesté; dans le débat qui s'élève à ce sujet, il n'y a ni obscurité ni équivoque. Or l'explication la plus naturelle de cette idée est la réalité de son objet. Entendons M. Ravaisson exposer la pensée d'Aristote :

« La plus haute puissance à laquelle arrive la nature est
« la puissance active qui délibère entre deux partis oppo-
« sés, et qui se décide elle-même pour celui qu'elle pré-
« fère…. La nature de la plante est une chose imparfaite ; la
« matière y abonde et nuit à l'action ; la vie n'y est qu'un som-
« meil continuel. Supérieure à la végétation, la vie sensitive
« n'est cependant encore qu'une vie incomplète ; c'est une
« activité nécessairement sujette à l'impulsion des choses du
« dehors. La libre, la véritable action, le bien, par consé-
« quent, ne commence pour l'âme qu'au moment où elle
« acquiert la volonté et la raison, et où, maîtresse d'elle-
« même elle se porte d'elle-même et de son propre choix à sa
« fin ». Ce qui constitue l'homme, ce qui forme son caractère spécifique et le distingue de tous les êtres, c'est « le pouvoir de délibérer et de choisir »[1]. C'est parce que l'homme est doué du libre arbitre qu'il a l'idée de la liberté : telle est l'explication la plus naturelle de l'origine de cette idée. J'examinerai plus loin les efforts faits par les déterministes pour lui assigner une autre origine (86), et j'espère confirmer ma thèse en démontrant l'impuissance de ces efforts.

41. *L'idée du possible suppose celle de la liberté.*

L'idée de plusieurs possibles est, dans certains cas, le résultat et la manifestation de notre ignorance. Tombera-t-il de la pluie demain ? Nous ne pouvons pas le savoir

---

[1] Ravaisson. *Essai sur la métaphysique d'Aristote.* Tome I, pages 438, 442 et 443.

avec une entière certitude; mais nous admettons que nous le saurions, si notre connaissance des lois de la météorologie était complète. Dans ce cas, et dans tous les cas analogues, l'incertitude de nos jugements ne permet pas d'affirmer la contingence des phénomènes. Mais nous admettons qu'il peut y avoir dans les événements une contingence qui fait partie de la nature. Nous entrevoyons diverses possibilités dans l'avenir; et nous croyons que les choses du passé auraient pu prendre un autre cours. D'où vient dans notre esprit l'idée du possible? On ne comprend pas quelle en serait l'origine dans un monde où tout serait nécessaire. Il y a donc au fond de l'idée du possible, la notion de la liberté. Leibniz raconte qu'il avait été entraîné vers les conceptions du fatalisme mathématique, et il ajoute: « Ce « qui m'a retiré de ce précipice, c'est la considération des « possibles qui ne sont pas, ne seront pas, et n'ont pas été[1] ». Il veut dire que l'existence d'un élément de liberté dans l'univers est un postulat de la conception du possible, conception qui s'impose à l'intelligence. Ce fait, indépendamment de sa valeur philosophique, a de l'intérêt pour l'histoire de la pensée de Leibniz.

42. *L'idée de la nécessité suppose celle de la liberté.*

Il est des idées qui se correspondent, de telle sorte que l'une étant enlevée, l'autre disparaît. On ne conçoit pas l'ombre sans la lumière; la notion de la vertu s'évanouit si l'on supprime la pensée du mal possible. Il en est de même des idées de la liberté et de la nécessité; elles se supposent et

---

[1] Sed ab hoc praecipitio retraxit me consideratio eorum possibilium quae nec sunt, nec erunt, nec fuerunt. *Nouvelles lettres et opuscules inédits*, publiés par Foucher de Careil, page 178.

l'une ne peut subsister sans l'autre. La question est de savoir laquelle est primitive, laquelle est le concept premier dont l'autre est la négation. Pour s'en rendre compte, il faut remonter à l'origine psychologique de ces idées, c'est-à-dire au fait à l'occasion duquel elles font leur apparition dans l'entendement. Voici quelle est à ce sujet l'opinion de Maine de Biran : « Notre passivité n'est point un sentiment pri-
« mitif et immédiat ; car pour se sentir ou se reconnaître
« comme passif, il faut d'abord s'être reconnu avec la
« conscience d'un pouvoir. Ainsi la nécessité ou la passivité
« n'est qu'une privation de liberté ; c'est une idée négative
« qui suppose un mode positif auquel elle se réfère. Comme
« nous n'aurions pas l'idée des ténèbres, si nous ne con-
« naissions pas la lumière, de même nous ne nous aper-
« cevrions pas que nous sommes souvent passifs, si nous
« ne sentions aussi quelquefois que nous sommes actifs. Je
« dis plus, c'est que si nous avions toujours été passifs,
« dès l'origine de l'existence, il n'y aurait point de personne
« individuelle ou de *moi* capable de juger ou de reconnaître
« cette passivité. En qualité d'êtres purement sensitifs,
« nous serions entraînés dans toute la série de nos modifi-
« cations par une nécessité fatale que nous ne connaîtrions
« jamais, puisque nous ne pourrions nous connaître nous-
« mêmes comme individus[1] ». Si ces pensées sont justes, c'est la notion de la liberté qui est primitive ; et l'idée de la nécessité, qui en est la négation, est une notion consécutive dont le concept de la liberté est le postulat.

---

[1] *Œuvres inédites* de Maine de Biran, tome I, page 284.

43. *Les idées du péché et de la vertu supposent la liberté.*

Le dictionnaire de l'Académie française définit ainsi le mot péché : « transgression volontaire de la loi divine ou religieuse ». Il en résulte que, dans l'usage ordinaire, le mot péché ne s'emploie guère que par les écrivains ecclésiastiques, ou dans les conversations spécialement religieuses. Il serait convenable de l'introduire dans le vocabulaire philosophique, pour n'être pas obligé, lorsqu'on veut désigner un acte coupable de joindre au mot *mal*, dont la signification est très générale, l'adjectif *moral*. Le péché serait alors la transgression volontaire de la loi morale. Cette idée en suppose deux : la connaissance de la loi et la possibilité de l'accomplir ou de la violer. Là où il n'y a pas de loi connue, il n'y a ni péché, ni vertu: Tel est le cas de l'enfant à la mamelle; tel est celui d'un aliéné qui a perdu toute notion de la nature de ses actes. Existe-t-il des hommes adultes restés dans un état d'enfance, et qui ne soient pas nés à la vie morale? Il le semble, mais ce sont là des exceptions. Chez les races les plus dégradées, on trouve une morale différente de la nôtre, mais réelle, de même que, dans une société de voleurs, on trouve une morale différente de celle des honnêtes gens, mais pourtant une morale, une idée de ce qui est licite et de ce qui ne l'est pas. Les diverses applications d'une idée en prouvent certainement l'existence.

Si le péché, et l'acte de vertu qui est son contraire supposent la connaissance de la loi, ils supposent évidemment le libre arbitre, qui seul rend une action volontaire au sens plein de ce terme. Ces deux éléments : liberté et connaissance de la loi sont distincts, mais non pas absolument séparés. La connaissance de la loi est la condition de l'exercice de la liberté, puisque là où aucune loi ne serait connue la volonté se trouverait simplement en présence des penchants et céderait au plus fort (9). D'autre part, l'emploi de la liberté agit sur la connaissance de la loi. Un homme se laisse-t-il entièrement dominer par des pensées mauvaises, il arrive que, n'ayant pas mis sa conduite d'accord avec des principes dont il avait eu d'abord quelque notion, il finit par se faire des principes d'accord avec sa conduite. La conscience se modifie et se déforme comme la physionomie. Y a-t-il des consciences absolument mortes? Ce qui est certain, c'est qu'il y en a de profondément endormies. Lorsque la conscience morale est endormie du sommeil primitif, comme chez l'enfant, il n'y a pas de péché; mais lorsqu'elle est endormie par la pratique du mal, c'est l'action de la volonté qui a fini par altérer la connaissance de la loi. On peut nier (on l'a fait, et on le fait encore) la valeur de l'idée que les hommes expriment généralement par le mot péché; mais ce qui demeure incontestable, c'est le lien qui unit indissolublement cette idée à celle du libre arbitre. Ce lien a été signalé avec force et clarté par Aristote (47), et voici en quels termes Saint-Augustin a reproduit des pensées analogues à celles du philosophe grec: « Telle est la nature du péché, qu'il cesse « d'être le péché, s'il n'est pas volontaire. Ce principe est « d'une telle évidence que le petit nombre des savants et « la foule des ignorants l'adoptent sans opposition. Il faut « donc ou nier l'existence du péché, ou reconnaître que « la volonté le commet..... C'est la volonté qui fait le « péché, et comme l'existence du péché est indubitable, je « puis affirmer avec la même certitude que l'âme est douée

« du libre arbitre. Dieu a voulu, comme les plus distingués
« de ses serviteurs, des serviteurs qui lui fussent librement
« soumis, ce qui serait impossible s'ils lui obéissaient né-
« cessairement et non pas volontairement[1] ».

La connaissance de la loi, qui est la condition de la vertu
qui l'accomplit et du péché qui la viole, a pour fondement
psychologique le sentiment de l'obligation.

44. *Le sentiment de l'obligation suppose la liberté.*

Le bien a un attrait qui sollicite la volonté et qui varie
selon la nature des individus. Très grand pour les caractères que nous qualifions de bons, de généreux, il est
presque nul chez d'autres. Cet attrait s'adresse aux éléments les plus nobles de la sensibilité, il diffère de l'obligation qui est un appel direct à la liberté. Le fait intérieur
qui s'exprime par les mots *je dois* est un fait spécial, irréductible à d'autres éléments psychiques (13). Kant, dans
une des parties essentielles de son œuvre, s'est appliqué à
montrer que la liberté est le postulat du devoir. Le devoir
serait un mot vide de sens pour l'être qui ne serait pas
capable de prendre par lui-même une détermination, pour
un agent dont tous les actes seraient fatalement déterminés. Il y a un devoir pour les personnes; il n'y en a
pas pour les choses. La question de savoir s'il existe un
élément de moralité chez des bêtes est la même que celle
de savoir s'il existe chez les bêtes un élément de libre
arbitre. Accepter la réalité de l'obligation morale, c'est

---

[1] *De la vraie religion*, chapitre XIV, § 27. Cet écrit appartient à la
première période de la vie de St Augustin; mais dans ses *Rétracta-
tions*, livre I, chapitre XIII, § 5, l'auteur maintient son affirmation
relative au caractère volontaire du péché.

affirmer la liberté; nier la liberté, c'est nier la réalité de l'obligation morale.

Pour un certain nombre de philosophes contemporains, cette démonstration de la liberté humaine est la seule valable. Ces philosophes procèdent de Kant qui, dans une intention louable, a mis la pensée sur une route pleine de difficultés (81). Ils observent que le sentiment immédiat de la liberté peut être trompeur, parce que nous ne pouvons connaître tous les antécédents d'une volition, et que notre ignorance sous ce rapport peut être l'origine d'une conception illusoire du libre arbitre. La preuve morale leur paraît seule à l'abri de la critique. Peut-être confondent-ils les impulsions qui se prêtent à l'analyse et l'acte du choix qui, s'il est réel, est simple par essence? (14, 15.) Peut-être aussi usent-ils d'une tactique semblable à celle d'un chef militaire qui abandonne des positions menacées pour se réfugier sur une ligne de défense qu'il estime inexpugnable. Ils accordent aux adversaires du libre arbitre tout ce qu'il est possible de leur accorder, et se cramponnent au devoir comme au seul point d'appui ferme; c'est pour eux le rocher qui brave la tempête des opinions. Voici l'inconvénient de cette manière de procéder. Les philosophes qui nient la valeur des autres signes de la liberté, nient pareillement la valeur de l'argument moral. Il faut alors leur dire: « Vous devez croire au devoir; c'est un devoir. Si vous n'y croyez pas, vous êtes de malhonnêtes gens ». Voilà ce qu'il faut arriver à dire, et ce que disent les Kantiens, sinon ouvertement, du moins réellement, sous des formes plus ou moins modérées. Il est dangereux de poser une question dans des termes qui conduisent forcément à l'emploi d'expressions peu équitables et, dans tous les cas, peu parlementaires. Le sentiment de l'obligation est bien le signe le plus éclatant de la liberté; mais je ne saurais me ranger à l'avis de ceux qui veulent que ce soit le seul.

45. *Les sentiments du regret et du repentir supposent la liberté.*

Le regret peut être l'affliction que cause un bien perdu, sans que notre volonté soit pour rien dans cette perte. C'est ainsi que je regrette un ami que la mort m'a enlevé, une récolte détruite par les gelées du printemps. Dans d'autres cas, le regret porte sur des choses où nous ne sommes pas précisément en faute, mais qui sont en partie le résultat d'actes de notre volonté. J'avais à placer de l'argent; j'ai consulté un banquier digne de confiance. Sur son avis, j'ai acheté des actions qui se sont trouvées mauvaises. Je regrette la perte de mon argent, et le fait volontaire d'avoir suivi le conseil du banquier. Je me suis rendu à une fête dont j'attendais du plaisir, et je m'y suis profondément ennuyé; je regrette d'y être allé. Dans ces cas, et dans tous les cas analogues, le regret renferme cette pensée : j'aurais pu faire autrement.

Le repentir est un regret, mais un regret qui a un caractère spécifique. Je me suis rendu à une fête et je m'y suis ennuyé; c'est un simple regret; mais si, pour aller à cette fête, j'ai négligé un devoir, le regret devient un repentir. La formule du regret simple est: j'aurais *pu* faire autrement, celle du repentir est: j'aurais *dû* faire autrement. Ces deux formules renferment l'une et l'autre la notion du libre arbitre. Celle du repentir renferme de plus la conscience du devoir, car le repentir, au sens propre du terme, est le chagrin qu'on éprouve de s'être attiré quelque mal, non-seulement par son *fait*, mais par sa *faute*. Lorsque Rodrigue se trouve en présence de Chimène, dont il vient de tuer le père, il dit à son amante :

«N'attends pas de mon affection
«Un lâche repentir d'une bonne action[1]».

Ce que Corneille appelle «un lâche repentir», c'est le regret d'avoir fait le bien. Si l'on conserve aux mots leur signification habituelle (il convient de le faire dans l'intérêt des études psychologiques), le regret, qui est un phénomène de sensibilité pure, peut s'appliquer également aux conséquences d'actes bons ou mauvais; le repentir, qui est un fait de conscience morale, ne s'applique qu'à des actions contraires à une loi que le sujet reconnaît pour légitime et qu'il s'accuse d'avoir violée. Lors même qu'on méconnaîtrait la conscience de la liberté dans le regret simple, comment la méconnaître dans le repentir? S'accuser n'aurait aucun sens pour un être qui se jugerait incapable d'avoir agi autrement qu'il ne l'a fait. Le libre arbitre est donc bien un postulat du repentir; quiconque dénie à la volonté le pouvoir d'une action initiale doit tenir le repentir pour un sentiment faux dont il convient de se défaire. C'est ainsi que l'entend Spinoza qui n'a pas l'habitude de reculer devant les conséquences logiques de sa doctrine. Il écrit: «Le re-
«pentir n'est point une vertu, ou en d'autres termes, il
«ne provient point de la raison; au contraire, celui qui se
«repent d'une action est deux fois misérable ou impuis-
«sant[2]».

---

[1] *Le Cid*. Acte III, scène 4.
[2] *Éthique*. Partie IV, proposition LIV.

46. *Le sentiment de l'esclavage suppose la liberté.*

Il peut arriver à un homme qui fait son examen de conscience de se dire : « je suis totalement asservi par mes « penchants ». Voilà le sentiment de l'esclavage. Ce sentiment est quelquefois corroboré par des idées fatalistes. Le directeur d'un hôpital militaire m'a conté le fait suivant : On vint, un jour, le prévenir qu'un jeune soldat mourant de phthisie venait de commettre un vol. Il voulut faire appel à la conscience de ce malheureux ; il lui représenta combien il était étrange dans sa position de malade, près de la mort, d'accomplir une telle action. Le jeune homme lui répondit : « Mon père a été pendu pour vol ; ma mère est en prison pour vol ; ma sœur est en prison pour vol ; mon frère a été tué dans une tentative de vol ; il faut bien que je vole moi aussi ». Le cas est extrême, mais il peut arriver à chacun de se sentir dominé par des impulsions auxquelles il se croit incapable de résister, et d'extraire du fait les germes d'une théorie fataliste.

Il est facile de montrer un signe de la liberté dans l'obéissance (29) ; vouloir en trouver les indices dans le sentiment de l'esclavage peut paraître une entreprise paradoxale ; c'est toutefois une tentative très sérieuse. Un homme qui se sent asservi ne peut éprouver ce sentiment que par le contraste entre ce sentiment et celui de l'essence de son être. Il ne peut y avoir d'esclavage de fait que pour un être libre par nature. C'est pourquoi nous appliquons le terme aux hommes seuls, à l'exclusion des choses et des animaux. Le sentiment de l'esclavage est celui d'une liberté vaincue qui peut être réduite à l'état de virtualité pure, mais qui n'en existe pas moins, sinon en fait, du moins en droit. Se savoir esclave et en souffrir, c'est savoir qu'on devrait être libre. J. J. Rousseau a émis à ce sujet une de ses pensées les plus profondes : « Je suis esclave par mes « vices et libre par mes remords [1] ». Le remords, qui n'est que la forme aiguë du repentir, suppose qu'on aurait pu ne pas faire ce qu'on se sent coupable d'avoir fait.

47. *La responsabilité, qui est la base des jugements moraux et des sentiments qui s'y associent, suppose la liberté.*

Nous appliquons à nos semblables des jugements de natures très diverses qui portent sur leur position dans le monde, sur leurs qualités naturelles, sur les conséquences de leurs actes. Par l'un de ces jugements nous attribuons à un individu conscient la responsabilité des actes qu'il accomplit. Aux jugements relatifs à la responsabilité s'unissent deux sentiments contraires : l'approbation ou le blâme, selon que nous jugeons un acte moralement bon ou mauvais. On ne saurait contester sérieusement que ces jugements et ces sentiments supposent le libre arbitre. Aristote établissait ainsi cette vérité : « Il est certain qu'il dépend « des hommes d'être bons ou mauvais. Ce qui le prouve, « ce sont les louanges et le mépris dont les actions hu- « maines sont l'objet. La louange s'adresse à la vertu, le « mépris s'adresse au vice ; mais ni l'un ni l'autre ne pour- « raient s'appliquer à des actes involontaires. Donc évi- « demment, il faut qu'il dépende de nous de faire le bien et « de faire le mal [2]». Et ailleurs : «On ne reproche à personne

---

[1] *Profession de foi du Vicaire Savoyard.*
[2] *La grande morale.* Livre I, chapitre X, § 4.

« une difformité naturelle, et l'on blâme ceux qui n'ont
« cette difformité que par un défaut d'exercice et de soins.
« On fait la même distinction pour la faiblesse, la laideur
« ou les infirmités. Qui ferait des reproches, par exemple,
« à un homme parce qu'il est aveugle de naissance, ou parce
« qu'il l'est devenu à la suite d'une maladie ou d'un coup?
« On plaint bien plutôt son malheur; mais tout le monde
« adresse un juste blâme à celui qui le devient par l'habi-
« tude de l'ivresse, ou par tel autre vice[1] ». Il est, du reste,
une manière bien simple et absolument concluante de mettre
en évidence le lien des deux idées de la responsabilité
et de la liberté. C'est de montrer que ceux qui nient la
valeur de la seconde sont inévitablement conduits, pour
peu qu'ils aient de logique dans l'esprit, à nier celle de la
première. Le docteur Le Bon, par exemple, nie absolument
le libre arbitre. « Nous sommes partis de ce principe fonda-
« mental que la formation des organes, la genèse de l'intel-
« ligence, le développement des sociétés, la succession de
« tous les événements qu'embrasse l'histoire sont placés
« sous l'action de lois nécessaires et invariables[2] ». De cette
négation de la liberté, il n'hésite pas à déduire la négation
de la responsabilité. — « Tous les criminels sont irrespon-
« sables, en ce sens que par leur nature et les circonstances,
« ils ne pouvaient être que criminels..... Ce n'est pas
« plus la faute d'un individu s'il est bon ou méchant que
« ce n'est sa faute s'il est beau ou laid..... Les vices sont
« aussi indépendants de la volonté que la couleur des yeux

---

[1] *Morale à Nicomaque*. Livre III, chapitre VI, § 14.

[2] Gustave Le Bon. *L'homme et la Société*. Librairie Rothschild à Paris, 1880.

« ou la forme du nez[1] ». Cela est vrai, s'il s'agit seulement de la nature primitive des individus, puisqu'il ne dépend pas d'un homme de naître avec de bons ou de mauvais penchants; mais le docteur applique sa thèse aux actes accomplis, puisqu'il parle de la nécessité qui rend criminel. Cette thèse sera toujours difficile à faire accepter. Si les hommes ne sont pas responsables de leurs actes, Vincent de Paul et Caligula sont moralement égaux, et il est malaisé de penser ainsi. Prenons, au sujet de la responsabilité, un exemple très simple. Vous passez dans la rue. Par la faute d'un ouvrier une tuile tombe sur votre tête. Aurez-vous un sentiment identique pour la tuile et pour l'imprudent couvreur? Non, il vous est impossible d'éprouver le même sentiment pour la chose inanimée qui vous nuit et pour le méchant qui vous fait tort. Se fâcher contre les choses est un sentiment positivement puéril. C'est un phénomène d'enfance qui disparaît dès que l'homme acquiert la conscience de la liberté et l'idée de la responsabilité qui en est la conséquence.

48. *L'influence que les hommes cherchent à exercer les uns sur les autres suppose la liberté.*

Nous ne portons pas seulement sur les actions de nos semblables des jugements moraux, nous cherchons aussi à exercer sur eux une influence qui dirige leur volonté. La connaissance des lois du monde physique devient la base de l'industrie : la main de l'homme, guidée par l'intelligence et munie d'instruments que la science lui fournit, modifie la nature; la connaissance des lois psychiques est

---

[1] *Revue philosophique de mai* 1881, page 539.

aussi à la base de l'action que les hommes cherchent à exercer les uns sur les autres ; mais le mode d'action n'est pas le même dans les deux cas. Par le fait de son inertie la matière se laisse façonner sans résistance aucune ; il n'en est pas de même des hommes, sauf le cas exceptionnel où un individu devient un automate à la disposition d'un autre (54). L'inertie cesse lorsqu'on passe de l'ordre des phénomènes matériels à celui des phénomènes moraux. Quand nous voulons agir sur quelqu'un, nous lui proposons des motifs. « Or, quelque forts que soient les motifs, « l'homme demeure toujours le maître de vouloir ; on ne « saurait jamais dire qu'il y soit forcé ou contraint ; et si « on le disait, ce serait fort improprement ; car le vrai « terme serait celui de *persuader*, qui convient tellement à « la nature et à la liberté des êtres intelligents qu'on ne « saurait s'en servir en toute autre occasion. Il serait, par « exemple, ridicule, en jouant au billard, de dire que j'ai « persuadé la bille d'entrer dans un trou[1] ».

La diversité du mode d'action à l'égard des personnes et des choses est facile à reconnaître. S'agit-il d'un homme qui nous paraît s'écarter du droit chemin ? nous lui donnons des conseils ; mais on ne donne pas de conseils à une machine qui fonctionne mal, on la répare. M. Fouillée a nié la valeur de cet argument qu'il considère comme un paralogisme. Il fait remarquer qu'on ne donne pas de conseils à une machine parce qu'elle n'a ni oreilles, ni intelligence, et qu'on en donne aux hommes, parce qu'ils sont intelligents, sans qu'il soit nécessaire pour cela qu'ils soient libres[2].

---

[1] Euler. *Lettres à une princesse d'Allemagne.* Partie II, lettre 23.
[2] Voir *la Physique moderne*, études historiques et philosophiques. Paris, librairie Germer Baillière, 1883, page 220.

Je crois qu'une observation psychologique attentive montre que l'influence que nous cherchons à exercer les uns sur les autres suppose que nous admettons chez nos semblables, non seulement l'intelligence, mais aussi un élément de liberté. En effet, si une action exercée sur la matière ne réussit pas, l'ouvrier n'imputera son insuccès, réserve faite pour son manque d'habileté, qu'à la nature du corps sur lequel il a opéré; il pourra éprouver un sentiment d'impatience, mais il n'entrera dans ce sentiment aucun élément de jugement moral. Il en est autrement si nous ne réussissons pas dans une action que nous voulons exercer sur un homme. Nous lui imputons une volonté que nous qualifions de mauvaise si ce que nous voulons obtenir de lui nous paraît bon. Voici une remarque qui est peut-être plus significative. Si nous rencontrons un individu qui cède indifféremment à toutes les influences qu'on exerce sur lui, tantôt dans un sens et tantôt dans un sens opposé, notre jugement à son égard s'exprime par cette formule : « Ce n'est pas un homme. » Quel est le sens de ces mots? Ils signifient que là où nous ne rencontrons aucun élément d'action personnelle et libre, aucun pouvoir de choisir entre des impulsions diverses, nous estimons que les caractères spécifiques de l'humanité font défaut.

49. *L'organisation sociale suppose la liberté.*

Une agglomération d'hommes ne devient une société que par l'existence d'une loi. Beaucoup de peuples n'ont pas un code écrit; mais partout il existe un ensemble de règles qui constituent le lien social. Il y a des lois dans tous les ordres de phénomènes; mais lorsqu'on passe de la nature à la société le sens du mot change. Les lois de la nature sont l'expression des faits, de l'ordre des événements. Les lois sociales sont des ordres dans le sens d'un commandement. Elles ne sont pas l'expression de ce qui est, mais la prescription de ce qui doit être. Elles s'adressent à des êtres capables d'obéir ou de résister, c'est-à-dire à des êtres doués d'un élément de libre arbitre. La loi morale crée une obligation qui se révèle à la conscience; la loi sociale crée une obligation civile. L'obligation civile devient morale par le lien qui réunit chaque individu à la communauté. Réserve faite pour les cas où les ordres du pouvoir social se trouveraient en conflit avec la conscience, c'est un devoir pour le citoyen d'obéir aux lois de son pays. Si les législateurs se bornaient à formuler la loi et s'en remettaient à la conscience des citoyens, ils manqueraient souvent leur but. Les caisses de l'État, par exemple, risqueraient d'être bien vides, si la loi qui règle les impôts était simplement recommandée à la vertu des contribuables. C'est pourquoi les lois humaines ont une sanction dont les tribunaux, les gendarmes, les prisons et, dans les cas extrêmes, le bourreau, sont les organes.

Si l'idée de la liberté est le postulat de la législation, dans toute l'étendue de ce terme, elle est, d'une manière encore plus apparente, le postulat de la législation pénale. En édictant des peines dont l'énoncé constitue une menace, la société se défend, se préserve par un appel au sentiment de la crainte. Est-ce là tout? ou bien y a-t-il dans les peines infligées aux criminels un élément de punition proprement dite, un châtiment infligé à des volontés mauvaises qui ont fait un usage coupable de leur liberté? Nombre de philosophes contestent à la société le droit de punir, en ne lui reconnaissant que le droit de se défendre. C'est la conséquence naturelle et nécessaire de la négation du libre arbitre. Il est trois idées en effet qui sont intimement liées : liberté, responsabilité, culpabilité. Là où il y a liberté, il y a responsabilité et il peut y avoir culpabilité. Niez la première de ces idées, l'homme n'est pas responsable et ne peut pas être coupable. Au point de vue des philosophes qui pensent ainsi, il n'y a, dans le rapport de la société avec les personnes, rien d'autre que dans son rapport avec les choses et avec les bêtes. Une rivière déborde et détruit sur son passage les champs et les maisons ; on la digue ; c'est emprisonner ses eaux. De même on emprisonne un voleur parce qu'il est nuisible. Quand des ceps de vigne sont atteints par le phylloxera on les brûle. De même, quand un homme s'est montré malfaisant on le supprime. Dans l'opinion de Leibniz, qui me paraît la bonne, il n'en est pas ainsi. La société ne se défend pas seulement, elle punit. Il y a dans la justice pénale « une certaine satisfaction pour l'expiation d'une action mauvaise » un élément de justice *punitive* que réclame le sentiment moral de l'humanité[1]. Le fait suivant me paraît confirmer cette manière de penser. Il est des criminels endurcis qui portent à la guillotine une tête où aucun élément de repentir ne s'est jamais manifesté ; mais il en est d'autres qui, en présence de la mort, manifestent un repentir qu'on ne saurait, en un moment pareil, soupçonner d'hypocrisie. Parmi ces derniers, il s'en trouve dont la conscience est si pleinement éveillée qu'ils acceptent le châtiment suprême comme une juste réparation des outrages par lesquels ils ont blessé la conscience humaine.

[1] *Théodicée.* Partie I, § 73.

Considérons maintenant la justice pénale dans quelques-uns de ses détails. Voici un accusé qui comparaît devant le jury. On demande, non pas : a-t-il fait tel acte? mais : est-il coupable de tel acte? Il y a des cas où l'imputation de l'acte est absolument certaine, et où la réponse est négative quant à la culpabilité. Quels sont ces cas? Ceux où l'on estime que l'auteur de l'acte n'en était pas responsable. Pourquoi n'en était-il pas responsable? parce qu'il n'était pas dans les conditions où la liberté s'exerce. « L'homme ivre, « le délirant, l'aliéné, etc., ne sauraient être responsables « d'actes commis par eux en dehors de leur volonté raison- « nable, alors qu'ils n'avaient pas conscience de ces actes. « L'acte conscient seul, tombe sous le coup de la responsa- « bilité. » La justice pénale applique la règle ainsi formulée par le docteur Azam[1]. Il faut seulement observer que l'ivresse peut être voulue, et avoir pour origine le désir du criminel de s'étourdir pour accomplir son acte. Dans ce cas la responsabilité subsiste tout entière. Un accusé est-il reconnu aliéné? on ne le punit pas, on l'enferme pour la préservation de la société. Si l'on admet la nécessité de tous les actes, la distinction entre le crime et la folie disparaît; les recherches relatives à la responsabilité n'ont plus de sens, et toute la justice pénale repose sur une erreur.

Les circonstances atténuantes qui figurent dans les jugements provoquent des réflexions analogues. Ces circonstances sont atténuantes de la culpabilité de l'individu. On admet que la responsabilité a des degrés, et qu'elle est proportionnelle à la liberté des actes. Dans l'appréciation d'un

---

[1] *Revue scientifique* du 17 novembre 1883.

délit, la justice sociale prend en considération et la liberté des agents et le caractère relatif de cette liberté. Les circonstances atténuantes ne se comprendraient pas si la société faisait seulement acte de préservation. Les mêmes remarques s'appliquent aux circonstances aggravantes, à la préméditation en particulier. On fait une juste différence entre un assassin qui a tué dans un accès de colère et un autre qui a médité et préparé le crime. Pourquoi? Parce que dans le cas d'un acte accompli sous une impulsion violente, on admet que le libre arbitre n'a pas eu le temps d'intervenir, tandis que la préméditation suppose un acte proprement volontaire. Dans un esprit logique, la négation totale du libre arbitre a pour conséquence l'assimilation complète des hommes, des animaux et des choses sous le rapport de la criminalité. Il faut, ou nier totalement la responsabilité humaine, ce qui contredit toutes les bases sur lesquelles repose la société, ou déclarer coupables les animaux et même les choses, ce qui contredit le bon sens. Euler présente à ce sujet la réflexion suivante :
« Qu'on s'imagine une marionnette artistement fabriquée
« par des roues et des ressorts, qui s'approche de ma poche
« et en tire ma montre sans que je m'en aperçoive ; cette
« action, étant une suite nécessaire de l'organisation de la
« machine, ne saurait être regardée comme un vol, et je me
« rendrais ridicule si je m'en fâchais et si je voulais faire
« pendre la machine. Tout le monde dirait que la marion-
« nette était innocente, ou plutôt insusceptible d'une action
« blâmable ; aussi, serait-il fort indifférent à la machine
« d'être pendue, ou d'être mise sur un trône. Cependant, si
« l'artiste avait fait cette machine à dessein de voler les
« honnêtes gens et de s'enrichir par de tels vols, j'admire-

« rais bien l'adresse de l'ouvrier, mais je serais en droit de
« le dénoncer à la justice comme un voleur [1]. »

Au XVIe siècle, il y eut, en Russie, une insurrection qui fut domptée. Le signal avait était donné par une cloche. On a condamné la cloche à être déportée en Sibérie, à perdre son battant et à être fouettée publiquement. Elle se trouve encore dans la cour de l'évêché de Tobolsk. Cette action avait sans doute une signification symbolique ; mais si on la prenait dans son sens direct, elle éveillerait, comme l'idée de la punition de la marionnette, le sentiment du ridicule qui s'attache à la confusion des choses et des personnes. Au moyen âge on a fait parfois des procès aux bêtes ; en voici un curieux exemple, dans le texte d'un arrêté qui porte la date de 1499 : « Vu le procès-criminel
« fait devant nous à la requête du procureur des religieux,
« abbé et couvent de Josaphat, près Chartres, au sujet de
« la mort d'un enfant du nommé Gilon, âgé d'un an et
« demi à peu près, qui a été mis à mort par un Porc âgé
« de trois mois ; vu l'instruction faite par le procureur fiscal
« de cette juridiction ; tout vu et entendu ; en ce qui re-
« garde le dit Porc, et pour les motifs résultant du procès,
« nous l'avons condamné et condamnons à estre pendu à
« l'issue de l'audience dans l'étendue de la juridiction des
« sieurs demandeurs. »

« Donné sous le scel de notre bailliage, le 19e jour
« d'april de l'an de grâce mil quatre cent nonante neuf. —
« Signé Brisc [2] ».

Nous avons renoncé à traduire les bêtes en justice.

---

[1] *Lettres à une princesse d'Allemagne.* Partie II, lettre 18.
[2] Mangin. *L'homme et la bête.* Paris 1872, page 340.

Nous ne livrons un assassin à la mort qu'après une sérieuse enquête, mais nous tuons un animal malfaisant sans forme de procès. Cependant s'il n'existe pas dans l'homme un élément de responsabilité, qui est le résultat du libre arbitre et qui le distingue des races purement animales, mettre un criminel à mort est un acte identique à celui d'abattre un chien enragé ou d'écraser la tête venimeuse d'une vipère.

50. *L'histoire du genre humain suppose la liberté.*

Un premier coup d'œil jeté sur l'histoire ne laisse discerner dans les événements que les volontés des hommes qui en sont les acteurs. C'est une vue superficielle que l'étude et la réflexion ne tardent pas à dissiper. La marche des sociétés humaines est manifestement soumise à des lois, et il est non moins manifeste que, dans un grand nombre de cas, les individus ne se rendent nullement compte des conséquences des actes dont l'accomplissement de ces lois est le résultat. On ne saurait méconnaître la vérité de ces pensées de Bossuet: « Ceux qui gouvernent font plus « ou moins qu'ils ne pensent, et leurs conseils n'ont jamais « manqué d'avoir des effets imprévus..... Alexandre ne « croyait pas travailler pour ses capitaines, ni ruiner sa « maison par ses conquêtes. Quand les Césars flattaient les « soldats, ils n'avaient pas dessein de donner des maîtres « à leurs successeurs et à l'empire..... Il n'y a point de « puissance humaine qui ne serve à d'autres desseins que « les siens[1] ». Il y a des lois qui régissent l'histoire, comme il en est qui régissent la nature ; mais ces deux classes de

---

[1] *Discours sur l'histoire universelle.* Conclusion.

lois ont-elles le même caractère? Il ne le semble pas. On ne peut pas étudier l'histoire sans prendre en considération l'influence des individus, et, dans les actes des individus, il est difficile de ne pas reconnaître une part de leur nature qui provient de causes générales, et une spontanéité personnelle qui est la part de leur liberté (14). Si faible qu'on suppose le facteur libre des actes, il enlève aux lois historiques le caractère de fixité absolue qui caractérise les lois de la physique. L'interprétation la plus naturelle des données de l'observation est que les événements historiques sont le produit de deux causes: un pouvoir réalisant un plan qu'ignorent souvent ceux qui l'exécutent, et la liberté relative de l'homme qui tantôt active et tantôt retarde la réalisation de ce plan. Voici comment M. Guizot s'exprime à ce sujet: « Il y a, dans l'histoire des peuples, deux séries « de causes à la fois essentiellement diverses et intimement « unies, les causes naturelles qui président au cours général « des événements, et les causes libres qui viennent y prendre « place. Les hommes ne font pas toute l'histoire: elle a des « lois qui viennent de plus haut; mais les hommes sont dans « l'histoire des êtres actifs et libres qui y produisent des « résultats et y exercent une influence dont ils sont respon- « sables. Les causes fatales et les causes libres, les lois dé- « terminées des événements et les actes spontanés de la « liberté humaine, c'est là l'histoire tout entière [1] ». Entendue ainsi, l'histoire suppose un élément de liberté. Écoutons maintenant à ce sujet un philosophe qui nie tout élément de libre arbitre. M. Herbert Spencer, après avoir

---

[1] *L'histoire de France racontée à mes petits-enfants.* Lettre aux éditeurs.

indiqué les caractères de l'évolution sociale tels qu'il les comprend, suppose des lecteurs qui diront : « Peu importe « ce que nous croyons et ce que nous enseignons, puisque « le travail de l'évolution sociale suivra son cours malgré « nous ». Il répond : « Le cours de l'évolution sociale est à « la vérité prédéterminé dans son caractère général; ..... « il est néanmoins possible de troubler ce cours, ou de le « retarder, ou de l'altérer. » Et il ajoute qu'en troublant ou en altérant ce cours « on peut faire un mal incalculable[1] ». D'où vient cette possibilité de troubler le cours de l'évolution ? A quelle cause faut-il rapporter le mal qui peut être fait ? Si la volonté humaine, douée d'une liberté relative, est en présence de lois qui n'ont pas un caractère absolu, on comprend qu'il y a un progrès qui doit se faire, qui se fait, mais qui peut être accéléré ou retardé. S'il n'existe aucun élément de liberté, d'où vient la possibilité de laisser le progrès suivre ou non son cours naturel ? Il est difficile, il est même impossible de l'entendre.

Si les lois historiques avaient le même caractère que les lois physiques, on pourrait, lorsqu'on les connaît, non seulement expliquer le passé, mais prévoir l'avenir. L'astronome, sachant quelles sont les lois qui régissent les mouvements du ciel, annonce les éclipses et la position des étoiles à un moment donné, avec une confiance que l'observation ne dément jamais. M. Taine a écrit : « Le but de l'histoire « est de reconnaître une force universelle partout présente « et agissante, souveraine de toutes les grandes choses, « directrice de tous les grands événements..... Le but de

---

[1] *Introduction à la science sociale*, p. 433 et 434 de la traduction française.

« l'histoire est de remonter jusqu'à cette force maîtresse, de
« l'enfermer, pour chaque siècle, dans sa formule, de lier
« les formules entr'elles, de noter les nécessités par les-
« quelles elles dérivent les unes des autres..... Alors
« seulement l'histoire cessera d'être une compilation et
« deviendra une science; alors seulement nous pourrons
« apercevoir et mesurer les puissances secrètes qui nous
« mènent; alors peut-être on pourra prévoir [1] ».

Ce passage donne lieu à deux remarques. La première est relative aux *grandes* choses et aux *grands* événements dont parle l'auteur; et elle s'applique également à la distinction établie par M. Spencer entre le cours *général* de l'évolution et ses circonstances particulières. Lorsqu'on a découvert une loi réglant les mouvements des substances inertes, la distinction des grandes et des petites choses, du gros et du détail, disparaît absolument. L'astronomie détermine la marche d'un fragment de planète aussi bien que celle des soleils. Le physicien ne connaît pas la distinction des grands phénomènes et des petits. Des lois générales comportant des déviations, des arrêts, des reculs même, se comprennent si ces lois s'appliquent à des êtres doués d'une certaine mesure de spontanéité; elles ne se comprennent pas lorsqu'il s'agit d'un développement nécessaire. La seconde remarque concerne le *peut-être* que M. Taine joint à l'idée de la prévision des événements futurs. Si l'on admet un développement nécessaire, dès que la loi en serait connue on pourrait prévoir, non pas peut-être mais *certainement*. L'emploi du *peut-être* est peut-être un indice que l'auteur conserve des doutes légitimes sur la valeur de sa doctrine.

---

[1] *Essais de critique et d'histoire.* Préface, pages XII et XIII.

En fait, les prévisions historiques très générales sont souvent justifiées ; mais lorsque des philosophes se sont aventurés à prédire des événements circonstanciés, ils se sont habituellement trompés. Voici trois exemples d'erreurs de cette nature. En 1829, Victor Cousin revenait d'Allemagne où il avait subi l'influence de Hégel. Il annonça à ses auditeurs que la Charte de Louis XVIII était la synthèse de l'histoire, et que cette Charte allait se répandre et faire le tour du monde. La prévision n'a pas été précisément accomplie en 1830. Vers 1848, Auguste Comte a annoncé que la République ne pouvait plus être détruite en France, et que la grande guerre était désormais impossible. La République a pourtant subi une éclipse, et la guerre est devenue si grande que les disciples de M. Comte ont pu recevoir, à Paris, les éclats des obus des Prussiens. Au commencement de 1851, j'assistais à des leçons de philosophie de l'histoire. Le professeur nous informa, au nom de la théorie, et avec une grande énergie de conviction, que les coups d'état étaient désormais impossibles. Lorsque j'appris l'événement du 2 décembre, le souvenir de cette prévision s'offrit vivement à ma pensée.

Il est incontestable que, tandis que les prévisions physiques arrivent à la certitude dès que les lois véritables sont connues, les prévisions historiques, bien qu'elles soient possibles et souvent justifiées, ont toujours un élément d'incertitude proportionnel au degré de précision avec lequel on annonce les événements futurs. Ce fait incontestable est susceptible de deux explications. La première consiste à dire que la valeur de nos prévisions est proportionnelle à notre connaissance des lois, et que la connaissance des lois devient difficile dans la mesure de la complexité des phénomènes. L'astronomie annonce une éclipse sans se tromper ; la prévision du temps demeure incertaine, parce que la météorologie est une science dont l'objet est plus complexe que celui de l'astronomie ; mais on ne songe pas pour cela à attribuer à l'atmosphère un élément de libre arbitre. L'objet de l'histoire est le plus complexe de tous ceux qu'on peut étudier ; c'est pour cela que les prévisions historiques certaines ne sont pas encore possibles ; mais elle le deviendront par les progrès de la science. La seconde explication part de l'idée de la liberté relative de l'homme. L'humanité est conduite par une chaîne souple qui la dirige vers un but déterminé, mais en lui permettant des écarts dans de certaines limites. C'est pourquoi les prévisions générales sont souvent justifiées et les prévisions de détail presque toujours trompeuses. La seconde explication est l'interprétation la plus naturelle des faits ; la première a les caractères d'une affirmation systématique.

51. *La négation de la liberté entraîne logiquement la destruction de la morale.*

Cette affirmation reproduit des considérations déjà présentées (43 à 47) ; mais son importance justifie une répétition. Il est des déterministes qui publient des traités de morale, c'est-à-dire qui proposent aux hommes les règles de conduite qu'ils leur conseillent de suivre. Ce fait me paraît prouver avec évidence qu'il est des vérités qui s'imposent à ceux-mêmes qui devraient les nier, s'ils se rendaient compte de la portée de leurs affirmations. Il est des esprits plus fermes qui ne reculent pas devant les conséquences logiques de leurs théories. C'est ainsi, par exemple, qu'on a pu lire dans la *Revue des deux mondes*[1], une habile exposition de la doctrine de Hégel, dans laquelle l'auteur déclare que les penseurs qu'anime l'esprit de notre époque « ne connaissent plus la morale, mais des mœurs ». C'est-à-dire qu'en observant les actions des hommes comme on observe des phénomènes naturels, on renonce à les juger, et, par conséquent, à leur prescrire des règles. C'est, je crois, à cette occasion, que M. Bersot exprimait un jour, dans le *Journal des Débats*, l'affliction qu'il éprouvait de voir des gens honnêtes faire une philosophie à l'usage de ceux qui ne le sont pas. Mais distinguons bien. Je suis loin d'affirmer que la négation de la liberté entraîne la suppression de la morale pratique pour les individus. Les hommes ont la faculté d'être inconséquents : faculté malheureuse pour ceux qui professent de saines doctrines, fort heureuse pour ceux qui en professent de mauvaises. Leibniz remarque avec raison que les chefs d'écoles philosophiques dont les principes entraînent la négation de la morale, ont été, en général, de fort honnêtes gens[2]. Cela s'explique par l'influence moralement salutaire de la culture de la pensée ; mais l'inconséquence est un phénomène individuel, et la logique finit par retrouver ses droits. Les partisans des doctrines du sobre Épicure ne se distinguent pas tous par leur parfaite sobriété.

Lorsqu'on fait intervenir les phénomènes moraux dans l'appréciation des doctrines, on se heurte à une objection. Ce sont là, dit-on, des affaires de sentiment dont une

---

[1] Février 1861.
[2] *Nouveaux Essais sur l'Entendement humain*. Livre IV, chap. 16.

science libre n'a pas à tenir compte. Cette manière de penser est assez répandue pour qu'il convienne de lui accorder une attention sérieuse. Pour un physicien, les faits d'ordre moral sont étrangers à l'objet de son étude. Si l'histoire naturelle révèle des phénomènes qui contrarient nos sentiments, ce n'est pas une raison pour les laisser de côté. Quand une truie a mis bas, il faut la surveiller quelques jours, pour qu'elle ne dévore pas sa portée. Cette idée est désagréable ; un naturaliste doit constater le fait sans se préoccuper de la répulsion que le fait inspire. Les hommes formés à l'école de J. J. Rousseau avaient une conception idyllique de l'état des sauvages. L'état réel de ces races misérables est affligeant pour les cœurs sensibles; l'anthropologie a toutefois le devoir de le constater. Tout cela est vrai ; mais le cœur et la conscience sont des faits ; et la philosophie, qui est une science générale, ne peut pas les laisser de côté, sous peine de manquer à sa mission. La science doit être libre de préjugés et de préventions, affranchie de toute autorité indue ; mais il est deux autorités devant lesquelles elle doit s'incliner : celle des faits et celle de la raison. Il se trouve cependant des écrivains qui veulent construire une philosophie en laissant de côté les faits de l'ordre moral. Tel est, par exemple, le docteur Büchner. Son livre intitulé *Force et matière*[1], est très répandu, et exerce de l'influence sur une partie de la jeunesse universitaire de certains pays. Il convient donc de lui accorder un moment d'attention. On y lit : « Aujour-

---

[1] *Force et matière*. Études populaires d'histoire et de philosophie naturelles, par Louis Büchner, docteur en médecine. Troisième édition française revue et augmentée d'après la neuvième édition allemande. Paris, Librairie Reinwald, 1869.

« d'hui, nos plus laborieux ouvriers dans les sciences, nos
« plus infatigables physiciens professent des idées matéria-
« listes [1] ». Cet argument d'autorité peut faire impression
sur ceux qui ne savent pas que le fait est absolument faux.
Il suffit de s'informer quelles ont été les opinions philosophiques ou religieuses professées par les plus grands physiciens, soit des temps passés, soit de l'époque actuelle [2]
pour constater que l'affirmation du savant allemand renferme une erreur absolue.

Le docteur Büchner dit que l'on pourra craindre que la
divulgation de sa doctrine ne tende à surexciter la recherche
de la jouissance et il ajoute : « Nous pourrions facilement
« nous en consoler; car de tout temps on a recherché les
« jouissances matérielles. Il n'y a sous ce rapport, d'autre
« différence entre le présent et le passé que le plus ou moins
« de sincérité dans la poursuite d'un but identique. En
« réalité, on pense et on agit toujours de même, et personne
« ne cherche aujourd'hui la privation quand il peut se pro-
« curer la jouissance [3] ». Il y a dans ces paroles une grave
erreur de logique. L'auteur passe d'une affirmation qui
peut être vraie dans sa généralité à une affirmation spéciale qui devient fausse. Il est vrai que tous les hommes
ont des cheveux, mais il n'en résulte pas qu'ils aient tous
des cheveux blonds. De même on n'a pas le droit de passer
de l'idée que tous les hommes cherchent la jouissance à
l'idée qu'ils cherchent tous des jouissances *matérielles*. Il
serait difficile de faire admettre que les martyrs de toutes

---

[1] *Force et matière*, p. 356, 357.
[2] Voir la *Physique moderne*, un vol. in-8°, Paris, Germer Baillière, 1883.
[3] Page 357.

les causes ont cherché leur jouissance matérielle, tandis que l'on peut leur accorder qu'ils ont cherché une jouissance spirituelle ou morale. En affirmant que la recherche de la jouissance matérielle a toujours décidé des actions des hommes, le docteur Büchner calomnie la nature humaine, et il se calomnie lui-même, car il connaît et apprécie les joies de la recherche scientifique. Il affirme que ceux qui n'avouent pas que la recherche de la jouissance est le mobile de toutes leurs actions manquent de sincérité. Ceci me fait penser à M. André Lefèvre, écrivain français qui a publié un ouvrage sur la Philosophie dans la *Bibliothèque des sciences contemporaines*. Il affirme que tous les esprits scientifiques contemporains savent que la vérité est dans le matérialisme. Mais les savants qui professent des idées contraires! Ce sont des hypocrites qui trahissent la vérité pour avoir des places lucratives, des titres et des croix d'honneur[1]!! Les écrivains qui se permettent des soupçons de cette nature ne réfléchissent pas qu'il y a des flèches empoisonnées qu'on peut ramasser sur le sol et renvoyer à ceux qui les ont lancées. Assurément sous le règne de Louis XIV, sous celui de Charles X, à d'autres époques et dans d'autres pays que la France, il est vraisemblable que bien des gens ont professé extérieurement des croyances qu'ils ne partageaient pas. Mais n'y a-t-il pas aujourd'hui des milieux, celui du Conseil municipal de Paris, par exemple, où le matérialisme n'est pas un obstacle au succès et où la profession d'athéisme attire les faveurs du pouvoir? Quoi qu'il en soit, le D' Büchner ca-

---

[1] *La Philosophie*, par André Lefèvre, un vol. in-12º, Paris, librairie Reinwald, 1870, p. 443.

lomnie la nature humaine et se calomnie lui-même, lorsqu'il affirme que la recherche des jouissances matérielles est le seul mobile des actions des hommes. Après cela, il affirme que l'hypocrisie dont il se plaint n'existait pas dans l'antiquité, « qui mettait sa philosophie et ses actions dans un « rapport harmonieux », ce qui semblerait indiquer que la philosophie grecque se résume tout entière pour cet auteur dans les doctrines d'Aristippe et d'Épicure. Il en vient enfin à cette conclusion qui est l'objet direct de mon étude : « Qu'il nous soit permis en dernier lieu de faire abstraction « de toute question de morale et d'utilité. L'unique point « de vue qui nous dirige c'est la vérité..... L'étude em-« pirique de la nature, dit Cotta, n'a pas d'autre but que « la recherche de la vérité, que celle-ci soit consolante ou « désolante, selon les idées humaines, qu'elle soit esthétique « ou non, qu'elle soit conforme ou contraire à la raison[1] ». Ici l'écrivain cite un de ses confrères, Cotta, mais ailleurs, il affirme, pour son propre compte, qu'il est des cas où les lois de la nature sont en « contradiction absolue avec « la raison[2] ». C'est la science qui fait cette découverte surprenante! Mais si les lois de la nature étaient contraires à la raison, comment la science serait-elle possible? Qu'est-ce que la science, sinon la recherche de la raison dans l'étude des phénomènes? Mettre de côté les faits moraux dans une étude philosophique, c'est beaucoup; mettre de côté la raison c'est trop. La qualification de « contraire à « la raison » ne s'applique pas sans doute aux lois de la nature; mais il est possible qu'elle puisse être légitimement

---

[1] *Force et matière*, p. 357.
[2] *Ibid.*, p. 105.

appliquée aux doctrines du docteur Büchner, de ses confrères et de ses disciples.

J'ai recueilli les signes ou les manifestations de la liberté. L'affirmation de son existence est le jugement qui se forme naturellement en présence des faits; mais, avant de transformer ce jugement de sens commun en affirmation scientifique, il est nécessaire de passer en revue les objections des adversaires.

CHAPITRE III.

OBJECTIONS A LA LIBERTÉ.

Il s'agit ici des objections à l'affirmation du libre arbitre qui se produisent dans le domaine de l'expérience ; celles qui procèdent d'une conception systématique *a priori* trouveront leur place dans la synthèse. Les objections expérimentales procèdent de la physiologie, de la psychologie et de la statistique.

52. *L'objection physiologique à la liberté résulte de la confusion entre l'existence du libre arbitre et les conditions de son exercice.*

La liberté est soumise dans son exercice à des conditions physiologiques ; et ses manifestations disparaissent sous l'influence de certains états corporels (7). Or tout est déterminé dans les phénomènes physiologiques ; n'en résulte-t-il pas que nos actes tombent sous la loi du déterminisme et que notre liberté est illusoire? Cette objection a été fort bien réfutée par Claude Bernard. Ce savant a beaucoup insisté sur le déterminisme des phénomènes physiologiques ; c'est une de ses pensées favorites. Du fait que tout phénomène vital est la conséquence de ses antécédents, il conclut avec raison que, dans la mesure où nous découvrons les vraies lois physiologiques, nous pouvons nous rendre maîtres des manifestations de la vie, et il déduit de là des conséquences pratiques importantes pour la médecine. Mais, comprenant qu'on pourrait tirer de ses théories des arguments pour ruiner les bases de l'ordre moral, il écrit : « En disant que la physiologie se rendra maîtresse « des phénomènes vitaux, la liberté morale ne saurait être « atteinte par cette puissance de l'homme sur la vie.... « Les sciences modernes, en admettant le déterminisme, en « font la condition même de la liberté, ce qui distingue « radicalement le déterminisme du fatalisme. En effet l'acte « libre ne peut exister que dans la période directrice du « phénomène ; mais une fois dans la période exécutive, le « déterminisme doit être absolu... Je le répète le détermi- « nisme n'exclut pas la liberté [1] ».

Il faut peser soigneusement cette distinction entre la période *directrice* et la période *exécutive*. Vous formez la résolution d'exécuter un mouvement ; cette résolution se traduit par un phénomène matériel primitif dans votre organisme cérébral. A dater de ce moment, tout dans votre corps se passe selon des lois absolument fixes. Le mécanicien d'une locomotive la dirige sur la voie dans un sens ou dans l'autre. A partir de son acte de *direction*, sa volonté n'a plus aucune influence sur l'*exécution* qui résulte uniquement de l'organisation de la machine et des lois de la mécanique. Il en est de même des rapports de la volonté avec le corps. C'est en 1867 que Claude Bernard prenait

---

[1] *Rapport sur les progrès de la physiologie générale en France*, 1867, p. 233.

ainsi des précautions contre l'abus possible qu'on pourrait faire de ses doctrines. Il est revenu sur le même sujet dans le volume dont il corrigeait les épreuves sur son lit de mort, et qu'on peut considérer comme son testament scientifique. « Personne ne contestera qu'il y ait un déter-
« minisme de la *non liberté* morale. Certaines altérations
« de l'organe cérébral amènent la folie, font disparaître la
« liberté morale comme l'intelligence et obscurcissent la
« conscience chez l'aliéné. Puisqu'il y a un déterminisme
« de la non-liberté morale, il y a nécessairement un détermi-
« nisme de la *liberté* morale c'est-à-dire un ensemble de
« conditions anatomiques et physico-chimiques qui lui per-
« mettent d'exister... L'intégrité anatomique et physico-chi-
« mique présumée de l'organe cérébral vous fait prédire que
« ses fonctions s'exerceront pleinement et que vous serez
« libre d'agir volontairement; mais vous ne pouvez pas pré-
« voir le sens dans lequel votre volonté s'exercera, parce
« que ce sens est donné par la contingence des événements
« que vous ignorez ou que vous ne pouvez prévoir. C'est
« pourquoi vous restez libre d'agir ou de choisir selon les prin-
« cipes de morale ou autres qui vous animent[1] ». Voilà une question bien élucidée. Tout dans le corps humain s'accomplit selon les lois de la physiologie, et les lois de la physiologie sont fixes comme celles de la physique. Mais de ce que la volonté s'exerce dans un milieu où tout est déterminé, il ne résulte pas qu'elle soit déterminée elle-même. En formulant une telle conclusion, on confond ce qu'il importe de distinguer : l'existence du libre arbitre et les conditions dans lesquelles

---

[1] *Leçons sur les phénomènes de la vie communs aux animaux et aux végétaux*, 1878, t. I, p. 61 et 62.

il s'exerce. J'examinerai maintenant des faits d'une nature exceptionnelle dans lesquels on croit trouver un appui pour l'objection physiologique.

53. *Les phénomènes de l'hypnotisme doivent être étudiés dans leur rapport avec la question du libre arbitre.*

Sous le nom d'hypnotisme, on groupe aujourd'hui des phénomènes dont la plupart étaient autrefois placés sous la rubrique du magnétisme animal. A l'égard de ces phénomènes, les appréciations du monde savant ont subi, à diverses reprises, des variations considérables. On peut trouver l'histoire abrégée de ces variations dans un ouvrage récent du docteur Cullerre[1]. Vu l'importance et l'actualité de ce sujet, je m'y arrêterai un peu plus que ne l'exigerait peut-être l'objet direct de mon étude.

En 1850, il n'existait guère quant aux phénomènes affirmés par les magnétiseurs qu'une crédulité souvent aveugle ou des négations systématiques. Un homme fort cultivé et très instruit dans les sciences naturelles me disait, en parlant de phénomènes de cette espèce : « Quand j'aurais vu cela de mes propres yeux, je ne le croirais pas ». Ce scepticisme scientifique, justifié par bien des observations, avait été fortifié, à Genève, par le fait suivant. Une somnambule connue, Mlle Prudence Bernard, conduite par le docteur Lassaigne, son magnétiseur, étonnait le public de la ville. Une réunion de médecins, de savants et d'amis de la science obtint du docteur Lassaigne une série d'expériences faites dans des conditions propres à constater la

---

[1] *Magnétisme et hypnotisme*, par le docteur Cullerre. Paris, Baillière et fils, 1886, un vol. in-12º.

sincérité des phénomènes. Toutes les expériences manquèrent; j'en donnerai un seul exemple tiré d'un procès-verbal qui a été publié. Le docteur Lassaigne devait, d'une chambre autre que celle où se trouvait la somnambule, donner à celle-ci l'ordre mental d'un mouvement très simple. M. le docteur Bizot fut désigné pour diriger l'épreuve.

« M. Lassaigne passe dans la deuxième pièce, et au bout
« d'un instant, Mlle Prudence lève lentement le bras droit.
« MM. Bizot et Lassaigne rentrent dans la salle des expé-
« riences, la somnambule ayant encore le bras droit levé.

« M. Bizot : L'ordre donné était : Levez le *pied gauche*[1] ».

A l'époque dont je parle, les savants étaient éloignés de l'étude des phénomènes de somnambulisme magnétique les uns par l'idée *a priori* que ces phénomènes étaient impossibles, les autres par la crainte d'être dupes et de devenir ainsi ridicules. Toutefois, ayant alors abordé le sujet dans un cours public, j'enseignais à mes auditeurs « qu'il fallait mettre beaucoup de prudence et de circon-« spection dans l'étude de cette matière, mais que la néga-« tion *a priori* était insoutenable en philosophie, et que la « crainte du ridicule était indigne d'un savant. » C'était en 1850. La roue de l'opinion tourne comme celle de la fortune. Des phénomènes longtemps niés et ridiculisés occupent aujourd'hui une place considérable dans les discussions scientifiques. Dans l'étude de ces phénomènes, il faut probablement faire encore la part de ce

---

[1] *Relation d'une séance de somnambulisme magnétique donnée à Genève le 24 décembre 1850, par M. A. Lassaigne et Mlle Prudence Bernard*. Broch. in-8°, Genève. Imprimerie Jullien, 1851.

que Wundt appelle « des illusions intentionnelles et non intentionnelles[1]. »

On peut noter ici un exemple instructif de l'action que les sciences exercent les unes sur les autres. Les phénomènes groupés sous le terme d'hypnotisme offrent parfois un caractère si étrange que ceux qui s'en occupent proclament maintenant à l'envi que nous n'avons le droit de nier aucun fait parce que nous le jugeons impossible, et que la contradiction logique seule constitue l'impossibilité. Voilà une règle de logique fort importante, qui a été bien souvent méconnue, et qui se trouve mise en bonne lumière par le résultat d'études physiologiques et psychologiques. Passons maintenant à l'exposition sommaire des faits dont il s'agit.

Par des procédés divers dont les uns ont un caractère biologique, comme le regard, les passes d'un magnétiseur etc., et dont les autres sont purement physiques comme la fixation des yeux sur un objet brillant, on provoque chez un certain nombre d'individus, que l'on appelle des *sujets*, un état spécial du système nerveux, état qui débute généralement par une crise de sommeil. On connaît les procédés par lesquels on obtient l'hypnotisme; mais quel est l'état cérébral auquel ces procédés aboutissent? On l'ignore, ou du moins on ne possède à cet égard aucune donnée certaine.

Tous les individus ne sont pas susceptibles d'être hypnotisés. Ceux qui sont susceptibles de l'être, le sont à des degrés divers, depuis la simple somnolence jusqu'à la cata-

---

[1] *Éléments de Psychologie physiologique*, traduction Rouvier, t. II, p. 425.

lepsie, la léthargie, et enfin des faits de somnambulisme. La production des phénomènes à leur plus haut point d'intensité est l'exception et non la règle. L'influence des procédés qui déterminent l'hypnotisme s'accroît par la répétition des actes. Cette répétition, en devenant fréquente, paraît avoir une influence fâcheuse sur la santé des sujets. On peut citer, par exemple, le cas d'une femme qui ne présentait aucun des signes de l'hystérie et qui, après avoir été mise souvent en somnambulisme, est devenue franchement hystérique et menacée d'attaques convulsives [1]. Il y a là, entre les intérêts de l'observation scientifique et les droits de l'humanité, une opposition à laquelle on aurait tort de ne pas se rendre attentif [2].

[1] *Revue philosophique* de février 1886, p. 200 et 203.
[2] Après l'époque où je traçais ces lignes, j'ai su que les gouvernements de quelques États de l'Europe viennent de prendre des mesures pour prévenir ou réprimer les abus de l'hypnotisme, tout en respectant les droits de la science. Voici, par exemple, un arrêté pris, en février 1887, par le Conseil d'État du canton de Vaud (Suisse).
Art. 1. Les représentations publiques d'hypnotisme, de magnétisme et de somnambulisme sont interdites.
Art. 2. Exceptionnellement le département de l'Intérieur, sur le préavis du Conseil de santé et des hospices, peut accorder une autorisation spéciale aux médecins et aux savants opérant dans un but scientifique ou médical.
Art. 3. Les personnes autorisées à pratiquer l'art de guérir dans le canton peuvent seules exercer l'hypnotisme, le magnétisme et le somnambulisme.
Suivent les dispositions pénales en cas de contravention.
Le 10 novembre 1887, la *Revue internationale* a publié une décision du Conseil supérieur de santé de Rome qui, à la suite de plaintes motivées de plusieurs médecins a pris l'arrêté suivant : « Le Conseil supérieur de santé considérant qu'au point de vue de la protection de la liberté individuelle, on ne peut permettre que la conscience humaine soit abolie par des pratiques génératrices de faits psychiques morbides chez les personnes prédisposées, comme de rendre un homme esclave de la

L'état d'hypnotisme présente des phénomènes de deux classes: les uns ont un caractère individuel; les autres résultent de rapports entre la personne hypnotisée et son *hypnotiseur*. (Ce néologisme est justifié par son analogie avec le terme de magnétiseur.) Les phénomènes de la première classe se divisent encore en deux catégories: la première renferme des états purement physiologiques, tels que l'atonie des sens ou leur surexcitation, la léthargie, la catalepsie, etc. La seconde, la seule qui se rapporte directement à l'objet de mon étude, renferme des phénomènes psychiques. On a souvent affirmé que les sujets magnétisés acquièrent des modes de perception étrangers à toutes les lois connues, qu'ils peuvent lire un imprimé ou un manuscrit posé sur le creux de l'estomac, voir à travers des corps opaques, etc. Il n'est pas permis de nier ces faits *a priori;* mais la prudence veut qu'on ne les accepte qu'après des constatations très sérieuses qui font défaut jusqu'à présent. Pour la vision à travers les corps opaques, par exemple, on sait qu'un concours avait été ouvert par l'Académie de médecine de Paris avec un prix de 3000 fr. Trois magnétiseurs se sont présentés avec leurs somnambules et, dans les trois cas, l'échec a été complet. Cet insuccès ne justifie pas une négation absolue, mais justifie

volonté d'un autre, sans qu'il ait conscience des dangers auxquels il est exposé ; acte pris des délibérations du Conseil sanitaire provincial de Milan et de la société royale italienne d'hygiène arrête :

Les spectacles d'hypnotisme (magnétisme, mesmérisme, fascination) doivent être interdits dans les réunions publiques ».

Un congrès international de l'hypnotisme s'est réuni à Paris, le 8 août 1889. Il a formulé ainsi le premier de ses vœux : « Les séances publiques d'hypnotisme et de magnétisme doivent être interdites par les autorités administratives au nom de l'hygiène publique et de la police sanitaire ».

une grande prudence dans les observations. Cette prudence s'impose spécialement par la considération suivante, qui s'applique, non-seulement à la transposition des sens, mais, d'une manière générale, à tous les phénomènes extraordinaires de l'hypnotisme. Ces phénomènes se produisent dans un état physiologique très spécial, exceptionnel et instable. Il faut les observer, lorsqu'on a quelque raison d'en soupçonner la réalité; mais la prétention de les produire à heure fixe, soit devant le public, soit devant un corps savant, est contraire à leur nature. Des doutes très graves planent par conséquent sur l'exhibition publique des somnambules; et ces doutes s'accroissent lorsque le public paie. Il est manifeste qu'un élément de spéculation financière risque alors de troubler gravement la sincérité des expériences.

La seconde classe des phénomènes de l'hypnotisme est caractérisée par les rapports qui existent entre le sujet et l'expérimentateur. L'action exercée sur la personne hypnotisée se manifeste par des suggestions. Si l'on accepte la valeur de témoignages assez nombreux, les suggestions peuvent être produites, non-seulement par la parole, mais par la simple pensée accompagnée d'un acte de volonté, et deviennent ainsi purement *mentales*. L'hypnotisé tombe sous la dépendance de l'hypnotiseur qui peut lui suggérer des sensations, des images hallucinatoires, des idées, des sentiments et des actes. Il trouvera à de l'eau pure le goût du vin ou du café. Il verra des lieux, des personnes, des animaux qui n'existeront que dans son imagination. Il éprouvera les sentiments qu'on voudra lui inspirer : la peur, l'espérance, la tristesse, la joie, l'extase. On lui suggérera la pensée qu'il a fait telle chose, et la suggestion prendra le rôle et l'effet de la mémoire. Enfin l'hypnotisé accomplira les actes qui lui seront prescrits, depuis des mouvements simples jusqu'à des actions très compliquées. Il offrira tous les phénomènes d'une vie dont en général il n'aura aucun souvenir au réveil. La formule générale qui résume tous ces faits a été rédigée ainsi par M. Liégeois : « Toute « personne mise en état de somnambulisme devient entre les « mains de l'expérimentateur un pur automate, tant sous « le rapport moral que sous le rapport physique[1] ».

Tels sont les faits affirmés. En faisant la part des illusions possibles, des supercheries souvent probables, et de la crédulité fréquente, en n'admettant les récits des magnétiseurs et des hypnotiseurs qu'après un sérieux examen, il faut reconnaître que les phénomènes qui viennent d'être indiqués sont affirmés par des témoignages trop valables, trop nombreux, et trop concordants pour que, toute réserve faite au sujet des détails, on puisse en nier l'existence d'une manière générale. Comment les interpréter ?

54. *L'hypnotisme est la production artificielle de phénomènes naturels.*

Si l'on admet que l'hypnotisme produit, dans certains cas, des perceptions étrangères à toutes les lois connues, il faut admettre aussi que des faits de même ordre se produisent dans des états simplement maladifs et sans l'intervention d'un expérimentateur. Il existe à cet égard des témoignages aussi valables que ceux des magnétiseurs. Je laisserai de côté cette partie mystérieuse de la question. Les hallucinations qui se produisent dans l'état d'hypnotisme sont

[1] *Mémoires de l'Académie de Stanislas*, 1884, p. 208 et 209.

manifestement de même ordre que celles qui sont le résultat des désordres nerveux des aliénés. La double vie du sujet, tantôt endormi, tantôt éveillé, avec l'absence de mémoire qui rompt plus ou moins la communication d'une de ces vies à l'autre, existe pour le sommeil naturel et le somnambulisme. M. Delbœuf conclut d'une série d'expériences sur la mémoire chez les hypnotisés que « le rêve hypno- « tique est de même nature que le rêve ordinaire et soumis « aux mêmes lois..... les rêves hypnotiques se présentent au « rappel dans les mêmes conditions que les rêves ordinaires[1] ». Ce qui reste spécial, c'est le phénomène des suggestions, et la dépendance dans laquelle l'hypnotisé se trouve placé à l'égard de l'hypnotiseur. Cette spécialité est-elle complète, ou bien existe-t-il des suggestions mentales à l'état de veille et dans les conditions ordinaires de l'existence? Pour préciser la question : peut-il y avoir, d'un individu à l'autre, transmission de pensées et d'actes consécutifs à ces pensées sans aucun phénomène extérieur appréciable, sans parole, sans regard, sans geste? M. Richet s'est livré à cet égard à une série d'expériences dont il conclut que l'existence de la suggestion à l'état de veille n'est pas certaine, mais doit être considérée comme probable[2]. L'hypnotisme résulte selon M. Beaunis « d'un état cérébral particulier dont la « nature reste à déterminer, mais dont la caractéristique est « l'aptitude à recevoir des suggestions[3] ». Si des expériences suffisantes justifiaient l'opinion de M. Richet, il serait établi que l'aptitude à recevoir des suggestions existe à l'état ordinaire, du moins chez un certain nombre d'individus, et

---

[1] *Revue philosophique* de mai 1886, p. 471.
[2] *Ibid.* de décembre 1884.
[3] *Revue scientifique* du 30 janvier 1886, p. 150.

que l'hypnotisme ne fait que la développer. Ce serait donc un phénomène naturel artificiellement exagéré par la production d'une névrose expérimentale. Il est presque superflu de remarquer que le problème est à peine étudié et fort loin, par conséquent, d'une solution scientifique.

La suggestion mentale, soit qu'on puisse en discerner les germes à l'état de veille, soit qu'elle soit le caractère tout à fait spécial de l'hypnotisme, soulève une question bien obscure, celle du mode d'action d'un esprit sur un autre sans aucun des intermédiaires matériels qui établissent à l'ordinaire les rapports des hommes entre eux. L'hypnotisé devient, non seulement pour les phénomènes physiologiques, mais pour les phénomènes psychiques, comme une sorte de pantin dont l'expérimentateur tient les ficelles. Quels sont ces fils invisibles qui placent ainsi un homme sous la dépendance d'un autre ? La question est mystérieuse sans doute ; il n'est pas impossible cependant de former à cet égard une conjecture qui, si les faits étaient dûment constatés, pourrait ouvrir une voie à leur explication. Si l'on admet le lien indissoluble de l'esprit et de la matière dans tous les modes de notre existence, le cerveau est un appareil d'une complication infinie dans lequel tous les phénomènes psychiques sans exception sont accompagnés de mouvements. Ces mouvements sont une cause s'il s'agit de phénomènes passifs comme les sensations et les perceptions ; ils sont un effet s'il s'agit des phénomènes actifs de la volonté. Cela étant admis, prenons en considération la loi formulée par M. Rambosson, savoir « qu'un « mouvement cérébral peut se transmettre d'un cerveau à « un autre, sans se dénaturer, c'est-à-dire en conservant « la propriété de reproduire tous les phénomènes qui sont

« sous sa dépendance dans le cerveau où il a d'abord pris
« naissance.[1] » Pour l'application de cette loi, faisons
entrer en ligne de compte « cette espèce d'esprit très subtil
« qui pénètre à travers tous les corps solides et qui est
« caché dans leur substance », dont parlait déjà Newton[2],
et qui, sous le nom d'éther, joue un si grand rôle dans les
théories de la physique moderne. Tous les organismes sont
plongés dans ce milieu dont les ondulations constituent la
chaleur et la lumière. On peut comprendre que les mouvements d'un cerveau produisent des ondulations d'une nature
spéciale qui se transmettent à un autre et, dans des circonstances propres à surexciter la sensibilité du système nerveux, y reproduisent les phénomènes du premier. Pour emprunter à la physique une analogie qui n'est peut-être pas
sans valeur, il y aurait là un fait de même ordre que celui
des courants induits. Il ne s'agit ici que d'une simple conjecture qu'on pourra juger téméraire ; mais si le fait des
suggestions mentales, soit à l'état de veille, soit à l'état
d'hypnotisme était bien constaté, il serait beaucoup plus
conforme à la direction de la science d'en chercher l'explication dans les mouvements de l'éther que de supposer un
agent spécial tel que celui qu'on désignait jadis sous le nom
de fluide magnétique[3].

Les phénomènes de l'hypnotisme peuvent être étudiés à
plusieurs points de vue. Ils intéressent la physiologie, la

[1] *Phénomènes nerveux intellectuels et moraux*, par J. Rambosson. Paris, librairie Firmin Didot, 1883, p. VI.

[2] *Principes mathématiques de la philosophie naturelle* à la fin.

[3] J'ai soumis cette hypothèse à l'appréciation de l'Académie des sciences morales et politiques, en novembre 1886. Des pensées analogues, et beaucoup plus développées, se trouvent dans le savant ouvrage de M. Ochorowicz sur la *Suggestion mentale*. Paris, 1887.

psychologie, la médecine et le droit pénal. J'ai à les envisager ici sous le rapport spécial de la question du libre arbitre. On formule à ce sujet une objection qui se pose ainsi : En présence des faits constatés par les hypnotiseurs, que devient l'idée du sujet, du moi? Comment attribuer une réalité substantielle à cette volonté prétendue libre qui paraît et disparaît sous des influences physiologiques? Ne doit-on pas la considérer comme un produit passager de l'état du corps? On a pu lire naguères dans un des grands journaux de la France : « Les expériences hypnotiques « montrent que le sentiment du libre arbitre est essentielle-« ment flottant et *illusoire*[1] ». La réponse à cette objection se trouve dans l'interprétation psychologique des phénomènes à l'occasion desquels elle se produit.

55. *L'hypnotisme est la suppression momentanée de la personne.*

Pour entendre cette thèse et pour en saisir la portée, il faut se rappeler la distinction entre la personne et l'individualité psychique (21). Qu'est-ce que le sommeil ordinaire? C'est, dit-on, un état de repos, mais le repos de quoi? Pas de la vie organique simple; les fonctions de la circulation, de la digestion, de la respiration, bien que légèrement ralenties ou modifiées, s'accomplissent dans le sommeil aussi bien et souvent mieux que dans la veille. Le sommeil est un repos de la vie ordinaire de relation et de ses organes. La sensation et la perception cessent plus ou moins complètement; les mouvements volontaires dont la personne garde le souvenir ne se produisent plus; mais la vie psychique cesse-t-elle, pour ne laisser subsister que la vie organique? Nullement.

---

[1] Le *Temps* du 21 novembre 1885. — (C'est moi qui ai souligné.)

Les hallucinations du rêve, qui sont le résultat d'un automatisme cérébral, prennent la place des perceptions; et si le somnambulisme est un sommeil plus intense que le sommeil ordinaire, comme on l'admet en général, il faut admettre aussi que, loin d'entrer à l'état de repos, la vie de l'individualité psychique devient plus forte à mesure que le sommeil devient plus profond. Il semble y avoir dans l'état de simple somnolence une sorte d'équilibre entre deux vies qui se trouvent atténuées l'une et l'autre dans leurs manifestations par le fait même de cet équilibre. Les perceptions, sans être nulles, deviennent vagues, et les hallucinations commencent à se produire, mais sont faibles encore. Les rêves dont on conserve le souvenir sont probablement le fait d'un sommeil léger. Si le sommeil devient plus profond, il n'existe plus de souvenir des idées, des images et des actes accomplis. C'est pourquoi il est probable que le rêve est un phénomène permanent, et que les personnes qui disent n'avoir jamais le souvenir d'aucun songe sont douées d'un sommeil exceptionnellement bon [1]. Cela dit, venons à la question de l'hypnotisme.

---

[1] Un devoir de justice et de reconnaissance m'appelle à dire que les notions que je possède sur le sommeil sont principalement dues aux communications que j'ai reçues de mon honorable ami M. Sergueyeff.

A l'occasion du congrès médical réuni à Genève en 1877, M. Sergueyeff a imprimé et distribué, mais sans les mettre en vente, deux fortes brochures intitulées, l'une : *Physiologie générale du sommeil — Exposé sommaire et conclusions provisoires*, l'autre : *Le Sommeil et le Système nerveux*. Ces deux écrits sont les avant-coureurs d'une œuvre d'ensemble à laquelle l'auteur travaille avec persévérance, depuis un grand nombre d'années, et dans laquelle il développe une hypothèse digne du plus haut intérêt, qui a été signalée par la *Revue scientifique* du 20 juillet 1878. Le travail encore inédit de M. Sergueyeff est, autant que je puis le savoir, l'étude la plus considérable et la plus importante à laquelle ait donné lieu la question du sommeil.

La personne disparaît, l'individualité demeure avec des manifestations psychiques qui sont le résultat d'un automatisme cérébral. Dans les cas de somnambulisme naturel et dans ceux d'aliénation mentale, l'automatisme cérébral est spontané; dans le somnambulisme provoqué il en est de même partiellement; mais, lorsqu'il y a suggestion, les phénomènes cérébraux s'accomplissent dans un individu sous l'influence d'un autre. La personne consciente et en possession d'elle-même disparaît à des degrés divers. Est-ce que, dans l'état d'hypnotisme complet, la volonté est entièrement supprimée et l'automatisme cérébral absolument fatal? Il faut, dans l'état actuel des études, placer ici un point d'interrogation. « Il y a chez les hypnotisés des « exemples nombreux de *résistance*. Un ordre n'est pas « obéi, une suggestion ne s'impose pas d'emblée[1]. » Admettons que ce ne soit là que le résultat d'un hypnotisme incomplet, et que, lorsque l'état est à son maximum d'intensité, le sujet tombe absolument, sans aucune résistance possible, et par conséquent sans aucune responsabilité, sous l'influence de l'hypnotiseur. Le fait étant tenu pour réel, quelle en sera la conséquence? C'est que, pendant la durée de l'hypnotisme, la personne rentre à l'état virtuel, et reparaît au retour de l'état normal (26). La volonté de l'hypnotiseur se substitue à celle du sujet qui perd momentanément le fil de son existence ordinaire et le retrouve au réveil. Il n'y a rien là qui fournisse une objection valable contre la réalité du libre arbitre; mais voici ce qui donne à l'objection l'apparence d'une force réelle.

Par une suggestion faite pendant l'état hypnotique, on

[1] Ribot, *Les maladies de la volonté*, p. 140.

prescrit un acte à accomplir à tel moment dans l'état de veille; et l'on cite des cas ou l'acte est accompli au moment fixé. M. Richet, par exemple, avant de réveiller une dame en somnambulisme, lui enjoint de revenir chez lui tel jour à telle heure. Au jour et à l'heure désignés, elle arrive en disant qu'elle ne sait pas pourquoi elle est venue[1]. On trouvera dans les auteurs qui ont traité le sujet l'indication d'un grand nombre d'actions beaucoup plus compliquées que l'on dit avoir été accomplies ponctuellement à l'époque prescrite. Dans l'exécution de ces actes, la personne qui les fait croit les faire librement; le libre arbitre qu'elle s'attribue est manifestement illusoire; la conscience du libre arbitre n'en prouve donc pas la réalité. Telle est l'objection. Elle semble forte, si l'on admet le pouvoir absolu de la suggestion et le caractère fatal de son accomplissement. On comprend donc que M. Ribot, bien qu'il déclare au début de son écrit sur les maladies de la volonté qu'il n'abordera pas le problème du libre arbitre (qu'il aborde cependant et résout négativement), se demande si les faits ne justifient pas l'affirmation de Spinoza que notre idée du libre arbitre résulte simplement de l'ignorance des motifs qui nous font agir[2].

L'objection n'est pas aussi forte qu'elle le paraît. En effet il s'agirait d'une fausse application de l'idée du libre arbitre. Cette idée dont on ferait une fausse application doit nécessairement avoir une origine, et cette origine ne saurait être trouvée ailleurs que dans la perception qu'a l'homme, à l'état normal, de son libre pouvoir (40 et 86). Lors

---

[1] *Magnétisme et hypnotisme*, par le docteur Cullerre, p. 217.
[2] *Les maladies de la volonté*, p. 2, 3 et 140.

même qu'il serait établi que l'hypnotisé accomplit fatalement à l'état de veille des actes à l'égard desquels il s'attribue une liberté illusoire, il n'en résulterait donc pas que la cause du libre arbitre fût perdue; mais la base expérimentale de l'objection n'est pas solide.

56. *Le caractère fatal de suggestions hypnotiques accomplies dans l'état de veille n'est pas expérimentalement démontré.*

Les suggestions constituent manifestement des sollicitations pour la volonté, des impulsions; mais ces impulsions sont-elles irrésistibles? c'est la question. Admettons qu'elles le soient dans l'état d'hypnotisme complet, en est-il de même dans l'état de veille? On lit dans un rapport sur le Refuge de Genève les lignes suivantes utiles à méditer. « Nous « avons reçu une jeune fille qui avait fait connaissance avec « des magnétiseurs. Nous ne voulons en aucune manière por« ter un jugement défavorable sur le magnétisme humain « qui peut rendre dans certains cas de grands services, ni « surtout sur les magnétiseurs, dont nous connaissons un cer« tain nombre de parfaitement honorables; mais, s'il y en « a d'honnêtes, il paraît qu'il y en a d'autres qui ne le sont « pas. Ceux qui avaient engagé notre jeune fille comme « medium ne l'étaient guère, car ils ont abusé d'elle et « l'ont entraînée dans le péché. Ils ont usé avec elle de ce « qu'on appelle la *suggestion magnétique*. Lorsqu'elle n'avait « pas la possession d'elle-même, ils lui suggéraient le désir de « se livrer à des actes de débauche; et lorsqu'elle se réveillait « elle se trouvait sous l'obsession de pensées mauvaises « auxquelles elle se livrait sans réagir par sa conscience. Il « faut dire que celle-ci était déjà affaiblie par des habitudes

« de paresse et de dissipation qui même sans le magnétisme
« l'auraient peut-être entraînée dans le mal[1] ». La malheureuse fille dont il s'agit ne réagissait pas par sa conscience ; n'aurait-elle pas pu le faire? Il est impossible de démontrer le contraire. Sa conscience était affaiblie et des suggestions coupables ont chargé le plateau du mal, voilà tout. Il faut bien observer que plusieurs au moins des personnes soumises aux expériences d'hypnotisme sont d'une nature nerveuse qui les rend faciles à entraîner. Autre fait :

On a suggéré à un sujet endormi l'idée de voler à son réveil une cuiller d'argent. « La première fois il hésita :
« *Non*, dit-il, ce serait un vol, et il n'obéit pas à la suggestion. L'expérience ayant été renouvelée et la suggestion
« lui ayant été faite d'une voix plus impérieuse, il vit à
« son réveil la cuiller, hésita un instant puis dit : *Ma foi*
« *tant pis!* et il la mit dans sa poche[2] ». Que voit-on dans cet exemple? Une volonté sollicitée par une impulsion qu'elle reconnaît mauvaise, de l'hésitation, une lutte dans laquelle la conscience finit par céder. Il n'y a là rien de spécial, sinon l'origine de l'impulsion, ce qui n'intéresse pas la question du libre arbitre. Le reste est tout à fait semblable à ce qui se passe dans la vie ordinaire. Ce n'est pas malheureusement chez les hypnotisés seulement que les défaillances de la volonté se produisent. Mais d'où provient la lutte qui précède la défaillance, si ce n'est d'un pouvoir de choix possible, d'un élément de liberté?

---

[1] *Le Refuge de Genève*, 23e rapport 1885, p. 14. — Ce n'est pas là malheureusement un fait isolé. Voir *De la suggestion hypnotique*, par Jules Liégeois, broch. in-8º, Nancy, 1885, p. 47.

[2] *Magnétisme et hypnotisme*, par le docteur Cullerre, p. 216. L'expérience, si je ne me trompe, a été faite par M. Bernheim.

S'il y a des suggestions mauvaises, il peut aussi y en avoir de bonnes. Un médecin trop adonné à l'alcool fut mis en état de somnambulisme, et le docteur Liébault lui suggéra de renoncer à sa funeste habitude. La suggestion eut de l'effet pendant trois mois, résultat considérable sans doute, mais, au bout de ce temps, le dit médecin retomba dans ses habitudes d'intempérance. Nous voyons ici une influence salutaire exercée. Cette influence se trouve en présence d'impulsions mauvaises qui finissent par triompher. Sauf le procédé de la suggestion, le cas est analogue à celui d'un homme recevant un conseil énergique qui agit sur lui pendant un certain temps; il n'y a rien là qui ait le caractère d'une impulsion vraiment fatale. Voici un autre cas analogue au précédent. On amena un jour au docteur Liébault un enfant indolent et paresseux dont on ne pouvait rien obtenir. M. Liébault l'endormit et lui suggéra de s'appliquer au travail. Tout alla bien pendant quelque temps, la suggestion avait eu son effet. Mais, au bout de quelques mois, les habitudes de paresse reprirent le dessus. Les parents voulurent recourir de nouveau au moyen qui avait réussi, mais on se heurta à une difficulté inattendue: l'enfant ne voulut pas se laisser endormir. Il avait travaillé sous l'empire de la suggestion; mais il avait travaillé à contre-cœur et ne voulait pas s'exposer à recommencer[1]. On voit très clairement ici une impulsion qui se trouve en conflit avec des impulsions opposées, et l'acte d'un libre arbitre mal employé qui combat une influence bonne pour céder à une mauvaise. Les personnes qui penseraient, d'après les faits qui viennent d'être indiqués et d'autres

---

[1] *Revue philosophique* de juillet 1885, p. 25.

analogues, que l'hypnotisme pourrait recevoir un emploi moralisant, ne doivent donc pas se livrer à des espérances exagérées. En admettant qu'il y ait là un moyen d'exercer des influences soit bonnes, soit mauvaises, ces influences se trouvent en présence de la liberté, et ne sont pas véritablement irrésistibles. Si elles sont irrésistibles dans l'état d'hypnotisme complet, elles ne le sont pas dans l'état de veille. Voici encore un exemple instructif pour la démonstration de cette vérité.

M. le docteur Gibert ordonne à une dame en état de somnambulisme d'ouvrir un parapluie le lendemain du jour de l'expérience à midi, et de faire deux fois le tour du jardin. Le lendemain, à midi, la dame fait deux fois le tour du jardin, mais n'ouvre pas son parapluie. Elle explique qu'elle aurait ouvert son parapluie la veille parce qu'il pleuvait, qu'elle n'avait pas voulu le faire par le beau temps, parce qu'elle aurait été tout à fait ridicule. Ainsi que le remarque M. Pierre Janet qui rapporte le fait, la suggestion avait au moins été comprise si elle n'avait pas été exécutée entièrement[1]. Comment ne pas reconnaître là une impulsion qui portait cette dame à faire un certain acte, une autre impulsion, celle de la crainte du ridicule, qui s'opposait à la première, et le choix dans lequel se manifeste le libre arbitre?

En résumé, en admettant les faits de suggestion tels qu'ils nous sont donnés par les expérimentateurs, il faut y reconnaître une influence qui peut devenir extrêmement puissante, mais sans devenir fatale. Dans la vie ordinaire, les hommes sont soumis à des influences; dans l'état

---

[1] *Revue philosophique* de février 1886, p. 197.

d'hypnotisme, un phénomène cérébral encore indéterminé paraît permettre aux influences de s'exercer d'une manière spéciale, et les rend plus fortes et plus durables; mais les faits bien interprétés ne permettent pas de leur attribuer un caractère irrésistible, lorsque la personne a repris la possession d'elle-même. L'hypnotisme n'autorise donc pas les conclusions fatalistes que certains savants voudraient en déduire. Ce n'est pas dire assez. Dans ces phénomènes où l'on croit trouver une objection contre le libre arbitre on trouve au contraire, par une étude attentive du sujet, un argument en sa faveur.

57. *Les phénomènes de l'hypnotisme fournissent un argument considérable en faveur de la réalité du libre arbitre.*

Ces phénomènes mettent en vive lumière deux états différents. En quoi ces deux états diffèrent-ils? Dans l'un l'origine des actions est la volonté de l'hypnotiseur qui se substitue à celle du sujet. S'agit-il d'un acte délictueux accompli par un homme supposé dans un état hypnotique absolu? nul ne songerait à lui en attribuer la responsabilité directe. M. Liégeois écrit: «Toute conscience a disparu «chez l'hypnotisé qu'on a poussé à un acte criminel; il est «par suite irresponsable et devrait être acquitté. Seul celui «qui a donné la suggestion est coupable, seul il doit être «poursuivi et puni; le somnambule a été pour lui un pur et «simple instrument, comme le pistolet qui contient la balle «ou le vase qui contient le poison[1]». La thèse est irréfutable si l'on admet que dans l'hypnotisme complet la personne

---

[1] *Mémoires de l'Académie de Stanislas,* 1884, p. 302.

a totalement disparu, et si l'on ne considère que la responsabilité immédiate et directe de l'agent au moment où il accomplit son acte. Mais un homme a-t-il le droit de se laisser hypnotiser, de se réduire à l'état d'un organisme moralement inerte, d'une chose? Celui qui le fait, n'est-il pas coupable, indirectement à la vérité, mais réellement des actes délictueux qu'on lui aura fait accomplir?[1]

Responsabilité ou absence de responsabilité, ces expressions et ces pensées s'imposent à ceux qui traitent ces matières, quelles que soient d'ailleurs leurs théories philosophiques. Qu'est-ce qui rend l'homme responsable ou non? Il est bien difficile de ne pas répondre avec M. Liégeois : c'est la présence ou l'absence du libre arbitre[2]. L'hypnotisme, qui n'est qu'une névrose provoquée, réalise, comme l'aliénation, ce que Claude Bernard appelle le déterminisme de la non-liberté morale. Qu'est-ce qui produit le retour à l'état normal? Les conditions organiques qui constituent ce que le même savant appelle le déterminisme de la liberté morale (52). L'état de l'organisme ne peut certainement ni produire, ni détruire le pouvoir libre; mais il offre ou refuse à ce pouvoir les conditions de son exercice.

Si l'on n'accepte pas ces pensées, comment expliquer la différence des deux états que l'hypnotisme met en vive lumière? On pourrait dire que la différence est que, dans l'état hypnotique, les actions viennent de l'expérimentateur, et que, dans l'état normal, elles proviennent du sujet, en ajoutant que ce que nous attribuons à la liberté n'est

---

[1] Voir à ce sujet les vives réflexions de M. Arthur Desjardins dans les *Séances et travaux de l'Académie des sciences, morales et politiques*, t. CXXVI (novembre 1886), p. 695 à 697.

[2] *Mémoires de l'Académie de Stanislas*, 1884, p. 302.

qu'une spontanéité individuelle déterminée subjectivement. Mais les cas d'aliénation et de somnambulisme naturel, dont l'analogie avec l'hypnotisme est manifeste, ne supportent pas cette explication. Dans ces cas, en effet, l'action procède toujours de l'individu que nous considérons comme responsable ou non, c'est-à-dire comme ayant été sous l'empire absolu d'un automatisme cérébral, ou comme ayant pu faire usage de sa volonté propre. Les phénomènes de l'hypnotisme sérieusement étudiés, loin de fournir une objection valable contre le libre arbitre, fournissent donc au contraire un argument en faveur de l'affirmation de sa réalité.

58. *Les objections psychologiques à la liberté proviennent d'une étude exclusive des impulsions.*

Voici la base des objections psychologiques : Nous n'agissons jamais que d'après des motifs ou des mobiles qui sollicitent la volonté. Or ces impulsions proviennent de notre nature, et notre nature est le résultat de l'hérédité, des circonstances, de l'éducation. Plus on étudie la genèse d'une volition, plus on découvre de facteurs qui y ont concouru ; mais aucun de ces facteurs n'est libre.

La réponse à cette objection se trouve dans la distinction entre l'élément libre de la volonté et le fait complexe d'une volition (14). Dans l'acte de la volonté, il y a deux éléments : les impulsions et le choix. Lorsqu'on dit : Nous ne sommes pas libres, car nous ne faisons que céder à certaines impulsions, on formule une affirmation qui résulte d'une analyse incomplète ; l'étude exclusive des impulsions fait oublier la possibilité d'un choix libre. On trouve un exemple remarquable de ce procédé de la pensée dans l'intéressant volume consacré par M. Th. Ribot aux maladies de la volonté. Il débute, comme j'ai eu l'occasion de l'indiquer déjà, par dire que le problème du libre arbitre demeure en dehors de son étude[1]. Il concentre ensuite son attention sur les phénomènes physiologiques, c'est-à-dire sur les parties de l'être humain soumises au déterminisme. Engagé dans cette voie, il affirme que « la volition *n'est la cause de rien* » (c'est lui qui souligne) que « la volition n'est cause à aucun degré[2] ». Dire que l'on ne touche pas à la question du libre arbitre, et nier toute causalité de la volonté est une contradiction assez apparente. On s'étonne de la rencontrer sous la plume d'un auteur qui écrit : « Vouloir, c'est choisir pour agir : telle « est pour nous la formule de la volonté normale[3]. » Voici quelle est probablement sa pensée : Dans un acte de volonté, il y a choix au point de vue objectif, pour un spectateur, puisque, de divers possibles, c'est l'un qui se réalise et non les autres ; mais il n'y a pas choix libre, au point de vue subjectif ; c'est toujours la plus forte impulsion qui entraîne l'acte. Cette thèse réclame un examen attentif.

59. *La force des impulsions ne peut pas être appréciée objectivement.*

Une balance, par l'effet de l'inertie de la matière, tombera toujours du côté du poids le plus fort ; c'est pourquoi, au moyen de la balance, on constate objectivement

---

[1] *Les maladies de la volonté*, p. 2 et 3.
[2] *Ibid.*, p. 175 et 176.
[3] *Ibid.*, p. 111.

le poids relatif des objets. Si la volonté était en présence des impulsions seules, et d'impulsions de la même nature, la plus forte l'emporterait toujours (9). Un marchand n'a aucune autre pensée que celle de placer ses marchandises; plusieurs clients se présentent; celui qui offrira le plus sera certainement préféré. Un écrivain qui fait de sa plume une marchandise, la vendra au plus offrant, et soutiendra tantôt une cause, tantôt la cause opposée; on dit qu'il est des journalistes qui font ainsi. Il en est de même des écrivains qui, n'ayant d'autre désir que celui de la popularité, professent toujours les opinions qui ont, à un moment donné, la faveur du public. Si l'on suppose des consciences absolument endormies et des individus placés sous l'influence de mobiles de même nature, on peut prévoir leurs actes avec une sorte de certitude, parce qu'on peut apprécier objectivement les impulsions et leur force relative. Mais ces cas simples sont extrêmement rares. En général, on ne peut pas apprécier objectivement la force des mobiles, parce que les mobiles agissent diversement sur les individus. Les chimistes constatent des affinités électives : certains corps se combinent de préférence avec certains autres, et quittent des combinaisons déjà formées pour entrer dans des combinaisons nouvelles. Il en est de même dans l'ordre moral : Les individus ont une affinité spéciale pour telle ou telle chose. Il est des personnes insensibles aux séductions de l'argent; les hommes n'ont pas tous une âme vénale, et toutes les femmes ne sont pas à vendre. Il est des individus qui aiment le repos, d'autres qui ont le goût de l'action. Un vaniteux désire des louanges qu'un orgueilleux méprise. Ce qui séduira un ambitieux repoussera un épicurien. Il est donc impossible de comparer objectivement la force des motifs. Dans ce qui attire l'homme, il y a toujours un rapport entre la chose qui l'attire et sa propre nature. Cela est si évident que personne n'oserait nier que la puissance des impulsions varie selon les individus sur lesquels elles s'exercent. Soit, dira-t-on, la force des impulsions résulte d'un rapport et varie avec les individus ; mais c'est toujours l'impulsion subjectivement la plus forte qui entraîne le sujet, et détermine son action. Cette affirmation est-elle valable?

60. *L'affirmation de la force subjective des impulsions renferme une pétition de principe.*

Quelle est la question? Nos actes dépendent-ils uniquement de la force relative des impulsions, ou bien y a-t-il en nous un élément de liberté qui nous permet de choisir entre des impulsions de natures diverses, de préférer notre intérêt à notre plaisir et notre devoir à notre intérêt? Lorsqu'on affirme que la force relative des impulsions est la seule raison d'être des actes, on juge de la force des impulsions par les actes accomplis, puisque cette force ne peut pas être constatée objectivement. Pétition de principe, dit le dictionnaire de l'Académie, « raisonnement vicieux qui « consiste à poser en fait la chose même qui est en question ». Nous avons ici un exemple caractérisé de ce mode de raisonnement, puisque, en concluant de l'acte à la force relative de l'impulsion qu'on déclare la raison d'être fatale de l'acte accompli, il est clair qu'on suppose la question du libre arbitre résolue négativement, ce qui est précisément le problème posé. Pour les philosophes idéalistes, un acte libre serait un effet sans cause. Il s'agit alors d'une déduction *a priori* dont la valeur sera examinée plus tard (79).

Au point de vue expérimental, le seul que nous ayons à prendre ici en considération, la conclusion des actes à la force nécessitante des impulsions est certainement une pétition de principe.

S'il n'existait aucun élément de libre arbitre, on pourrait prévoir avec certitude les actions des hommes; or:

61. *La prévision des actions humaines n'a pas le caractère certain des prévisions physiques.*

Nous l'avons vu pour l'histoire (50), c'est-à-dire pour les actions humaines envisagées d'une manière collective; reprenons la question pour les actes individuels. Vous me demandez de prévoir les actions de telle personne dans telles circonstances données. Dans certains cas, je réponds: On ne peut rien prévoir; c'est un être essentiellement capricieux. Lorsqu'il s'agit du caprice proprement dit, nous l'attribuons à une cause qui n'est pas libre, à l'influence d'une organisation spécialement mobile. Nous ne pouvons pas prévoir, parce que nous ne connaissons pas les causes physiologiques des actes, mais nous pensons que si nous pouvions connaître le fonctionnement du cerveau du capricieux, nous verrions les causes des brusques changements de son humeur. Le caprice n'est pas une manifestation de la liberté.

La possibilité de prévoir les actes d'une personne croît dans la proportion où nous connaissons son tempérament, son caractère, ses habitudes. Cela est certain et trouve une explication suffisante dans le caractère relatif de la liberté; mais la question est de savoir si cette possibilité de prévision peut devenir absolue? Au point de vue expérimental, non. En effet, il est des hommes chez lesquels il se produit, à un moment donné, un changement brusque, au moins en apparence, qui déroute les prévisions. Pendant cinq ans, Néron fut un bon prince; il allégea les impôts, et l'on raconte que, deux fois, appelé à signer une sentence de mort, il exprima le regret de savoir écrire. Puis ce bon Néron devint un monstre de cruauté et de débauche. Certainement, au commencement de son règne, les Romains formèrent des prévisions heureuses. Burrhus et Sénèque avaient probablement discerné chez leur élève des germes fâcheux qui leur inspiraient de l'inquiétude; mais il est probable aussi qu'ils espéraient réussir à arrêter le développement de ces penchants funestes, et qu'ils se livrèrent à des prévisions favorables qui furent durement trompées. Il y avait, au quatrième siècle de notre ère, un jeune homme ardent, livré aux passions des sens, amoureux de la gloire, plein d'ambition et de génie. On pouvait former à son sujet des prévisions plus glorieuses que moralement satisfaisantes. Ce jeune homme est devenu saint Augustin. Il a rompu avec les passions de la chair à trente-deux ans, à un âge où ces passions ont encore toute leur puissance. Une prévision souvent formée est qu'un ivrogne ne se réformera pas. Hufeland désespère de la guérison de cette classe de vicieux. « On peut, dit-il, se corriger de tous les autres défauts, jamais de celui-là[1] ». Qui a bu, boira, dit un commun proverbe. Ce proverbe est malheureusement vrai dans un grand nombre de cas; mais il ne l'est pas toujours. Le développement de l'alcoolisme est un des phénomènes les plus affligeants de notre temps; mais, d'autre part, le nombre des ivrognes sérieusement corrigés de leur vice est plus nom-

---

[1] *Revue internationale* du 25 juillet 1886, p. 341.

breux peut-être qu'il ne l'a été aux époques antérieures. On peut citer bien des cas; un seul suffirait au besoin, pour détruire l'idée de la fatalité.

Plus on connaît un individu, plus on a de chances de prévoir ses actions parce que la liberté humaine est essentiellement relative; mais on ne peut pas faire des prévisions absolument certaines, parce que la liberté est réelle en même temps qu'elle est relative. Telle est l'explication la plus naturelle et la plus plausible des données de l'observation. Les changements qui se produisent dans la conduite des hommes sont un fait incontestable; la question est d'assigner la cause de ces changements. Les attribuer uniquement aux influences subies, sans admettre l'influence possible de la liberté; les attribuer uniquement à la liberté, sans prendre en considération les influences, seraient deux erreurs pareilles.

62. *La volonté peut avoir une action immédiate sur les impulsions.*

L'action de la volonté se manifeste dans les perceptions des sens par le phénomène de l'attention. On voit ce qu'on regarde et non pas seulement ce qui a le plus d'éclat; on entend ce qu'on écoute et non pas seulement le son le plus fort (37). Il se passe quelque chose d'analogue dans l'ordre des phénomènes moraux. L'attention fortifie les impulsions sur lesquelles elle se dirige. Voici un jeune homme éloigné de sa famille, d'une famille respectable. Il se trouve dans une ville étrangère et, pour satisfaire à ses goûts, il a grand besoin d'un argent qu'il ne possède pas. Employé dans un établissement de crédit, il peut, en faisant un faux, se créer des ressources. Quelle est sa position? L'image des jouissances qu'il se procurera avec de l'argent hante son imagination, et tend à le fasciner. D'autre part, l'image de sa famille s'offre à sa pensée; il la voit plongée dans le désespoir, au cas où son action viendrait à être découverte. Il dépend de lui de fixer plus ou moins son attention sur l'un ou l'autre de ces deux tableaux, et de fortifier ainsi les impulsions qui le poussent au mal, ou celles qui le retiennent. Lorsque le président de la République française, qui fut plus tard Napoléon III, a fait le coup d'état du 2 décembre, il était sollicité par son ambition et peut-être, qui sait? par la pensée de rendre service à la France; mais il avait prêté serment à la constitution, et l'acte qu'il méditait avait le caractère d'un parjure. S'il avait dirigé fortement son attention sur cette considération morale, les destinées de la France auraient peut-être été différentes.

L'attention est l'acte de la volonté libre dans la direction de la pensée. Or il dépend de nous, en une certaine mesure, de diriger notre pensée, notre imagination, et, par là, d'accroître la force de telle impulsion déterminée. Il suffit parfois de changer de milieu pour triompher d'une tentation. Un homme seul, dans sa chambre, se sent en proie à des désirs coupables; il pourra se soustraire à leur obsession par un simple acte de volonté en descendant dans la rue. Une jeune fille lit un mauvais livre, et elle sent que cette lecture pervertit son imagination. Si j'avais à lui donner un conseil, je lui dirais : « Fermez ce livre, et appliquez-vous incontinent à un ouvrage difficile qui exige une attention extraordinaire. » Des considérations de cette nature avaient amené de Saussure à cette formule qu'il livrait aux méditations des auditeurs de son cours de philosophie : « la force de l'attention qui est la mère de toute « science, est aussi la mère de la vie droite et heureuse[1] ».

63. *La volonté peut se créer des motifs.*

L'homme peut se trouver dans la situation de l'âne de Buridan, c'est-à-dire dans une indécision absolue. Que peut-il faire dans ce cas ? Il peut demander conseil ; il peut s'adresser à une personne qui jouit de sa confiance et lui dire : « J'ai à prendre un parti ; il m'est impossible de me « décider; examinez le cas et jugez; je suivrai votre avis. » Il peut aussi tirer au sort. Le tirage au sort entre l'intérêt et le devoir serait un acte coupable ; il est licite dans le cas de deux impulsions égales qui sollicitent la sensibilité, ou de deux devoirs qui paraissent égaux à la conscience. Or que fait l'homme qui, incapable de prendre une résolution, s'en remet à un conseil ou au sort ? Il se crée un motif par l'acte de sa liberté.

64. *La volonté a une action médiate sur les impulsions.*

Ceci est la conséquence du fait que le passé de la liberté se retrouve dans le présent de la nature (**23**), fait que manifeste le pouvoir de l'habitude. L'habitude crée ou fortifie des impulsions dans lesquelles se trouve une part de liberté. On fait ce qu'on aime ; c'est la tendance naturelle au cœur humain ; mais il est vrai, sauf quelques exceptions, qu'on aime ce qu'on a fait. On aime les arbres qu'on a plantés, la maison que l'on a bâtie, et l'on finit par s'attacher à son métier. Cette dernière affirmation n'a pas une

---

[1] Voir les *Séances et Travaux de l'Académie des sciences morales et politiques*, t. CXIX (1883).

valeur absolue ; il y a des antipathies si réelles et si profondes qu'un individu peut être contraint par la nécessité à accomplir toute sa vie des actes qu'il n'aime pas ; mais c'est un cas d'exception ; la règle est qu'on finit par aimer ce qu'on fait. Pourquoi? Parce qu'on s'attache aux choses, aux travaux où l'on a mis une partie de soi-même. C'est-à-dire que, sous la condition du temps, les actes de la volonté modifient les mobiles qui nous sollicitent à l'action.

Résumons les considérations qui précèdent. Les objections au libre arbitre tirées de la considération des motifs naissent de ce qu'on méconnaît l'influence de la volonté sur les motifs, de ce qu'on n'étudie pas assez sérieusement les rapports de l'élément libre du vouloir avec les impulsions. Ampère, le grand physicien, « avait une conviction « énergique de notre libre arbitre. Quand on représentait « l'âme comme une balance dans les bassins de laquelle on « plaçait, ainsi que des poids, les motifs d'actions qui fai- « saient pencher les bassins d'un côté ou de l'autre, il « répliquait : *Je veux bien, pourvu que le* Moi, *comme un « bras vigoureux saisisse le fléau de la balance et l'incline à « volonté*[1] ».

65. *La statistique ne fournit pas une objection valable contre l'existence de la liberté.*

La statistique établit qu'un grand nombre de faits que l'on considère comme libres se reproduisent parfois avec une étonnante régularité. On affirme que, dans la ville de

---

[1] *Philosophie des deux Ampère*, publiée par Barthélemy St Hilaire, page 62.

Londres, il tombe chaque année à la poste le même nombre de lettres sans adresse. Dans des périodes égales, on trouve le même nombre d'individus écrasés par des voitures, le même nombre de mariages dans des conditions pareilles, le même nombre de divorces. On conclut de là que des faits tenus pour libres sont soumis à des lois fixes, et que la statistique élève une objection péremptoire contre la réalité du libre arbitre.

La question devient grave lorsqu'elle porte sur des faits qui présentent un caractère moralement condamnable. Voici, par exemple, un énoncé de Thomas Buckle : « Le « suicide est simplement le produit de la condition géné- « rale de la société, et le criminel individuel met seulement « à exécution ce qui est une conséquence nécessaire de « circonstances précédentes. Une certaine condition de la « société étant donnée, un certain nombre d'individus « doivent mettre fin à leur propre existence. Ceci est la loi « générale... et le pouvoir de cette loi et si irrésistible que « l'amour de la vie, ou la crainte d'un autre monde, sont « complètement sans puissance, même pour tenir son opéra- « tion en échec[1] ». On étend cette affirmation à tous les crimes : Un certain nombre d'individus doivent empoisonner, un certain nombre d'individus doivent dévaliser les passants, etc. De là résulte, dans un esprit logique, la conséquence que les criminels ne sont pas responsables. C'est la même idée à laquelle le docteur Le Bon est parvenu en partant de prémisses physiologiques (47). Telle est l'objection à examiner.

---

[1] *Histoire de la Civilisation en Angleterre*, traduction Baillot, t. 1, page 30.

La statistique est une science mathématique, ce qui lui donne une apparence de rigueur; mais cette apparence est souvent trompeuse. Il n'y a rien de plus certain que les mathématiques pures; mais lorsqu'on les applique aux faits, si les données dont on part ne sont pas exactes, la certitude qu'on obtient est presque toujours la certitude de l'erreur. Or, dans les phénomènes sociaux et moraux, les données exactes sont très difficiles à obtenir. Prenons le suicide pour exemple. Les Anglais sont connus pour être fréquemment atteints par le spleen, qui est une prédisposition au suicide, et l'on peut s'étonner de voir que, dans les statistiques du suicide, l'Angleterre est notée avec un chiffre assez bas. Voici l'une des explications du fait: Il existait, il existe peut-être encore dans la législation de la Grande-Bretagne, une loi d'après laquelle les propriétés d'un suicidé font retour à la couronne. On s'efforce en tous pays de cacher un suicide; mais on comprend qu'on y mette en Angleterre plus de soin qu'ailleurs. Puis, le gouvernement, sentant bien que cette loi a quelque chose de choquant, s'est montré extrêmement facile pour en laisser éluder l'application. Voilà des données fausses pour la statistique. Des remarques de même nature s'appliquent aux empoisonnements. Il y a un certain nombre d'empoisonnements constatés, mais combien y en a-t-il qu'on ne constate pas? Une femme a été mise dans les prisons de Genève, après avoir hâté par le poison la mort de sept malades confiés à sa garde. Ce n'est qu'à l'occasion de son septième crime qu'elle a été arrêtée et condamnée. Si elle était morte auparavant, ou si elle avait renoncé à ses pratiques coupables, il y aurait eu six cas d'empoisonnement demeurés inconnus. La statistique des faits moraux repose donc sur des données presque toujours incertaines. Sans nous arrêter plus longtemps à cette remarque, examinons l'objection d'une manière directe, et, pour mieux l'examiner, mettons-la dans le cadre d'un raisonnement en forme.

Majeure : Les phénomènes fixes sont nécessaires.
Mineure : Ce phénomène est fixe.
Conclusion : Donc il est nécessaire.

C'est ainsi qu'on oppose la fixité de certains phénomènes à l'idée de la liberté. Le raisonnement est formellement bon ; c'est un syllogisme en *Barbara* de la première figure. Mais il en est du raisonnement comme de l'arithmétique ; si les données sont inexactes, la conclusion n'est pas bonne. Or, dans ce cas, la majeure est fausse, et la mineure n'est pas vraie. Je vais chercher à le démontrer, et à justifier ainsi ces paroles de Quetelet relatives aux relevés statistiques établissant la fixité de phénomènes sociaux : « Devant « un pareil ensemble d'observations, faut-il nier le libre « arbitre de l'homme ? Certes, je ne le crois pas[1] ».

66. *La fixité des phénomènes ne prouve pas leur nécessité.*

Les phénomènes nécessaires sont fixes ; cela est incontestable. « La nécessité métaphysique, qui est partout et « toujours la même, ne peut produire aucune diversité, » disait Newton[2]. Mais la proposition n'est pas convertible. De ce que les phénomènes nécessaires sont fixes, on ne peut pas conclure légitimement que les phénomènes fixes soient nécessaires. Cette conclusion est le résultat d'une erreur de

---

[1] *Physique sociale,* édition de 1869, t. II, p. 146.
[2] *Principes mathématiques de la philosophie naturelle,* Scholie général.

logique qu'il est facile de mettre en évidence. On oublie que l'attribut d'une proposition a plus d'extension que le sujet. Les papillons ont des ailes, il n'en résulte pas que tout ce qui a des ailes soit papillon, parce que la qualité d'avoir des ailes a plus d'extension qu'une des classes d'êtres auxquelles cette qualité s'applique. De même dans la proposition : les phénomènes nécessaires sont fixes, l'attribut a plus d'extension que le sujet, et la fixité peut convenir à d'autres phénomènes que ceux qui ont le caractère de la nécessité.

Les lois de la nature sont fixes ; c'est la vérité que la science établit toujours plus certainement. Une foule d'esprits en concluent qu'elles sont nécessaires. Ce n'était pas l'opinion de ceux qui ont découvert ces lois. Personne n'a affirmé plus hautement que Descartes la liberté absolue du Créateur. Newton exprime la pensée que l'ordre de la nature ne peut s'expliquer que par la volonté libre d'un être souverainement sage. Leibniz déclare que les lois de la mécanique ne dépendent pas de la nécessité, mais du choix de la suprême sagesse[1]. La cause de phénomènes fixes peut donc être libre.

Examinons à la lumière de ce principe l'un des faits que l'on oppose à l'idée de la liberté, celui par exemple des lettres jetées à la poste sans adresse. Pourquoi une lettre sans adresse ? C'est un acte d'étourderie, de manque d'attention. Les actes de cette nature renferment un élément de liberté ; il en résulte que leur nombre peut varier. Oui, la *possibilité* de la variation est comprise dans l'idée du libre arbitre, mais non pas l'idée de sa *nécessité*. La ma-

---

[1] Voir la *Physique moderne*. Paris, Germer Baillière, 1883, p. 175.

jeure de l'objection n'est donc pas vraie ; la mineure ne l'est pas davantage.

67. *Les phénomènes sociaux ne présentent pas une fixité véritable.*

La donnée vraie de la statistique n'est pas la fixité absolue, mais plutôt la variation des phénomènes sociaux. Dans certains pays, on constate une augmentation considérable du nombre des empoisonnements, ce qui peut être un résultat des progrès de la chimie et de la connaissance plus généralement répandue des résultats de cette science. Lorsque la civilisation se développe, les délits contre les personnes diminuent, ceux contre les propriétés augmentent. Examinons les données relatives au suicide dans lesquelles Buckle a cru trouver un appui pour sa théorie, et supposons que les données soient exactes. Dans l'époque actuelle, selon M. Legoyt[1], il y a pour un million d'habitants, 261 suicides en Allemagne et 17 en Espagne ; ce sont les deux extrêmes indiqués par la statistique. Prenons les chiffres relatifs à un même pays, la France : En 1827, on signale 1739 suicides ; en 1878, 6434 ; et, si l'on compare deux périodes de cinq années, on en trouve en moyenne 1500 de 1826 à 1830 et 6000 de 1876 à 1880[2]. Il faut observer de plus que l'accroissement ne suit pas une marche absolument régulière ; il y a des années où le nombre fléchit. Dans l'intervalle de 1827 à 1878, la France a subi de grandes secousses politiques qui ont modifié l'état social, et la théorie de Buckle est que le

---

[1] *Le suicide ancien et moderne*, in-12º.
[2] *Revue scientifique* du 10 janvier 1880, p. 94.

phénomène est constant, les conditions de la société restant les mêmes. Considérons donc une période plus restreinte. Nous trouvons en France :

1875	5472 suicides
1876	5804 »
1877	5922 »
1878	6434 » [1]

Le phénomène est loin d'être fixe et toutefois, pendant les années 1875 à 1878, il ne s'est rien passé qu'on puisse considérer comme un changement de milieu. En Saxe, de même, sans qu'il se soit produit un de ces grands événements qui modifient l'état social, le nombre des suicides qui était de 328 en 1849, s'est trouvé de 1248 en 1881, toujours en admettant la valeur assez douteuse des statistiques officielles.

La prétendue fixité dont Buckle fait un argument contre le libre arbitre n'existe donc pas. Admettons qu'elle existe ; admettons que, *dans les mêmes circonstances*, le nombre des faits délictueux reste le même. La variation des faits serait le résultat du changement des circonstances ; mais d'où vient le changement des circonstances ?

68. *Les phénomènes sociaux varient sous l'influence de causes dans lesquelles la liberté humaine a sa part.*

Considérons un certain nombre de modifications importantes survenues dans la marche des sociétés, et cher-

---

[1] La *Revue scientifique* du 10 avril 1880 donne les moyennes suivantes :
  1871 à 1875 . . . . 5270.
  1876 à 1880 . . . . 6250.

chons à en déterminer l'origine. Transportons-nous par la pensée à Rome, à l'époque de l'empire. Nous allons au Colysée assister à un combat de gladiateurs, et nous rencontrons un statisticien qui nous dit : « J'ai fait mes comptes. Dans l'espace de dix ans, il y a toujours le même nombre de gladiateurs tués : c'est la loi. » Cependant, malgré la loi des statisticiens, les combats de gladiateurs diminuent et finissent par cesser. Qu'est-ce qui a modifié l'état des choses sous ce rapport? Plusieurs causes générales dont l'influence a été fortifiée par un acte personnel de dévouement. L'empereur Constantin avait rendu un édit interdisant les combats de gladiateurs ; mais cet édit ne s'exécutait pas. L'empereur Honorius eut la faiblesse d'autoriser un grand combat pour le premier janvier de l'an 1404. Un jeune religieux nommé Télémaque se précipita dans l'arène, au moment où l'action allait commencer, pour séparer les gladiateurs. Les spectateurs furent d'accord pour faire tuer ce trouble-fête ; mais l'empereur se sentit atteint dans sa conscience ; il remit en vigueur l'édit de Constantin et le fit observer. Voilà un acte de liberté individuelle qui a influé d'une manière sensible sur l'état de la civilisation.

Transportons-nous à Mexico, à l'époque où les Espagnols débarquaient sur des rives où ils devaient laisser de bien tristes traces de leur arrivée. La civilisation du Mexique était très avancée et même raffinée sous quelques rapports. Rien n'est plus instructif à cet égard que les avis d'une mère aztèque à sa fille, avis qu'on peut lire dans les appendices de l'Histoire de la conquête du Mexique par Prescott. Cette fille reçoit des instructions dans lesquelles, non seulement le sentiment du devoir, mais celui des simples convenances, atteint parfois les limites d'une extrême délicatesse. Lorsque cette fille si bien élevée prenait place à un repas de fête, elle participait au mets de choix réservé pour les grandes occasions ; c'était le corps d'un jeune esclave. Les historiens estiment que, en moyenne, on mangeait à Mexico environ 20 000 victimes humaines par année, et le désir de se procurer cette nourriture était une des causes de guerres incessantes. Un statisticien de Mexico, raisonnant comme Thomas Buckle, aurait pu dire : « Une loi contre laquelle les hommes ne peuvent rien détermine le nombre de victimes humaines qui doivent être égorgées sur les autels. » Ces immolations ont cessé cependant, par des circonstances dans lesquelles la volonté des hommes a eu une large part.

Et la traite des nègres ! A la fin du siècle dernier, il y avait, pendant des périodes d'égales longueurs, des nombres approximativement les mêmes de malheureux noirs pourchassés et vendus comme du bétail. Était-ce le résultat d'une loi fatale ? Nullement. La traite a subi une diminution considérable. A côté d'autres causes de ce fait on trouve l'énergie d'un homme, Wilberforce, qui a usé de sa liberté pour attaquer avec persévérance un trafic inhumain.

J'aborderai maintenant un exemple très significatif, celui de la statistique du divorce en Suisse. C'est un cas pour lequel les données sont exactes, parce qu'il s'agit d'un acte public et nécessairement enregistré. La proportion des divorces en Suisse est beaucoup plus grande que dans les autres pays de l'Europe. La cause du phénomène ne peut pas être cherchée dans un relâchement des liens de la famille qui serait plus grand en Suisse que dans d'autres contrées ; il faut la chercher ailleurs, et nous la trouverons. Voici la statistique officielle :

1876 . .	1102	divorces
1877 . ,	1036	»
1878 . .	1036	»
1879 . .	938	»
1880 . .	856	»
1881 . .	945	»
1882 . .	964	»
1883 . .	898	»
1884 . .	907	»
1885 . .	920	»
1886 . .	899	»

Sur le nombre de ces divorces 38% paraissent avoir pour cause principale ou unique le désir des conjoints de convoler en secondes noces. On peut remarquer aussi, comme un fait intéressant, que, dans les diverses contrées de la Suisse, le nombre des divorces se trouve proportionnel à celui des débits de boisson.

Voilà les chiffres ; en voici l'explication. Une loi fédérale du 24 décembre 1874 a tellement facilité le divorce que feu M. Barrilliet, président du tribunal civil de Genève, a publié cette affirmation grave: « On peut dire qu'aujourd'hui il n'y a pas dans « *tout le droit privé*, de contrat qui puisse être « aussi facilement résolu ou brisé que le mariage[1] ». Il y avait à cette époque un certain nombre de divorces juridi-

---

[1] *Leçons sur l'état civil, le mariage et le divorce*, par Th. Barrilliet, Genève 1879, p. 87. Voir une étude sur le mariage en Suisse dans la *Bibliothèque universelle* de juin 1880. — En 1887, le département fédéral de justice et police a fait savoir qu'il s'occupait de la révision de la loi pour « maintenir et garantir la dignité morale du mariage ».

quement demandés, mais non encore prononcés, à cause des délais exigés par la loi précédente. Il y en avait d'autres désirés, mais dont la demande était arrêtée par les exigences de la loi. La loi nouvelle a fait promptement réaliser ces deux classes de divorces; c'était la liquidation du passé. De là, dans les premières années (1876 à 1878) le nombre considérable des cas. Après cette liquidation le chiffre baisse (1879 à 1880). Pourquoi monte-t-il ensuite en 1881 et 1882? Parce que la loi est de plus en plus connue de l'ensemble de la population. Pourquoi baisse-t-il ensuite un peu? Parce que l'opinion publique commence à s'émouvoir, et que les tribunaux rendent avec moins de facilité les arrêts qui brisent la famille. Qu'une loi qui crée des tentations majeures soit la cause principale de la primauté de la Suisse en matière de divorce, c'est ce qu'il est impossible de nier; car, pour le dire encore une fois, les liens de la famille ne sont pas plus relâchés en Suisse que dans bien d'autres pays de l'Europe. Or, dans l'établissement de cette loi qui crée des tentations pour les libertés individuelles des Suisses des deux sexes, il y a eu deux libertés collectives engagées: celle des législateurs qui l'ont formulée et celle du peuple qui l'a acceptée par un plébiscite. Si le peuple se plaignait, on pourrait semble-t-il lui répondre en style de comédie: « Tu l'as voulu, Georges Dandin! » — Cela ne serait pas juste, parce que la liberté du peuple a été fort limitée par le fait qu'on a soumis à une votation en bloc la loi du divorce et d'autres dispositions législatives dont la nécessité était manifeste. Il y a pour la direction des plébiscites un art qui fournirait matière à la plume d'un Machiavel. Quels sont les motifs qui ont dirigé les législateurs, qui, eux, étaient plus libres que le peuple?

Cette question est étrangère à mon sujet. Il me suffit de constater que la loi a modifié profondément la statistique du divorce, et que des volontés libres et responsables se trouvent engagées dans la production de cette loi. Il faut que des volontés libres et responsables aussi, celles des amis de la famille, s'appliquent d'abord à limiter les effets funestes de la législation, puis à modifier cette législation même.

Je conclus, sans multiplier les exemples : On affirme que, dans les mêmes circonstances, les phénomènes sociaux se produisent en nombre fixe, d'où l'on déduit que le libre arbitre n'existe pas. L'objection n'est pas fondée ; premièrement parce que la fixité des phénomènes n'est pas réelle, secondement parce que, dans les circonstances qui les font varier, il est facile de discerner des causes où la liberté a sa part. Cette considération est importante et riche en conséquences pratiques. Il importe que les amis du bien ne se laissent pas décourager dans leurs efforts en faveur des bonnes causes, et ne cèdent jamais à la tentation de couvrir du manteau d'une fausse science les séductions de la paresse et les défaillances de la volonté.

69. *La négation théorique de la liberté est démentie par la pratique.*

Les déterministes composent des traités de morale, tracent des règles de conduite, donnent des conseils; comment ne pas leur attribuer une affirmation inconsciente de cette liberté qu'ils nient théoriquement? On a vu que M. Spencer constate des faits inexplicables dans sa doctrine (50), et qu'il est impossible d'éprouver le même sentiment pour les personnes et pour les choses (47). Cette contradiction entre la négation doctrinale du libre arbitre et les nécessités qui s'imposent pratiquement à la pensée est un fait trop important pour qu'il ne convienne pas de s'y arrêter un peu.

Ouvrons le traité *De Finibus* de Cicéron ; nous y trouverons la réfutation des doctrines de Torquatus qui, disciple d'Épicure, professait que l'homme est toujours nécessairement conduit par l'attrait de la volupté. Voici en résumé ce que lui dit Cicéron : Mon cher Torquatus, oseriez-vous dire devant le peuple assemblé ce que vous me dites à moi, que l'homme ne cherche jamais que la volupté ? Oseriez-vous le dire dans le Sénat ? Là, vous parlez d'honneur, de vertu, de dévouement à la patrie. Faites donc attention que votre doctrine est de telle nature que, dans la vie publique, vous êtes obligé de la contredire en parlant notre langue à nous. Vous voilà réduit à réserver à un ou deux de vos amis la confidence de vos pensées. Mais du moins, pouvez-vous agir conformément à votre doctrine ? pouvez-vous la mettre en pratique ? Non. Vous parlez d'une manière, vous agissez d'une autre. Lorsque vous déclarez que l'homme est toujours nécessairement conduit par l'attrait de la volupté, vous êtes la réfutation vivante de votre théorie. Si vous osiez dire que vous la pratiquez, tous ceux qui vous connaissent, tous ceux qui ont été l'objet de vos actions généreuses seraient là pour vous dire : Vous mentez ! [1]

On peut dire, en employant un néologisme, que la doctrine de la nécessité est une doctrine qu'il est impossible de vivre ; la pratique de ceux qui la professent dément leur théorie. C'est ce que J. J. Ampère a démontré par des exemples significatifs. « Chose bien étrange ! Ceux qui

---

[1] Cicéron, *De finibus*, livre II, § 22 et suivants.

«ont cru le moins au libre arbitre ont été parfois ceux
«chez qui était le plus vif le sentiment de la liberté mo-
«rale (calvinistes, jansénistes). Ces hommes, qui mécon-
«naissaient la liberté humaine dans leurs rudes systèmes,
«la pratiquaient énergiquement. Certes les Puritains qui
«fondèrent les colonies américaines, portaient incrustée
«dans leur âme de bronze la liberté que repoussaient leurs
«croyances; et les filles de Port-Royal, plus admirables
«peut-être de constance et de résolution, qui s'exposaient
«à tout, même aux censures de l'Église qu'elles vénéraient,
«pour ne pas signer une formule de foi contraire à leur
«conscience, quelle que fût leur doctrine sur le libre arbitre,
«n'en avaient pas moins dans le cœur et dans les entrailles,
«un sentiment bien profond et bien assuré de cette liberté
«morale qu'elles prouvaient en la niant. Leur psychologie
«intime démentait la métaphysique de leurs dogmes[1]».
A ces exemples donnés par J. J. Ampère, on peut en
joindre un autre bien significatif. Le célèbre socialiste
Owen professait la théorie philosophique que voici:
«L'homme est un composé d'organisation originelle et
«d'influences extérieures, desquelles résultent des senti-
«ments et des convictions, sources de ses actes. Or
«l'homme n'étant le maître de modifier ni son organisation
«ni les circonstances qui l'entourent, il s'ensuit que ses
«sentiments et ses convictions ainsi que les actes qui en
«découlent, sont des faits forcés et nécessaires, contre les-
«quels il demeure entièrement désarmé. Il les subit, il ne
«les règle point[2]». On ne peut donc exercer aucune action,

---

[1] *Philosophie des deux Ampère*, p. 63 et 64.
[2] Louis Reybaud, *Études sur les réformateurs ou socialistes modernes*, t. I, p. 281.

ni sur la nature des individus, ni sur le milieu dans lequel ils sont placés. Voilà la théorie; voici la pratique. Robert Owen a consacré son temps, sa fortune, l'énergique activité de sa volonté libre à modifier la nature des individus par l'éducation, le milieu dans lequel ils sont placés par la réforme des institutions sociales.

Ce contraste frappant entre les doctrines et la vie a inspiré à Voltaire les vers suivants :

> Vois de la liberté cet ennemi mutin,
> Aveugle partisan d'un aveugle destin.
> Entends comme il consulte, approuve ou délibère.
> Entends de quel reproche il couvre un adversaire.
> Vois comment d'un rival il cherche à se venger,
> Comme il punit son fils et le veut corriger.
> Il le croyait donc libre ? Oui, sans doute, et lui-même
> Dément à chaque pas son funeste système.
> Il mentait à son cœur, en voulant expliquer
> Ce dogme absurde à croire, absurde à pratiquer.
> Il reconnait en lui le sentiment qu'il brave,
> Il agit comme libre et parle comme esclave.[1]

Ce que Voltaire a dit en vers, Thomas Reid l'a redit en prose : « Le fataliste délibère, se résout et engage sa foi ; « il se trace un plan de conduite et le poursuit avec vigueur « et sagesse ; il exhorte et commande, et regarde comme « responsables de leur conduite ceux qui ont reçu de lui « quelque mandat ; comme tous les autres, il blâme les « hommes qui le trompent et lui manquent de parole ; il est « des actions, il est des caractères qu'il déclare honnêtes et « qu'il approuve, il en est d'autres qu'il désapprouve et qu'il

---

[1] De la liberté dans les *Discours en vers sur l'homme*. Voltaire, du reste, parait avoir nié en prose ce qu'il affirmait dans ses vers. — Voir Joyau, *Essai sur la liberté morale*, Paris, 1888, p. 19.

« accuse ; non moins que personne il ressent les injures ;
« non moins que personne il se montre reconnaissant des
« bienfaits[1] ».

Des faits qui se sont produits dans une réunion récente offrent un curieux exemple de la contradiction signalée par Voltaire, par Reid, et par bien d'autres écrivains. Un congrès international d'anthropologie criminelle étant réuni à Rome, en novembre 1885, M. Righi a parlé du libre arbitre démontré par le témoignage de la conscience intérieure. M. le sénateur Moleschott a nié le libre arbitre en se fondant sur le témoignage négatif de sa conscience à lui et de celle de tous ceux qui ont étudié la question à la lumière de la physiopsychologie scientifique[2]. Si les rapports des journaux sont exacts, la déclaration faite par M. Moleschott a été fort applaudie par l'assemblée. Ces applaudissements ne manifestent pas chez les membres du congrès un sentiment bien vif des exigences de la logique. Quel était l'objet de la réunion? l'anthropologie *criminelle*. La notion du crime renferme celle de la responsabilité ; l'idée de la responsabilité a pour postulat celle du libre arbitre. Pour être fidèle à la pensée de M. Moleschott, il faudrait effacer le mot crime du dictionnaire ; il faudrait refaire le droit pénal tout entier (49) ; et pour cela il faudrait refaire ou plutôt défaire la conscience humaine. Il existe une contradiction manifeste entre le but du congrès réuni à Rome et les applaudissements accordés, avec peu de réflexion sans doute, à la pensée d'un de ses membres. L'Italie nous envoie heureusement des pensées plus judi-

---

[1] *Œuvres complètes de Thomas Reid*, traduction Jouffroy, t. VI, page 295.

[2] *Revue scientifique* du 9 janvier 1886, p. 38.

cieuses. Le 15 mars 1884, M. Depretis a proposé un projet de loi que les incidents de la politique n'ont pas laissé discuter encore. Ce projet concerne les délits accomplis par des individus qu'on peut considérer comme atteints d'un état mental qui, sans en faire des aliénés proprement dits, ne leur laisse qu'une semi-responsabilité. M. Depretis réclame pour eux des établissements spéciaux dans lesquels le traitement s'allierait à la répression, par les doubles fonctions du médecin et du geôlier. La semi-responsabilité « entraîne une diminution du degré dans le châtiment mais « ne permet pas de sortir du cercle de la pénalité et de « considérer le délinquant comme un simple malade[1] ». Que suppose la semi-responsabilité? Un état dans lequel l'homme est responsable parce qu'il est libre, un autre état dans lequel il n'est pas responsable parce que le désordre de l'organisme a supprimé la liberté, et un état intermédiaire. Tout cela est juste; mais tout cela n'a plus de sens s'il n'y a dans l'homme aucun élément de libre arbitre.

Le 13 mars 1884, le professeur Williams James a fait à l'université de Harward, aux États-Unis d'Amérique, une conférence sur les idées de la liberté et de la nécessité. Il a terminé par une boutade qui, sous une forme humoristique, renferme une vérité profonde. Il a dit à ses auditeurs : Si tout est nécessairement déterminé, «nous pou- «vons, vous et moi, avoir été prédestinés à l'erreur de «continuer de croire à la liberté[2] ». Plutarque a écrit : « Les «philosophes qui, au lieu de former leurs opinions sur la «nature des choses, veulent forcer les choses mêmes de se «plier contre leur nature à leurs opinions, remplissent la

---

[1] *Revue des deux mondes* du 15 octobre 1886, p. 926 et 927.
[2] *La Critique philosophique* du 3 janvier 1885.

« philosophie de mille difficultés[1] ». Le procédé scientifique, ou plutôt anti-scientifique dont parle Plutarque, n'est pas seulement pour la philosophie une source de difficultés, mais aussi une cause d'impuissance et de discrédit. Si l'on compare les sciences de la nature avec les sciences morales et politiques, il est impossible de ne pas remarquer combien leur influence diffère. La physique a produit l'industrie moderne, la navigation à vapeur, les chemins de fer, le télégraphe, le téléphone, etc. Toutes ces inventions, à l'aide desquelles l'homme lutte contre le temps et contre l'espace, sont sorties des laboratoires des physiciens et des cabinets d'étude des mathématiciens. La chimie a multiplié des découvertes dont les applications sont tous les jours plus importantes et plus nombreuses. Les études psychologiques et morales devraient être fécondes en résultats pour les rapports des hommes entr'eux, pour l'éducation de l'enfance, pour l'organisation et la direction de la société. Leurs résultats pratiques ne sont pas nuls; mais qu'ils sont faibles en comparaison des résultats pratiques des sciences physiques et naturelles ! La disproportion est évidente; elle est énorme. Cette disproportion résulte assurément pour une très grande partie de la diversité des objets. La matière, par le fait de son inertie, n'oppose jamais à l'application des lois découvertes par la science la résistance que les hommes opposent souvent à l'influence que l'on veut exercer sur eux. Les théoriciens qui perdent de vue cette vérité, ceux qui pensent que les sociétés humaines pourront offrir un jour une marche aussi régulière que celle des machines, laissent leur

---

[1] Sur les progrès de la vertu, dans les *Œuvres morales de Plutarque*, traduction Ricard, t. 1, p. 168.

pensée voyager dans le domaine de l'utopie. Mais le manque d'influence pratique des études psychologiques et morales provient aussi, en partie, d'une erreur de méthode. On a fait pendant longtemps une physique et une chimie qui étaient *a priori*, lorsqu'elles n'étaient pas purement empiriques. Aussi longtemps que ces sciences ont produit des systèmes qui n'étaient pas d'accord avec les faits, elles sont demeurées infécondes. Leur puissance pratique est née lorsqu'elles ont reposé sur une base sérieusement expérimentale. Cette soumission aux faits n'est point réalisée encore dans l'ordre des études qui ont l'esprit pour objet. Longtemps la psychologie a méconnu l'importance des conditions organiques de la pensée et de la volonté. Aujourd'hui, l'étude de ces conditions est faite avec beaucoup de soin, et c'est là un incontestable progrès. Mais il arrive que, sous l'influence d'un *a priori* matérialiste parfois inconscient, les conditions des phénomènes en font oublier les causes. On propose, sous le nom de psychologie expérimentale, des doctrines dont le caractère spécifique est l'oubli ou la négation de la moitié des données de l'expérience. Quand, dans un laboratoire, deux molécules ne se comportent pas comme le veut la théorie, on abandonne la théorie; mais on maintient, au mépris des données les plus sérieuses de l'observation, des systèmes qui nient les faits de l'ordre spirituel et spécialement la liberté qui en est le centre. Ces faits, on les met hors de la science, ou on leur donne des interprétations prétendues qui en sont en réalité la pure négation. La science chemine ainsi à côté de la vie, et la vie proteste. C'est pourquoi nombre de savants se dédoublent. Il y a en eux le théoricien qui formule des thèses et l'homme qui contredit le théoricien.

70. *La liberté relative de l'homme est une des données du problème universel.*

Lorsqu'on passe des mathématiques à la physique, il intervient dans l'étude un élément nouveau : la matière. Quelle que soit l'idée qu'on s'en forme et la définition qu'on en donne, la matière demeure absolument distincte de l'objet des conceptions de la géométrie. On étudierait les mathématiques pendant des siècles sans y rencontrer l'idée du corps. Lorsqu'on passe de la physique à la biologie, y a-t-il un élément nouveau, ou bien les organismes vivants sont-ils le simple résultat de l'agrégation des atomes et des lois de la physique et de la chimie ? Ici la réponse est moins certaine que dans le cas précédent. Il n'est pas théoriquement impossible de concevoir la formation des organismes et la vie simple, celle des végétaux par exemple, comme le produit du mouvement universel de la matière ; mais, en présence des données de l'observation, la thèse des caractères spécifiques de la vie simple a une haute probabilité. Lorsqu'on passe de l'étude de la vie simple, constatée objectivement, à la vie consciente et à l'élément de liberté qu'elle renferme, on se trouve en présence d'un élément certainement nouveau. Il n'y a aucun moyen de réduire les phénomènes psychiques aux lois qui régissent la matière, et entre l'idée de la liberté et celle de la mécanique, il existe une contradiction absolue. Si l'on admet la valeur des signes du libre arbitre, la liberté relative de l'homme est donc l'un des résultats de l'analyse philosophique, et l'une des données les plus importantes qui s'imposent à la synthèse.

DEUXIÈME PARTIE.

SYNTHÈSE.

Après avoir établi la nature et la valeur de l'idée de la liberté, il faut maintenant, conformément aux données de l'introduction de ce travail, étudier les rapports de cette idée avec les essais de synthèse des trois systèmes philosophiques : le matérialisme, l'idéalisme et le spiritualisme.

CHAPITRE PREMIER.

LE MATÉRIALISME.

71. *Le matérialisme a pour conséquence nécessaire la négation de la liberté.*

Le professeur Zeller, après avoir exposé le matérialisme de Démocrite et d'excellents préceptes de morale donnés par ce penseur, se pose cette question : La morale de Démocrite se rattache-t-elle à son système, de manière à en faire véritablement partie ? et il écrit : « A cette question « je crois devoir répondre négativement[1] ». En effet, du système de Démocrite logiquement interprété aucune morale ne pouvait se déduire. Le coryphée du matérialisme, au siècle dernier, le baron d'Holbach commence son livre du *Système de la nature* par cette thèse : « L'univers, ce vaste « assemblage de tout ce qui existe, ne nous offre partout que « de la matière et du mouvement[2] ». A la fin de l'ouvrage on trouve cette invocation : « O nature ! souveraine de tous

---

[1] *La Philosophie des Grecs*, par Édouard Zeller, traduction Boutroux, tome II, page 349.

[2] *Système de la nature*, publié sous le pseudonyme de Mirabaud, partie I, chapitre I.

« les êtres ! et vous, ses filles adorables, vertu, raison,
« vérité ! soyez à jamais nos seules divinités[1] ». Il est facile
de constater que cet hymne final est en contradiction avec
le système. Il suffit pour cela de le traduire, en donnant aux
mots le seul sens qu'ils puissent avoir d'après la théorie de
l'auteur. On obtient ce résultat : « O matière en mouvement !
« souveraine de toutes les matières en mouvement ! et vous,
« vertu, raison, vérité, qui êtes des noms divers de la matière
« qui se meut, soyez les seules divinités de cette matière
« mouvante qui est nous-mêmes. » La traduction est fidèle
et constitue une assez bonne réfutation par l'absurde de la
thèse de l'auteur.

Les matérialistes conséquents reconnaissent bien que
leur doctrine renferme la négation de la liberté, mais cela
les embarrasse peu, parce qu'ils nient la réalité d'un fait
que cette négation les dispense d'expliquer. Mais ce qui
m'a souvent frappé, c'est de rencontrer, à côté de négations
hardies et franches, des négations timides, équivoques.
Voici par exemple comment s'exprime le docteur Büchner :
« L'homme, comme être physique et intelligent, est l'ou-
« vrage de la nature. Il s'ensuit par conséquent que non
« seulement tout son être, mais aussi ses actions, sa volonté,
« sa pensée et ses sentiments sont fatalement soumis aux
« lois qui régissent l'univers. Il n'y a qu'une observation
« superficielle et bornée de l'être humain qui puisse nous
« amener à admettre la liberté absolue de nos actes. Au
« contraire, une étude plus approfondie nous fait voir que
« l'individu se trouve dans un rapport tellement intime et
« nécessaire avec la nature, que le libre arbitre et la spon-

---

[1] *Système de la nature*, publié sous le pseudonyme de Mirabaud,
partie II, chapitre 14.

« tanéité jouent un rôle très secondaire dans ses actions[1] ». Il suffit de lire quelques lignes plus loin pour voir que l'auteur nie absolument le libre arbitre et le tient pour une illusion. Il ne le dirait pas du reste que c'est là la conséquence manifeste de sa théorie. Mais alors que signifie le rôle secondaire attribué à un agent qui n'existe pas ? L'affirmation de la liberté *absolue* est sans doute le résultat d'une observation superficielle ; mais passer de la négation du caractère absolu d'un être ou d'une chose à la négation de sa réalité est un raisonnement fort défectueux. Le docteur Büchner donne à son ouvrage le sous-titre d'études *populaires*. La petite place qu'il accorde au libre arbitre est-elle une concession aux habitudes d'esprit du peuple ? N'est-ce pas plutôt l'expression d'une réalité qui s'impose à l'auteur en dépit de sa doctrine ?

Le matérialisme est une doctrine certainement fausse s'il existe un élément de libre arbitre, quelque faible qu'on le suppose. C'est pourquoi, je le répète, ses adeptes conséquents nient absolument tout élément de liberté. Ils apportent à l'appui de cette négation des objections spéciales tirées de leur doctrine et qui doivent faire maintenant l'objet de notre examen. La première de ces objections est que l'action physique qu'il faudrait reconnaître à l'esprit dans la production des mouvements supposés libres est une chose inintelligible. Cette thèse résulte de l'idée, propre au matérialisme, que les phénomènes mécaniques sont seuls intelligibles. Il suffit de suivre cette affirmation dans ses conséquences pour en reconnaître la fausseté.

---

[1] *Force et matière*, par Louis Büchner, troisième édition française d'après la neuvième édition allemande, pages 336 et 337.

72. *L'action physique de l'esprit n'est pas plus inintelligible que l'action psychique de la matière.*

L'observation totale des phénomènes nous révèle deux ordres distincts : celui des faits matériels qui se présentent aux sens et se représentent à l'imagination, et celui des faits internes qui ne sont perçus que par la conscience. Tous les savants sérieux que l'esprit de système n'aveugle pas s'arrêtent devant cette diversité. C'est ainsi que MM. Dubois-Reymond et Tyndall, par exemple, ont tous deux proclamé cette vérité, pleinement évidente pour la réflexion, qu'entre les phénomènes physiologiques et le premier des phénomènes intellectuels et moraux, il existe un abîme infranchissable[1]. Ces deux éléments de la nature humaine sont aussi étroitement unis qu'ils sont manifestement distincts, et ils exercent l'un sur l'autre des actions qui constituent un double rapport. La matière exerce une influence sur l'esprit. Qu'est-ce qui précipite tant de malheureux dans le gouffre de l'alcoolisme ? Est-ce simplement le plaisir physique de la boisson ? Non, c'est surtout l'effet de la boisson sur l'esprit. Noyer ses soucis dans le vin est l'expression populaire d'une vérité scientifique. Qu'est-ce qui porte les Chinois à s'abrutir par l'usage de cet opium que les Anglais leur imposent au grand avantage de leur commerce et au grand détriment de leur honneur ? C'est que l'opium produit un état psychique très agréable au début ; c'est par le chemin fleuri de pensées douces et d'images séduisantes qu'un funeste usage conduit ses victimes à l'état déplorable auquel il les réduit. Des substances

---

[1] Voir *la Revue philosophique* de décembre 1885, page 570.

introduites dans l'estomac agissent sur le système nerveux et, par le système nerveux, exercent une action positive sur l'être spirituel : telle est l'action psychique de la matière, action dont il serait facile de multiplier indéfiniment les exemples.

L'action de l'esprit sur la matière n'est pas moins évidente. La volonté agit sur la substance cérébrale, et produit, par l'admirable mécanisme du corps humain, le geste, la parole, le regard. Il se pose donc deux questions : Comment la volonté agit-elle sur le corps ? Comment le mouvement organique produit-il des idées et des sentiments? Nous n'avons pas plus de lumières sur un de ces modes d'action que sur l'autre; nous constatons simplement un rapport au-delà duquel nous ne pouvons rien trouver, peut-être parce qu'il n'y a rien à chercher. Si ce rapport est un élément primitif de la nature des choses, il n'est susceptible d'aucune explication; la science n'explique jamais rien qu'en partant de données qu'elle n'explique pas. Si l'action physique de l'esprit est inintelligible, l'action psychique de la matière l'est également. Personne cependant n'oserait nier, parce qu'il n'en comprend pas le comment, l'action des phénomènes organiques sur l'esprit? Il n'y a donc pas de raison pour nier l'action de l'esprit sur l'organisme parce que le comment en échappe. Au point de vue de ce qui est intelligible ou non les deux cas sont pareils.

J'en viens maintenant à une objection contre la réalité du libre arbitre que l'on tire d'une des plus importantes théories de la physique moderne, en interprétant mal les conséquences de cette théorie.

73. *L'objection à l'existence de la liberté tirée de la conservation de l'énergie est le résultat d'un a priori matérialiste.*

Voici comment se pose l'objection : Quand vous exercez un acte de volonté, vous croyez que vous créez du mouvement. Votre bras est immobile ; vous voulez qu'il se lève, il se lève en effet. Vous pensez que le mouvement de votre bras a été créé par votre volonté. C'est une erreur que la science détruit. La physique a démontré qu'il existe dans l'univers une somme constante de force motrice qu'on appelle l'énergie. De même qu'aucun élément de la matière ne se détruit ni ne se crée, il ne se perd point de force et ne s'en crée pas. Quand vous croyez que la force se perd, elle n'a fait que se transformer. Nous élevons à une certaine hauteur une masse de plomb, et nous la laissons tomber sur le sol. Le mouvement visible s'arrête, mais il ne se perd pas, il se transforme. Si le plomb a été suffisamment élevé, il se fond par le choc, au moment où il s'arrête. Le mouvement de translation mécanique de la masse s'est transformé en un mouvement moléculaire dans le plomb, et ce mouvement moléculaire a mis en vibration l'éther qui, parvenant à vos organes, vous a donné la sensation de la chaleur. Leibniz se servait d'une comparaison ingénieuse pour élucider cette théorie. Si vous changez un écu en petite monnaie, la valeur ne subit aucune altération, elle se présente seulement sous une autre forme. De même quand un mouvement visible disparaît, « les forces ne sont « pas détruites mais dissipées parmi les parties menues [1] ».

---

[1] *Lettres entre Leibniz et Clarke.* Cinquième écrit de M. Leibniz. § 99.

Appliquons cette loi aux mouvements du corps humain. Ces mouvements ne sont jamais que la transformation de mouvements antérieurs provenant des forces de l'organisme ; et les forces de l'organisme sont empruntées au monde physique, selon des lois nécessaires. La volonté ne peut s'exercer que par des mouvements (34); pour qu'elle fût libre il faudrait qu'elle pût créer du mouvement, ce qui contredirait les données de la science. L'homme est compris dans le mécanisme universel où l'énergie est en quantité constante; tous ses mouvements sont nécessairement déterminés par des antécédents physiologiques ; donc l'homme n'est pas libre.

Telle est l'objection. Elle est le résultat d'un *a priori* matérialiste, parce qu'elle consiste à donner une extension indéfinie à une loi de physique, ce qui suppose qu'on peut trouver dans l'étude de la matière l'explication de tous les phénomènes de l'univers. Pour que l'objection fût valable, il faudrait que la conservation de l'énergie dans le monde physique fût absolument démontrée, que l'extension de cette loi à la biologie fût certaine, et enfin que cette loi, en la supposant vraie, conduisît logiquement à la négation de la liberté. Or aucune de ces trois affirmations ne résiste à un examen impartial.

74. *La conservation de l'énergie dans le monde physique est une hypothèse qui n'est pas susceptible d'une démonstration absolue* [1].

Il est facile d'observer journellement, dans le fonctionnement d'une machine à vapeur, la double transformation de la chaleur en mouvement mécanique et du

---

[1] Voir pour plus de développements *La Physique moderne*, deuxième édition. Paris, librairie Alcan, 1800.

mouvement mécanique en chaleur. La science moderne a établi l'équivalence de ces deux phénomènes. On appelle *calorie* la quantité de chaleur nécessaire pour élever d'un degré centigrade la température d'un kilogramme d'eau ; et on nomme *kilogrammètre* le travail nécessaire pour élever un kilogramme à un mètre de hauteur. Ces deux unités étant établies, on a constaté par une série d'expériences qu'une calorie équivaut à 424 kilogrammètres environ, c'est-à-dire que la chaleur nécessaire pour élever d'un degré centigrade la température d'un kilogramme d'eau peut soulever un kilogramme à 424 mètres. L'équivalence est démontrée et justifie, dans ce cas particulier, la thèse de la conservation de l'énergie. Mais, lorsqu'on passe à des phénomènes d'un autre ordre, la démonstration expérimentale fait défaut. La chaleur et la lumière du soleil sont des mouvements de l'éther qui se transmettent à la terre où ils sont un des facteurs de la végétation. Une certaine quantité de mouvement a contribué à la croissance d'un arbre. On coupe cet arbre et l'on en fait des bûches que l'on met au feu. Ces bûches, en brûlant, produisent divers phénomènes : chaleur, lumière, etc. Selon la théorie, on doit retrouver dans ces divers phénomènes la quantité du mouvement venu du soleil à la plante. Les physiciens prudents reconnaissent que, en formulant cette assertion, on demeure dans le domaine des conjectures. L'équivalence ne peut pas être établie scientifiquement. Elle le sera peut-être un jour ; et cependant jamais la théorie ne sera confirmée par l'expérience d'une manière absolue. Voici à ce sujet une réflexion décisive faite par Helmholtz.[1] Le mou-

---

[1] *Mémoire sur la conservation de la force*, traduction Pérard, page 38.

vement de l'éther parti du soleil arrive sur notre globe où il est la condition de la vie des organismes. Le soleil envoie ses rayons aux autres planètes à l'égard desquelles il remplit les mêmes fonctions. Mais une partie du rayonnement solaire passe entre les planètes et les étoiles; où va-t-elle? Ce mouvement se propage-t-il sans fin dans l'espace, ou rencontre-t-il un endroit où il est réfléchi? Nous ne le savons pas, et nous n'aurons probablement jamais le moyen de le savoir. Cette connaissance, qui paraît en dehors de tous nos moyens possibles d'investigation, serait pourtant nécessaire pour obtenir la confirmation expérimentale complète de la conservation de l'énergie, même en limitant l'application du principe au monde purement physique.

75. *La loi de la conservation de l'énergie est étendue aux phénomènes biologiques par une induction contestable.*

Supposons qu'en physique la loi soit pleinement confirmée par l'expérience. Peut-on l'étendre aux mouvements des animaux? Une machine à vapeur reçoit son mouvement de la chaleur de la chaudière; cette chaleur vient de la combustion de la houille; la houille rend la chaleur qu'elle a reçue du soleil. D'après la théorie, nous aurions une égalité entre ces trois éléments: le rayonnement solaire, la chaleur de la houille, le mouvement de la machine, et cette égalité pourrait s'exprimer par des équations. Si les bêtes sont de pures machines, comme le pensait Descartes, on pourrait établir des équations partant des ondulations déterminées par le soleil, et arrivant aux mouvements d'un serpent ou à ceux d'un chat. Ici la possibilité d'une démonstration expérimentale fait défaut, bien plus encore que dans l'ordre des phénomènes étudiés par les physiciens. M. Andrade disait à ce sujet, dans une leçon publique à l'Athénée de Genève: « Si vous demandez à un professeur de mécanique de vous indiquer l'équation du vol d'une mouche, il vous prendra pour un impertinent. » Cela veut dire que notre science est infiniment éloignée de pouvoir justifier expérimentalement l'application de la loi de la conservation de l'énergie au monde vivant. Cette application est une induction très hardie et par conséquent contestable. Ce qu'on oppose à l'affirmation du libre arbitre c'est donc une hypothèse qui n'est pas absolument démontrée en physique, et qui l'est moins encore en biologie. Une hypothèse qui se présente dans de telles conditions a-t-elle assez de poids pour faire tomber le bassin d'une balance, quand l'ordre moral pèse de tout son poids dans l'autre bassin? Toutefois je veux admettre que la conservation de l'énergie soit une loi physique universelle et qu'elle s'étende aux phénomènes biologiques; l'affirmation du libre arbitre perdra-t-elle sa valeur? Non, si la pensée n'est pas sous l'influence d'un *a priori* matérialiste.

76. *La loi de la conservation de l'énergie appliquée aux mouvements humains n'exclut pas la liberté.*

Admettons que la conservation de l'énergie soit démontrée pour les phénomènes biologiques et par conséquent pour les mouvements du corps humain. Quand je lève mon bras, j'emploie une force qui préexiste à l'acte de ma volonté, et dont je possède une quantité déterminée. Cette force m'est venue de la nourriture que j'ai consommée; et cette nourriture était le produit de l'action des agents physiques sur les substances dont je me suis nourri. Une série d'équations partant de l'influence du soleil sur les organismes terrestres arriverait au mouvement de mon bras, et la loi de la conservation de l'énergie s'appliquerait pleinement. Quelle est la conséquence légitime de ces données? On a toujours su que nous ne possédons qu'une quantité déterminée de force motrice. Homère fait dire à l'un de ses personnages : « La valeur ne nous fera pas défaut tant qu'il « nous restera des forces; mais il est impossible, quoiqu'on « veuille, de combattre au-delà de ses forces[1] ». Nous ne pouvons rien quant à la quantité de notre force disponible, il n'en résulte pas que nous ne puissions rien quant à l'emploi que nous en faisons. Représentons-nous une locomotive sur un terrain parfaitement plane. Pour qu'elle aille dans un sens ou dans l'autre, faudra-t-il une quantité de force différente? Non, l'emploi de la force pourra être le même dans deux directions contraires. De même, avec une quantité égale de puissance d'action, nous pouvons exécuter des actes différents.

Une autre diversité dans l'emploi de la force est relative au temps. Nous pouvons accumuler sur un moment donné une certaine quantité d'énergie qui nous fait ensuite défaut. On rencontre, en été, dans les séjours de bains, deux sortes de baigneuses. Les unes sont des femmes fatiguées pour avoir soigné leurs maris et leurs enfants malades, les autres sont des femmes fatiguées pour avoir trop dansé pendant l'hiver. Ce sont, dans les deux cas, des femmes dont les forces sont épuisées parce qu'elles ont employé, dans un temps relativement court, l'énergie qui devait les soutenir pendant une plus longue période. Un sentiment

---

[1] *Iliade*, Chant XIII.

vif peut produire, quant à l'accumulation de la force sur un moment donné, des effets prodigieux; mais après de grands efforts, l'équilibre se rétablit par un affaissement momentané.

Pour que le libre arbitre existe, il n'est pas nécessaire que la volonté puisse créer de la force motrice, il suffit qu'elle puisse disposer de cette force, soit quant à son emploi dans l'espace, par la direction des mouvements, soit quand à son emploi dans le temps. La volonté libre ne crée pas de l'énergie; mais, au moyen de la quantité d'énergie dont elle dispose, elle produit des mouvements qui ne sont pas nécessairement déterminés par des antécédents mécaniques.

Je traitais cette question, il y a quelques années, dans un cours public. Un de mes auditeurs m'écrivit pour me démontrer que, d'après les théories de la mécanique, la direction du mouvement est toujours déterminée aussi bien que sa quantité. Cette thèse n'est pas universellement admise par les savants. M. Boussinesq, par exemple, affirme qu'il existe des cas où la détermination du mouvement ne résulte pas des équations mathématiques[1]. Sans m'arrêter à l'examen de cette thèse, il me suffit de remarquer que la question est de savoir si les lois de la mécanique sont les seules lois des phénomènes de tous les ordres, ou s'il peut exister dans les esprits des forces directrices du mouvement, la quantité de l'énergie motrice dont ces forces disposent demeurant la même. Résoudre la question dans le premier sens, c'est affirmer que la mécanique

---

[1] *Conciliation du véritable déterminisme mécanique avec l'existence de la vie et de la liberté morale.* Paris, Gauthier-Villars, 1878.

est la science universelle, affirmation qui ne peut résulter que d'un *a priori* matérialiste. Or cet *a priori* se trouve en contradiction avec la loi même dont il s'agit, ainsi que je vais l'établir.

77. *La conservation de l'énergie suppose l'état potentiel de la force, ce qui contredit le matérialisme.*

Comment est née la doctrine de la conservation de l'énergie? Descartes avait fait ce raisonnement : « L'univers est l'ouvrage d'un esprit infiniment sage. Le propre de la sagesse est la constance de son acte. Dieu est l'auteur du mouvement du monde. Donc la quantité du mouvement demeure fixe. » Voilà l'origine historique d'une idée absolument contraire aux apparences. Le matérialisme s'est emparé de cette thèse et a dit : « Il y a toujours la même quantité de matière et de mouvement dans le monde. La matière et le mouvement sont éternels. Nous n'avons aucun besoin du créateur dont Descartes parlait. » La doctrine de Descartes est la constance de la quantité du mouvement, quantité qui s'exprime en mécanique par mv, ce qui signifie le produit de la masse par la vitesse. La formule de Descartes s'est trouvée inexacte. Leibniz a démontré qu'à mv, il faut substituer mv^2, c'est-à-dire le produit de la masse par le carré de la vitesse, de manière que quand on veut retrouver les équations du mouvement, si la masse se meut deux fois plus vite, il faut la faire entrer dans le calcul, non pas pour 2 mais pour 4. La formule mv^2 exprime ce qu'on appelle la *force vive*, c'est-à-dire « le « mouvement d'une masse pendant qu'elle effectue un « travail. » L'équivalence résulte de ce que « la force « vive peut engendrer un travail égal au travail qui a

« engendré la force vive[1] ». Voici comment la chose est expliquée dans un exemple donné, si je ne me trompe, par Robert Mayer. Considérez la pierre qui est au sommet de la grande pyramide d'Égypte. Elle a été montée à cette place par le travail des ouvriers, travail qui était susceptible d'être apprécié en kilogrammètres. Qu'on fasse descendre cette pierre le long de la pyramide. Si nous avions des appareils assez précis pour mesurer les mouvements produits, les dégagements de chaleur, d'électricité, etc., nous retrouverions le nombre de kilogrammètres exprimant le travail accompli par les ouvriers, il y a quelques milliers d'années.

La force vive est une chose actuelle, puisque c'est le mouvement d'une masse pendant qu'elle effectue un travail. Est-ce qu'on peut affirmer la conservation de la force vive ? Non. En faisant descendre la pierre qui est au sommet de la pyramide, nous retrouverions la force dépensée autrefois pour la monter ; mais pendant que la pierre est immobile, comment se manifeste la force ? Par la pression sur sa base sans doute ; mais on n'a aucun moyen de discerner là un mouvement actuel. Il faut donc admettre la force à l'état potentiel, c'est-à-dire une force qui existe sans se manifester par des mouvements actuels. Ce n'est qu'ainsi qu'on peut maintenir la doctrine de la conservation de l'énergie, et la science est arrivée à ce résultat : ce qui demeure en quantité égale dans le monde physique, c'est la « somme des forces vives et des *énergies potentielles*[2] ». Or la force à l'état potentiel est une conception inconciliable avec le

---

[1] Helmholtz. *Mémoire sur la conservation de la force*, pages 14 et 15.
[2] *Ibid.*, page 77.

matérialisme. En effet le matérialisme a la prétention d'expliquer le monde par la seule considération de la matière et du mouvement. Or une force capable d'agir et qui n'agit pas, n'est ni un corps, ni un mouvement, c'est un pouvoir. Pour le matérialisme tout doit être *actuel*, et le développement de la science le contredit en imposant la notion du *virtuel*. En appliquant ces idées aux phénomènes psychiques, on comprend que l'esprit peut être conçu comme une force qui, sans cesser d'exister, entre à l'état virtuel, quand les conditions de sa manifestation font défaut (26).

On pourrait me soupçonner d'apporter, dans l'appréciation des théories relatives aux phénomènes de la nature, des vues systématiques provenant de conceptions philosophiques ou religieuses. Je puis heureusement apporter à l'appui de mes thèses l'opinion d'un physicien dont la compétence ne peut pas être contestée. A l'occasion d'un cours public dans lequel j'avais développé les idées dont on vient de lire l'exposition, M. Raoul Pictet m'a adressé, sous la date du 28 novembre 1884, la lettre suivante que je publie ici avec son autorisation :

« Les questions que vous venez d'aborder dans votre « cours sont tellement importantes par le rôle qu'elles « jouent dans les connaissances humaines, qu'on ne saurait « leur prêter trop d'attention.

« Permettez-moi d'attirer la discussion sur le point spé-« cial suivant que je considère comme logiquement et obli-« gatoirement lié à la liberté comme attribut spécifique de « l'être humain en état de santé.

« Je prends un homme sain, méditant sur les phéno-« mènes physico-chimiques et psychiques qui se passent en

« lui. Faisant acte de volonté libre, cet homme veut
« étendre le bras et il l'étend. Sa liberté consistait dans la
« certitude absolue où il se trouvait de pouvoir étendre son
« bras s'il le voulait, ou de le maintenir en repos. En
« dehors de cette condition, le principe de liberté s'évanouit
« totalement ; tous les mouvements nerveux, instinctifs,
« involontaires, ne comportent aucune idée de liberté à pro-
« prement parler. Or le mouvement musculaire du bras
« résulte de phénomènes physico-chimiques qui se passent
« dans le système nerveux central, phénomènes qui, par
« l'entremise des nerfs, amènent les contractions normales
« des muscles. La liberté ne produit rien par elle-même ;
« mais au moment où cette liberté se traduit par la volonté,
« il se passe (mystérieuse et insondable action du monde
« spirituel sur le monde matériel), il se passe un certain
« phénomène physico-chimique, qui n'a pas eu d'antécédent
« mécanique, et qui relève directement de l'action voulue
« de notre esprit sur le corps. En effet, si ce phénomène
« dans notre système nerveux central était mécaniquement
« amené par un antécédent physique, il deviendrait forcé-
« ment nécessaire, de même que la mécanique céleste
« oblige les astres à graviter. Le mouvement volontaire
« serait aussi fatalement amené que la chute des feuilles et
« la mort de notre corps.

« Ainsi, pas de milieu : ou notre liberté est un leurre, et
« tous nos actes pourraient se prédire à l'avance comme les
« éclipses de lune ou le lever du soleil, ou bien la liberté
« consciente possède le don d'être le principe d'action du
« déplacement de la matière, sans cause physique anté-
« rieure.

« L'homme ne connaissant la *force* que par l'usage de sa

« *volonté libre*, je considère qu'aucune des conclusions qu'il
« peut déduire de lois prématurément établies en partant
« des expériences de physique, ne peut l'amener à nier
« légitimement cette liberté. Cette conclusion que plusieurs
« taxeront de mystique est aussi obligatoire qu'un théorème
« de géométrie.

« Pour ma part, je l'admets comme une nécessité de
« l'ordre intellectuel et moral, car c'est par ce côté que
« l'homme peut revendiquer son individualité, et qu'il con-
« serve le reflet de la puissance créatrice de Dieu. »

CHAPITRE II.

L'IDÉALISME.

L'explication scientifique des phénomènes ramène diverses classes de faits à leurs lois, puis cherche à réduire le nombre de ces lois et à en constater les rapports. Ces lois coordonnées constituent un plan, un ordre. L'astronome cherche à découvrir le plan selon lequel se meuvent les astres ; les paléontologistes cherchent à discerner le plan de la succession des faunes et des flores. Refuser d'admettre un plan de l'univers, un ordre des phénomènes que l'intelligence humaine s'efforce de découvrir, ce serait proclamer la banqueroute de la science. Les idées n'étant que l'expression du mode selon lequel les faits se produisent, ne sont pas des causes. Sous un plan, il faut admettre une force qui le réalise. La question est de savoir si la force universelle dont le monde est le produit peut être conçue comme un principe inconscient réalisant un plan qu'elle ignore. C'est la conception biologique qui, comme il a été dit dans l'introduction, rend seule l'idéalisme intelligible. Sans aborder ici l'examen général de cette doctrine, il s'agit seulement d'en étudier les conséquences quant à la question du libre arbitre.

78. *La négation de la liberté et de ses conséquences est imposée à l'idéalisme.*

Si le principe de l'univers est une force inconsciente, il est évident que, dans ses manifestations, il n'y a pas de place pour la liberté. En effet, dans cette théorie, la raison d'être de tous les événements est un ordre de succession qui ne fait que réaliser dans le temps une nécessité préexistante. Tout ce qui arrive est semblable aux mouvements des aiguilles d'une montre, mouvements absolument déterminés par le mécanisme de la montre et l'impulsion du ressort. Si l'idéalisme était vrai, on pourrait arriver à l'intuition rationnelle d'un premier principe d'où tout se déduirait logiquement c'est-à-dire fatalement. Telle est la pensée de Spinoza. Il affirme que, du principe du monde, « toutes choses ont découlé nécessairement ou « découlent sans cesse avec une égale nécessité ; de la « même façon que de la nature du triangle, il résulte de « toute éternité que ses trois angles égalent deux droits[1] ». Aussi Spinoza nie formellement le libre arbitre[2] et, comme nous l'avons vu, (45) il déduit de cette négation la conséquence que le repentir est une erreur, puisque se repentir, c'est supposer qu'on aurait pu agir autrement qu'on ne l'a fait[3]. Il reconnaît du reste que les chimères du repentir, de la liberté, de la crainte et de l'espérance sont utiles à conserver pour le peuple, parce que « le vulgaire devient « terrible dès qu'il ne craint plus[4] ». Il donne donc aux

---

[1] *Éthique.* Première partie. Scholie de la Proposition XVII.
[2] *Ibid.* Deuxième partie. Proposition XXXV.
[3] *Ibid.* Quatrième partie. Proposition LIV.
[4] *Ibid.* Quatrième partie. Proposition LIV.

politiques ce conseil : « Gardez ma doctrine pour vous, et laissez le peuple à ses erreurs. » Mais si tout est nécessaire, à quoi bon donner des conseils ? L'idéalisme de Spinoza lui impose la négation de la liberté ; et il propose une règle de conduite qui suppose cette liberté qu'il nie. Il y a là une contradiction que la fascination de l'esprit de système seule peut empêcher de sentir.

Examinons maintenant des objections au libre arbitre qui sont le résultat de la conception idéaliste de l'univers.

79. *L'idéalisme donne une interprétation arbitraire au principe de causalité.*

Le principe de causalité est la base de la science. Tout ce qui arrive est le résultat d'une cause qui le fait arriver. Si un phénomène pouvait se produire sans une raison d'être (la raison d'être est l'expression intellectuelle de la notion de causalité), la science serait impossible, puisque la science n'est pas autre chose que la recherche de la raison d'être des événements. Sur ce point il n'existe pas de dissentiment entre ceux qui ne considèrent pas l'abstraction réalisée du hasard comme un pouvoir producteur ; mais voici la question : Toutes les causes sont-elles nécessitées et nécessitantes, ou bien existe-t-il des causes libres qui sont, par leur pouvoir propre, la raison d'être de leurs actes ? L'interprétation la plus naturelle des données de l'expérience est l'admission de la réalité de ces deux classes de causes, et le principe de causalité est maintenu dans les deux cas également. Mais des causes libres ne permettraient pas d'admettre que tout dans l'univers soit un développement logique et par conséquent fatal ; c'est pourquoi l'idéalisme nie la liberté par une déduction nécessaire de son principe. Réduire l'idée de la causalité à celle d'une succession simplement habituelle, comme le font Hume et Priestley, c'est en méconnaître le caractère essentiel. Cicéron déjà signalait cette erreur.[1] La cause est un antécédent *efficient* comme le faisait remarquer l'orateur romain. En admettant que l'action de l'antécédent est *nécessaire*, on sort des données de l'expérience sous l'influence des conceptions de l'idéalisme. Pour les partisans de cette dernière doctrine, la seule idée vraie de la cause est celle d'un pouvoir nécessité et nécessitant qui réalise la succession fixe des phénomènes. Ils identifient la supposition d'une cause libre à la négation du principe de causalité tel qu'ils le comprennent. C'est pourquoi Schopenhauer écrit, en formulant la pensée commune à toute une école, qu'une action supposée libre serait « un effet sans cause[2] ». Or le principe de causalité est la base incontestée de la science ; la négation du libre arbitre est donc, à ce point de vue, la condition même de la pensée scientifique. Cette interprétation du principe de causalité a un caractère systématique et arbitraire dont il est facile d'indiquer l'origine.

80. *La conception de la science propre à l'idéalisme est le résultat d'une analyse incomplète.*

La pensée humaine dans son enfance, aussi longtemps qu'elle est placée sous l'influence prépondérante de l'imagination, personnifie la nature. Elle place sous chaque ordre de phénomènes des causes libres dont l'homme puise

---

[1] Itaque non sic causa intelligi debet, ut quod cuique antecedat, id et causa sit, sed quod cuique *efficienter* antecedit. — Cicéron cité par Thomas Reid, tome VI, page 190 de la traduction Jouffroy.

[2] *Essai sur le libre arbitre*, traduction Reinach, page 92.

l'idée dans son propre pouvoir: telle est l'origine du polythéisme. La philosophie, dès son début, lutte contre cette tendance, sous l'influence du besoin d'unité dont elle est la plus haute expression. Chez les Grecs, on la voit d'abord chercher l'unité dans une substance qui se transforme; c'est le point de vue de Thalès et de ses successeurs de l'École d'Ionie. L'idée d'une substance unique devient plus claire dans la théorie de Démocrite, parce que la diversité des agrégats formés par les atomes est plus intelligible que l'idée vague d'une transformation de la substance primitive. La gloire de Pythagore est d'avoir établi que l'explication des faits ne peut pas se trouver dans la considération de la matière, mais dans celle des lois qui président à ses modifications. Les lois, et spécialement les lois mathématiques qui avaient fixé l'attention des pythagoriciens, expriment une nécessité logique. Une fois les lois établies, tous les phénomènes peuvent s'en déduire; ce sont donc les idées qui gouvernent le monde, et chaque conséquent a des antécédents dont il est le résultat nécessaire. La fixité des phénomènes est le postulat des sciences de la matière; c'est la vérité toujours plus ou moins vaguement entrevue, et qui devait se dégager de tous les nuages par l'établissement de la loi d'inertie dans laquelle elle trouve sa raison d'être. L'idéalisme s'empare de cette pensée qui est la base incontestable des études mathématiques et physiques, et, lui donnant une extension sans limites, il en fait l'idée même de la science. Il proclame que l'univers est la manifestation d'un principe nécessaire, et que l'enchaînement fixe des phénomènes est l'essence du principe de causalité. Cette affirmation repose sur une analyse deux fois incomplète.

En premier lieu, la disposition de la matière étant connue, et les lois du mouvement découvertes, la théorie du monde physique peut se construire par une série de déductions; mais ni la disposition de la matière, ni les lois du mouvement ne sont des données *a priori*. Toutes les conceptions que l'on peut former à cet égard n'ont de valeur que dans la mesure où elles sont confirmées par l'expérience. Le monde est intelligible pour la pensée, mais à partir de données de fait qui se supposent et ne se déduisent pas, puisqu'elles sont la base de toutes les déductions. L'élément primitif de la science est l'observation qui met en présence des réalités, et non pas une intuition intellectuelle mettant en présence des idées. L'idéalisme commet donc une première erreur d'analyse en confondant les déductions de l'intelligence, à partir de certaines données, avec l'établissement de ces données mêmes.

En second lieu, la conception idéaliste du principe de causalité procède de l'oubli d'une classe entière de phénomènes. Il est impossible d'établir l'identité des phénomènes que présentent les corps et de ceux qui constituent l'ordre intellectuel et moral. Si la philosophie est la science totale, l'étude du problème universel, la condition préalable et nécessaire de ses essais de théorie est de prendre en considération l'ensemble des faits. Or, dans l'ensemble des faits, l'analyse distingue deux domaines, et il n'est pas permis de conclure de l'un à l'autre quand des caractères spécifiques bien déterminés s'y opposent. Appliquer à la science totale des notions prises dans la considération exclusive des phénomènes soumis au déterminisme mathématique, c'est méconnaître une des règles les plus essentielles de la méthode. Ce point a été fort bien élucidé par Euler. Il est intéressant de constater qu'un génie mathématique de premier ordre a protesté hautement contre le procédé qui consiste à appliquer aux esprits des règles qui ne valent que pour le monde des corps [1].

L'interprétation du principe de causalité propre à l'idéalisme est donc le résultat d'une analyse incomplète, qui le porte à méconnaître l'origine véritable de l'idée de cause. Quelle est cette origine ? A un point de vue purement objectif, nous ne pouvons constater que la succession des phénomènes. Or la succession, qui n'éveille que l'idée du temps, diffère profondément du concept de la cause qui est celui d'un pouvoir producteur. La notion de ce pouvoir est puisée dans le fait de conscience, dans le sentiment immédiat de notre libre volonté. L'idée de la force, telle que nous l'appliquons aux phénomènes de la nature, est le résultat d'une abstraction par laquelle nous avons séparé l'idée du pouvoir de celle de la liberté. Telle est la véritable origine du principe de causalité, origine qui en détermine la nature. Pour n'avoir pas fait une place suffisante à la psychologie, l'idéalisme altère la conception du principe fondamental de la science, principe auquel il donne une interprétation arbitraire et fausse. On peut constater les conséquences de cette altération dans un exemple historique considérable.

81. *L'interprétation idéaliste du principe de causalité explique les destinées de la philosophie de Kant.*

Les destinées de la philosophie de Kant présentent un contraste frappant entre les intentions de cet auteur et l'in-

---

[1] *Lettres à une princesse d'Allemagne.* Partie II, lettres 17 et 18.

fluence qu'il a exercée sur le mouvement de la philosophie allemande qui lui succède. Kant avait des intentions profondément morales. On trouve dans ses écrits l'affirmation énergique du devoir et de la liberté ; puis par un mouvement rapide de la pensée, dont il voit les débuts, et contre lequel il proteste, apparaît une philosophie qui aboutit à un déterminisme absolu. Les causes de ce phénomène ne sont pas très difficiles à discerner.

Kant se trouvait en présence de deux courants d'idées opposés : l'empirisme appuyé sur les travaux de Bacon et de Locke, et un rationalisme issu de Leibniz et développé par Wolf. Ces deux courants avaient pour résultat commun la négation du libre arbitre. Kant démontre contre l'empirisme, par une argumentation dont la valeur est souvent méconnue mais ne peut pas être sérieusement contestée, qu'il existe dans la pensée des éléments *a priori*. Il affirme contre les Wolfiens que les éléments *a priori* interviennent pour coordonner les données de l'expérience, mais n'offrent aucun moyen pour atteindre les vérités de l'ordre spirituel. Notre pensée, confinée dans les phénomènes, ne peut former aucune conception valable des réalités objectives, des choses en soi, des *noumènes*. Ce qui importe surtout à mon objet, c'est que Kant admet que le déterminisme est la loi fondamentale de la science, parce qu'il accepte pleinement l'interprétation idéaliste du principe de causalité. Il est facile de s'en assurer en étudiant la troisième de ses antinomies. La thèse est la nécessité d'admettre une causalité libre pour l'explication de l'univers, l'antithèse est textuellement : « Il n'y a pas de liberté, mais tout dans le monde « arrive selon des lois naturelles. » Comment l'antithèse est-elle établie ? par une preuve unique que voici : La liberté serait contraire à la loi de causalité, car la loi de causalité est que tout ce qui arrive est déterminé par des rapports de succession réglés par des lois constantes.[1] Cela étant, comment sauver l'ordre moral des étreintes de la fatalité? Voici comment procède Kant. En accordant à l'école de Wolf qu'il existe dans la pensée des éléments *a priori*, il ne reconnaît à ces éléments qu'une valeur purement subjective. En particulier le temps, simple forme de notre sensibilité, est une donnée phénoménale qu'on ne peut pas appliquer légitimement aux existences objectives, aux noumènes. Le principe de causalité concerne la succession des phénomènes; la succession renferme l'idée du temps; l'idée du temps ne peut pas s'appliquer aux réalités objectives; donc une action qui est nécessaire en vertu de la loi de causalité, au point de vue relatif de l'expérience, peut être libre au point de vue absolu qui nous place en dehors de la considération du temps. « La nécessité physique, qui ne peut exister avec la liberté « du sujet, ne s'attache qu'aux déterminations d'une chose « soumise aux conditions du temps, par conséquent aux « déterminations du sujet agissant, considéré comme phé- « nomène, et, sous ce rapport, les causes déterminantes de « chacune de ses actions résident en quelque chose qui « appartient au temps écoulé, et *n'est plus en son pouvoir* « (à quoi il doit aussi lui-même, comme phénomène, rat- « tacher ses actions passées et le caractère qu'on peut lui « attribuer d'après ces actions). Mais le même sujet qui, « d'un autre côté, a conscience de lui-même, comme d'une « chose en soi, considère aussi son existence comme n'étant « pas soumise aux conditions du temps, et lui-même,

---

[1] *Critique de la raison pure*, traduction Barni. Tome II, pages 61 à 64.

« comme pouvant être simplement déterminé par des lois
« qu'il reçoit de sa raison[1] ».

La critique de la raison pure, au moyen du caractère
relatif et subjectif qu'elle attribue aux notions *a priori*, et
en excluant le temps des réalités objectives, arrive ainsi à
la conclusion que la loi de causalité exige bien le déterminisme des phénomènes mais n'empêche pas de concevoir
que, au point de vue absolu, la liberté est *possible*. La
raison pure laisse donc une place hypothétique à la liberté,
elle ne peut pas aller au-delà. Mais la raison a un côté pratique qui se révèle par le sentiment du devoir. Sans la
liberté, pas de devoir; il faut donc affirmer la liberté, et
avec la liberté la vie future et l'existence de Dieu qui, dans
la pensée de Kant, sont les postulats du devoir. Mais la
liberté, l'âme et Dieu sont les objets d'une foi *morale* et
non pas d'une connaissance théorique, d'une science. La
science est déterministe par sa propre nature, et c'est parce
que la science est déterministe qu'il faut mettre hors de ses
atteintes les bases de la vie morale.

Cette conception est pleine de difficultés. La liberté et la
nécessité sont deux termes contradictoires. Il est bien vrai
que si l'on supprime l'idée du temps, et, avec l'idée du
temps, celle de la succession, la notion de nécessité, en
tant qu'elle s'applique à la dépendance dans laquelle un
conséquent se trouve de ses antécédents, s'évanouit; mais
il semble que la notion d'un acte libre s'évanouit aussi;
car il est hors de notre pouvoir de concevoir qu'un acte
libre ne suppose pas, dans la relation d'une cause à ses
effets, l'idée de la succession. Du reste, Kant reconnaît,

---

[1] *Critique de la raison pratique*, pages 286 et 287 de la traduction
Barni.

avec une parfaite loyauté, que la distinction qu'il établit entre la considération d'un acte comme libre et la considération du même acte comme nécessaire doit paraître « extrêmement subtile et obscure » et que la « solution « qu'elle présente offre tant de difficultés qu'il est à peine « possible de l'exposer clairement[1] ».

La difficulté des conceptions et leur obscurité ne doivent pas surprendre dans un sujet qui renfermera toujours un élément de mystère (111); mais la doctrine de Kant s'expose à un reproche plus grave; celui de la contradiction. On n'énonce pas volontiers un reproche de cette nature à l'adresse d'un homme tel que Kant; mais il me semble que le reproche est fondé. Si les conceptions nécessaires de la raison n'ont qu'une valeur purement subjective, quel motif a-t-on d'accorder une valeur objective aux éléments formels de la pensée, qui constituent le raisonnement? Admettons que la notion du devoir ait un caractère spécial, et qu'elle s'impose dans un ordre pratique étranger à la science. Pour construire une doctrine de la raison pratique, et Kant en construit une, il faut passer du fait spécial de l'obligation morale à ses postulats, et d'abord au postulat de la liberté. Mais dans ce passage interviennent les lois du raisonnement par lesquelles l'intelligence humaine manifeste sa nature. Si ces lois ont une valeur purement subjective, la construction à laquelle elles ont servi demeure privée d'une base solide, et les conclusions objectives de la raison pratique demeurent sans valeur, aussi bien que celles de la raison théorique. C'est en cela que consiste la contradiction qui me paraît se trouver au fond

---

[1] Voir *la Critique de la raison pure*, tome II, page 158 et *la Critique de la raison pratique*, page 295.

de la doctrine kantienne envisagée dans le rapport des deux parties dont elle se compose.

Cette philosophie, très noble dans son intention, mais obscure et contradictoire, n'a jamais été admise que par un nombre d'adeptes relativement restreint. Le Kantisme, comme l'a remarqué Charles Secrétan, est composé de deux parties « une science qui n'est pas vraie et une vérité qui « n'est pas sue ». Ainsi que le remarque ce philosophe, « la « pensée ne pouvait rester dans cet état [1] ». Comment pouvait-elle en sortir? Il y avait deux issues possibles : la première est celle où s'est engagée la philosophie allemande, au commencement de notre siècle. Nous connaissons notre raison, avait dit Kant, mais notre raison n'a qu'une valeur subjective; donc, en dehors des phénomènes nous ne connaissons qu'elle, et nous demeurons en présence de réalités objectives dont nous ne pouvons pas nier l'existence, mais que nous ne saurions atteindre; c'est le domaine de l'inconnu. Nous ne connaissons que notre raison, ont dit les successeurs de Kant; mais notre raison est elle-même le principe universel. De là un mouvement de la pensée tendant à l'établissement du déterminisme absolu, et qui aboutit à Hégel. Le 22 octobre 1818, Hégel ouvrait son cours, à Berlin, par un discours d'introduction. Bien que sa théorie procédât d'un des éléments du Kantisme, comme les historiens de la philosophie n'ont pas de peine à le constater, il parla de cette doctrine avec un grand dédain. Écoutons-le : « L'abandon de la recherche de la vérité, qui, de « tout temps, a été regardé comme la marque d'un esprit « vulgaire et étroit, est aujourd'hui considéré comme le

---

[1] *La philosophie de la liberté*, leçon X.

« triomphe de l'esprit. Autrefois le désespoir de la raison
« était accompagné de douleur et de tristesse; mais l'on vit
« bientôt l'indifférence morale et religieuse, suivie de près
« d'un mode de connaître superficiel et vulgaire, qui se
« donna le nom de connaissance explicative, reconnaître
« franchement et sans s'émouvoir l'impuissance de la rai-
« son, et mettre son orgueil dans l'oubli complet des inté-
« rêts les plus élevés de l'esprit. De nos jours, la prétendue
« philosophie critique est venue prêter son appui à cette
« doctrine, en ce qu'elle assure avoir démontré que nous
« ne pouvons rien savoir touchant l'éternel et l'absolu. Cette
« prétendue connaissance s'est cependant attribué le nom
« de philosophie, et il n'y a rien qui soit aussi bien venu des
« esprits et des caractères superficiels, rien que ceux-ci
« n'accueillent avec plus d'empressement que cette doctrine
« de l'impuissance de la raison, par laquelle leur propre
« ignorance et leur propre nullité prennent une importance,
« et deviennent comme le but de tout effort et de toute aspi-
« ration intellectuelle. Que la connaissance de la vérité
« nous est refusée, et que ce qui nous est donné de con-
« naître c'est l'être contingent et phénoménal, voilà la doc-
« trine qui a fait, et qui fait toujours du bruit, et qui a la
« haute main dans la philosophie. On peut dire que jamais,
« depuis le temps où elle a commencé à tenir un rang dis-
« tingué en Allemagne, la philosophie ne s'était présentée
« sous un aspect si fâcheux, parce que jamais une telle
« doctrine, un tel abandon de la connaissance rationnelle
« n'avait pris de telles proportions, et ne s'était montré
« avec tant d'arrogance. Et c'est une doctrine qui, d'une
« période qui n'est plus, s'est pour ainsi dire traînée jusqu'à
« nos jours, bien qu'elle soit en opposition avec un senti-

« ment plus profond de la vérité et les besoins substantiels
« de l'esprit nouveau[1] ».

Il existe heureusement une autre issue pour sortir la philosophie de l'impasse dans laquelle Kant l'avait engagée. Si l'obligation morale est un fait constaté, ce fait devient une des données du problème universel, et entre de plein droit dans la science avec ses postulats et ses corollaires. Dès lors le déterminisme absolu, légitimement appliqué aux éléments inertes de la matière, s'arrête au seuil du monde des esprits, et l'idée de la nécessité universelle s'évanouit. Kant n'est certainement pas le premier philosophe qui ait parlé du devoir (sa pensée, à bien des égards, rappelle celle de Socrate); mais ce que l'école de Socrate n'a pas fait, c'est d'établir le rapport du sentiment du devoir avec l'idée de la liberté, et d'ouvrir toute grande la porte par laquelle la morale entre dans la science. Or c'est là précisément l'œuvre de Kant, l'œuvre qui fait de lui, après Descartes et Leibniz, le troisième des grands maîtres de la philosophie moderne. Que faut-il pour que ses intentions soient respectées, pour que des tendances contre lesquelles il a protesté ne sortent plus de ses travaux, pour faire enfin cesser le divorce de la raison théorique et de la raison pratique? Une seule chose, mais une chose capitale : interpréter sainement le principe de causalité; reconnaître que, dans l'application de ce principe, il faut distinguer les causes qui sont de simples agents de transmission opérant d'une manière nécessaire, et les causes libres qui sont des pouvoirs producteurs et dont l'homme trouve l'idée en lui-même.

---

[1] *Logique de Hegel*. Traduction Véra, tome I, pages 103 à 108.

82. *Schopenhauer a mis en vive lumière une contradiction inhérente au Kantisme.*

Kant possède, à titre légitime, la réputation d'un écrivain obscur; mais on peut constater dans les œuvres d'un esprit beaucoup plus clair, le défaut essentiel de ses théories. La contradiction que j'ai signalée dans l'ensemble de la doctrine Kantienne éclate dans l'œuvre de Schopenhauer. Ce philosophe admet le principe de causalité dans le sens positivement idéaliste. La cause, dit-il, est « la modification « antécédente qui rend nécessaire la modification consé- « quente ». Le principe interprété dans ce sens est la condition de toute science possible; c'est un *a priori* qui s'étend à tous les domaines [1]. Il résulte de l'application universelle de ce principe que les actes humains sont absolument déterminés. Toute action résulte du rapport de deux facteurs: la nature ou le caractère de l'individu et les influences extérieures qui agissent sur lui. Ces deux facteurs étant donnés, les volitions en résultent aussi nécessairement que les combinaisons chimiques résultent du rapprochement de corps doués de certaines propriétés. La volonté est un phénomène de même ordre que les réactions du monde inorganique [2]. Schopenhauer développe sa pensée avec un incontestable talent, et en faisant appel à des observations souvent ingénieuses; mais il est facile de constater que sa thèse est moins le résultat d'une étude expérimentale que de l'application d'un principe *a priori*. En effet, un acte supposé libre serait pour lui un effet sans cause. Le pouvoir libre, s'il existe, serait quant à ses actes une cause pre-

---

[1] *Essai sur le libre arbitre*, pages 69, 72, 90 et 93.
[2] *Ibid.*, page 65.

mière, et Schopenhauer déclare qu'une cause première est *impensable*[1].

Déclarer impensable ce qu'on pense pour le nier est un procédé bizarre, mais ne nous arrêtons pas à cette singularité.

La négation du libre arbitre, négation absolue et sans aucune réserve, n'entraînera-t-elle pas la négation de la responsabilité? Non, répond notre philosophe. L'homme est responsable, non pas de ses actes directement, mais de son caractère qui est le facteur personnel de ses actes. Le caractère étant donné, tout est nécessaire; les actions d'un homme ne font que lui révéler sa propre nature; mais sa nature est le résultat d'un acte libre extratemporel. Chaque individu est ce qu'il s'est fait en dehors de la succession du temps. La responsabilité et la nécessité qui s'excluent au point de vue phénoménal, se concilient lorsqu'on a compris que la volonté est libre, mais « en elle-même et en dehors du monde des phénomènes ». Pour s'élever à cette conception il faut attribuer à l'homme l'*aséité*, c'est-à-dire admettre qu'il existe par soi, et qu'il est son propre ouvrage[2].

Cette théorie, sauf en ce qui concerne l'aséité, est celle du Kantisme. Elle établit une conception déterministe de la science, et cherche le fondement de l'ordre moral dans la considération d'un mode d'existence absolu étranger à la succession. Dans l'exposition du disciple on trouve la même difficulté que dans celle du maître, mais la difficulté est mise en plus vive lumière. Un acte libre serait un effet sans cause, inintelligible, parce qu'il serait con-

[1] *Essai sur le libre arbitre*, pages 52 et 92.
[2] *Ibid.*, pages 147 et 192.

traire aux lois fondamentales de la pensée. Une cause première serait *impensable*; et voici qu'il faut entendre que l'homme est la cause première de son existence. Il est difficile de ne pas sentir la contradiction, et les deux termes en sont formulés si nettement qu'un doute s'élève assez naturellement dans la pensée d'un lecteur attentif. Schopenhauer dit souscrire sans réserve à la théorie de Kant. — « Kant a trouvé la clé longtemps cherchée du « problème. — Sa doctrine sur la co-existence de la liberté « et de la nécessité paraît être ce que l'esprit humain a « jamais produit de plus imposant et de plus profond[1] ». Mais voici les lignes qui se placent ailleurs sous la plume de l'écrivain, à l'occasion de l'effort de Kant pour concilier la liberté avec la puissance absolue de la cause première du monde. « Il s'efforce de lever cette grave difficulté en « faisant intervenir la distinction entre la chose en soi et « le phénomène; mais il est si évident que cette distinction « ne change rien au fond de la difficulté, que je suis con-« vaincu qu'il ne l'a nullement considérée comme une solu-« tion sérieuse[2] ». Il est permis de se demander si Schopenhauer considère sa solution à lui comme sérieuse; et ses disciples ne sauraient s'offenser d'une supposition que leur maître applique à une partie essentielle de l'œuvre de Kant.

83. *La pensée que la connaissance est la plus haute fonction de l'esprit produit l'oubli de la liberté.*

Pythagore disait à Léon, prince de Phlionte, que, de même que dans les jeux publics le plus beau rôle est celui

---

[1] *Essai sur le libre arbitre*, pages 159 et 205.
[2] *Ibid.*, page 142.

des spectateurs, la philosophie ou la science est la plus noble des occupations [1]. Il est manifeste toutefois que si l'on rencontre l'un de ces philosophes dont parle Cicéron, qui contredisent leurs discours par leur conduite [2], on a le sentiment distinct d'un désordre? Pourquoi? Parce que, dans l'ordre, la connaissance est un moyen dont le but est de rendre l'action intelligente. Il faut agir pour connaître, c'est l'activité de la pensée; mais la pensée éclairée doit diriger la pratique. La connaissance des lois de la physique produit l'industrie; la connaissance des lois de l'ordre spirituel doit produire le développement moral de l'humanité. L'homme a un désir naturel de connaître, comme le dit Aristote au début de sa *Métaphysique*; mais le savoir, qui est le but de la science, n'est pas le but de la vie totale dont l'action est le caractère essentiel. Si on l'oublie, on entre dans les voies de l'idéalisme; on est conduit à penser que, puisque connaître est la plus haute des fonctions de l'esprit, les idées sont le principe des choses. C'est ainsi que l'auteur de la Sankhya-Karika affirme que l'âme réduite à la fonction d'un spectateur se trouve bien de cette condition, et comprend que l'existence individuelle est une illusion, ce qui est la conséquence dernière de l'idéalisme [3].

Ces réflexions s'appliquent d'une manière spéciale à la connaissance que l'homme acquiert de lui-même. Est-il bon de chercher à se connaître dans le seul but de se connaître? Voici comment Maine de Biran s'exprime à ce sujet après trente années d'une observation personnelle assidue : « L'habitude de s'occuper spécialement de ce qui se passe

---

[1] Cicéron. *Tusculanes*, V. 3.
[2] Ut cum eorum vita mirabiliter pugnet oratio. *Tusculanes* II, 4.
[3] *Sankhya-Karika*, 64 et 65.

« en soi-même, en mal comme en bien, serait-elle immorale ?
« Je le crains d'après mon expérience. Il faut se donner un
« but, un point d'appui hors de soi et plus haut que soi
« pour pouvoir réagir avec succès sur ses propres modifi-
« cations, tout en les observant, et s'en rendant compte.
« Il ne faut pas croire que tout soit dit quand l'amour-
« propre est satisfait d'une observation fine ou d'une décou-
« verte profonde faite dans son intérieur [1] ». S'observer
seulement pour se connaître, faire de son esprit un simple
objet d'étude, c'est se mettre dans la disposition qui porte
à concevoir des doutes sur l'existence de la liberté parce
que l'action manque (17). Faut-il pour cela proscrire
l'étude de soi-même ? Non certes ; il faut seulement que
cette étude soit convenablement dirigée. Elle l'est, lorsqu'elle devient cet examen de conscience que recommandait
l'école de Pythagore, que pratiquaient Sénèque et Marc-
Aurèle[2] et qui joue un rôle important dans la vie spirituelle des chrétiens. L'étude de soi purement scientifique
risque de paralyser l'activité libre ; l'examen de conscience
fait pour se rendre compte du rapport dans lequel on se
trouve avec la loi morale, est un appel à l'action, à l'accomplissement du devoir. La connaissance est alors ce qu'elle
doit être, un moyen pour le développement de la vie de
l'esprit, et non pas le but exclusif et suprême de ce développement.

Pour la question du libre arbitre, le matérialisme et
l'idéalisme peuvent être considérés comme les deux espèces

---

[1] *Maine de Biran. Sa vie et ses pensées.* 24 janvier 1821.
[2] Voir Martha, *Les Moralistes sous l'Empire romain.* Paris, Hachette éditeur. Voir spécialement la page 74 de la deuxième édition.

d'un même genre, le *Déterminisme*. Ce terme a fait son apparition dans la dernière édition du Dictionnaire de l'Académie française, publiée en 1878; il ne se trouve pas dans les éditions précédentes. Cette introduction d'un mot nouveau dans le vocabulaire officiel manifeste l'importance croissante acquise, dans les débats de la pensée contemporaine, par l'idée que ce mot exprime. La constatation générale des termes philosophiques admis dans le Dictionnaire de 1878, et qui ne figuraient pas dans les éditions antérieures, serait une étude intéressante, et propre à jeter du jour sur la marche de la pensée contemporaine[1].

---

[1] On trouve les mots nouveaux de l'édition de 1878 indiqués dans un petit volume publié par la Société des correcteurs des imprimeries de Paris : *Changements orthographiques* introduits dans le Dictionnaire de l'Académie. Paris, librairie Boyer, 1879.

CHAPITRE III.

LE DÉTERMINISME.

84. *Le matérialisme et l'idéalisme ont pour caractère commun l'affirmation du déterminisme universel.*

Le matérialisme et l'idéalisme diffèrent beaucoup au point de vue de la valeur métaphysique. Dans la lutte de ces deux doctrines, le triomphe de l'idéalisme est incontestable ; mais, quant à l'idée de la liberté, les deux systèmes arrivent à la même conclusion. Le matérialisme affirme la nécessité mécanique, l'idéalisme affirme la nécessité logique ; c'est toujours le déterminisme absolu des phénomènes. Que la nécessité soit conçue sous forme mécanique ou sous forme logique, le libre arbitre est nié dans un cas comme dans l'autre.

En abordant l'étude du déterminisme, il faut se garder de confondre l'application de cette thèse à des sciences particulières et son application à la philosophie qui est la science générale. Le déterminisme des phénomènes de la nature est la base de la physique et de la physiologie ; c'est le postulat général de ces sciences. Le déterminisme philosophique étend ce postulat à la science universelle (80).

C'est la forme scientifique et moderne de l'antique doctrine du Destin. Que la doctrine soit la négation directe de la liberté, c'est l'évidence même ; mais comment explique-t-elle l'origine de l'idée dont elle nie la valeur ? C'est ce qu'il faut examiner en revenant, avec une légitime insistance, sur des considérations déjà présentées dans le cours de ce travail (40).

85. *Le déterminisme doit assigner une origine à l'idée de la liberté.*

Tous les hommes ont l'idée de la liberté. La présence de cette idée est donc un phénomène psychique incontestable et incontesté. Quelle en est l'origine ? Le phénomène serait-il sans cause ? Poser cette question, c'est la résoudre. Un phénomène sans cause n'est pas plus admissible en psychologie qu'en physique, puisque admettre un phénomène sans cause c'est renverser la base de toute science possible.

Les idées complexes ont deux sources : les perceptions internes ou externes et la puissance qu'a l'esprit d'en faire des combinaisons. Il est facile d'expliquer l'origine de l'idée d'un centaure, de celle du palais d'Aladin, ou d'une fausse théorie scientifique ; mais l'idée d'un pouvoir libre étant simple (15) ne peut être le résultat d'une combinaison. L'idée de la liberté serait-elle un des principes de la raison, et se trouverait-elle ainsi expliquée pour les philosophes qui admettent un élément *a priori* dans la pensée ? Non. La notion du libre arbitre ne s'applique qu'à la volonté seule, et n'a point les caractères d'universalité et de nécessité qui spécifient les concepts rationnels. On ne peut pas contester la valeur d'un théorème de géométrie ; mais on peut concevoir qu'il n'existe pas d'êtres libres, et, comme le fait le prouve, on peut en nier l'existence. Voilà donc une question nettement posée : L'idée de la liberté existe dans l'esprit humain ; elle existe dans la pensée de ceux qui en nient la valeur objective aussi bien que dans la pensée de ceux qui affirment cette valeur ; d'où vient-elle ? Les déterministes ne méconnaissent pas qu'ils doivent répondre à cette question. S'ils disaient : « Nous sommes certains que l'idée du libre arbitre n'a aucun contenu réel. Nous n'avons pas encore réussi à en découvrir l'origine ; mais nous y parviendrons », leur position pourrait sembler tenable. Il est toujours facile d'en appeler à l'avenir, à l'inconnu, à ce qu'on ne sait pas. Mais les déterministes ne prennent pas cette position. Après avoir nié la valeur objective de l'idée de la liberté, ils prétendent pouvoir, sans abandonner leur système, assigner une origine à cette idée. Quelle est la valeur de leurs tentatives ?

86. *Les déterministes n'expliquent l'origine de l'idée de la liberté qu'en en présupposant l'existence.*

« Supposez, dit Bayle, qu'une girouette désire se tourner
« du côté du nord, et qu'au moment même où elle forme
« ce désir, le vent vienne à son insu la tourner précipi-
« tamment du côté qu'elle a désiré : ne se croirait-elle pas
« la véritable cause de ce mouvement, et ne dirait-elle pas
« qu'elle a tourné librement, quoiqu'en réalité ce fût par
« une cause indépendante de sa volonté ? » Dans cette pensée, dont j'ai emprunté l'expression à M. Janet[1], on chercherait en vain l'origine de l'idée de la liberté. La

---

[1] *Traité élémentaire de philosophie*, § 248.

girouette à laquelle Bayle accorde la raison, comme Condillac l'accorde gratuitement à sa statue, éprouve un désir. De la satisfaction de ce désir, elle passe à l'idée qu'elle est la cause libre de cette satisfaction. Elle a donc deux idées : celle de la satisfaction d'un désir et celle de la causalité libre, et elle passe de l'une de ces idées à l'autre. Pour associer deux idées, il faut les posséder. Les deux idées dont il s'agit ici sont absolument distinctes, aucun artifice logique, aucun procédé de transformation, même simplement spécieux, ne sauraient faire sortir la pensée de la liberté de celle d'une satisfaction éprouvée. Bayle raisonne contre la réalité du libre arbitre, mais il n'y a rien dans la comparaison dont il fait usage qui explique, à aucun degré, l'origine de l'idée qui fait l'objet de sa négation.

Spinoza a écrit : « Les hommes se trompent en ce point « qu'ils pensent être libres. En quoi consiste une telle opi-« nion ? En cela seulement qu'ils ont conscience de leurs « actions et ignorent les causes qui les déterminent. L'idée « que les hommes se font de leur liberté vient donc de ce « qu'ils ne connaissent point la cause de leurs actions ; car « dire qu'elles dépendent de la volonté, ce sont là des mots « auxquels on n'attache aucune idée [1] ». Il ne faut pas s'arrêter à l'affirmation qu'attribuer un acte à la volonté c'est prononcer des mots auxquels on n'attache aucune idée. Spinoza, profondément imbu de la doctrine de la nécessité universelle, ne peut attribuer à l'affirmation du libre arbitre aucun sens qui lui paraisse *raisonnable*; mais qu'il ne puisse lui attribuer aucun sens, c'est ce qu'on ne saurait admettre un seul instant. Il a une idée fort claire

---

[1] *Éthique*, partie II. Scholie de la Proposition, XXXV.

de la liberté puisqu'il la tient pour une illusion dont il veut expliquer l'origine. Le problème est nettement posé, et non moins nettement résolu. D'où vient l'idée de la liberté? de l'ignorance des causes de nos actions ; voilà l'explication proposée. Dire que nous ignorons le plus souvent les sources des impulsions diverses qui agissent sur nous et sur nos semblables, c'est affirmer ce qu'établit facilement une psychologie sérieuse. L'un des facteurs de la volonté est le résultat d'une multitude de causes dont la plupart nous sont inconnues; mais dans les contestations relatives au déterminisme, il s'agit de l'autre facteur, de l'élément libre que l'on fait intervenir, à tort ou à raison, dans l'explication des actes humains. Que ce facteur soit réel ou imaginaire, ce n'est pas ici la question. L'idée de la liberté est un fait psychique certain, la question est de savoir quelle en est l'origine. Spinoza dans son explication admet sans réserves le principe de causalité; il admet que dans l'ignorance des causes réelles des actes, nous supposons l'intervention d'un pouvoir libre. Pour supposer l'intervention de ce pouvoir, il est manifeste qu'il faut en avoir préalablement l'idée; Spinoza, pas plus que Bayle, n'ouvre une voie pour en trouver l'origine. Il énonce pourtant d'une façon explicite l'intention de le faire; il déclare, en propres termes, qu'il veut enseigner d'où vient l'idée de la liberté dans un monde où la liberté n'existe pas.

M. Herbert Spencer a abordé à son tour le problème qui fait l'objet de mon étude. Il considère l'idée du libre arbitre comme étant le résultat de deux illusions distinctes mais conjointes : une illusion objective et une illusion subjective. Voici l'illusion objective: Nos semblables nous paraissent libres dans leurs actes; ils ne le sont pas en réalité. Leur conduite est soumise comme la nôtre à des lois fixes, semblables à celles qui règlent les mouvements de la matière ; mais les causes déterminantes de leurs actions nous demeurent inconnues en grande partie, parce que ces causes sont extrêmement nombreuses et infiniment variables dans leurs combinaisons. Il en résulte que, ne discernant pas dans cet ordre de faits des lois fixes et constantes, nous croyons l'homme libre ; « la liberté apparente « est un résultat nécessaire de la complexité[1] ».

La liberté apparente provient de la complexité ; et la complexité des causes est la raison d'être de notre ignorance à leur égard. Ceci nous ramène à la pensée de Spinoza ; et il est superflu de faire remarquer de nouveau que les hommes ne peuvent sembler libres qu'à une intelligence possédant l'idée de la liberté. En rester là serait faire tort à M. Herbert Spencer. En effet, il ne présente l'illusion objective dont il parle que comme venant renforcer « une « illusion subjective d'où la notion du libre-arbitre tire « communément son origine[2] ». C'est dans cette illusion subjective que doit se trouver la solution du problème qui nous occupe. Quelle est cette illusion ? Voici comment l'auteur l'explique. L'homme est simplement constitué, à chaque moment de son existence, par un groupe d'états psychiques. Le *moi* n'est rien de plus que l'état de conscience qui existe à un moment donné[3]. « Lorsque quelque impres- « sion reçue du dehors fait naître certains phénomènes de « mouvement appropriés et diverses impressions qui doivent « les suivre ou les accompagner ; et quand, sous l'excitation

---

[1] *Psychologie*, tome I, page 545 de la traduction française.
[2] *Ibid.*
[3] *Ibid.*, pages 543 à 544.

« de cet état psychique composé, les phénomènes de mouve-
« ment passent de l'état naissant à l'état actuel, cet état
« psychique composé, qui forme le stimulus à l'action, est
« en même temps le *moi* qui est dit vouloir l'action. Ainsi
« il est assez naturel que le sujet de tels changements psy-
« chiques dise qu'il veut l'action, vu que, considéré au
« point de vue psychique, il n'est en ce moment rien de
« plus que l'état de conscience composé par lequel l'action
« est excitée[1] ». Si le *moi* n'est à chaque moment qu'un
état de conscience actuel, il est difficile d'entendre comment
il se trouve être le sujet de changements psychiques. Un
changement est un phénomène actuel ; mais l'idée d'un
sujet de changement renferme la notion d'une persistance
qui suppose un passé, un présent et un futur. Si le *moi*
n'est rien de plus que l'état de conscience à un moment
donné, on comprend qu'il existe une série de changements
qui peut être l'objet d'une observation objective, mais on
ne comprend pas d'où sort ce sujet qui s'attribue les
changements. Passons sur cette difficulté bien qu'elle soit
grave. Le sujet dit qu'il veut l'action. Ce sujet a donc la
perception de l'acte, il est en possession du principe de
causalité et il s'attribue une causalité libre. Ces trois affirmations me paraissent résulter avec une pleine évidence
de la pensée que le sujet « dit qu'il veut l'action ». Que ce
soit là une illusion, c'est ce que je ne discute pas ici ; mais
en quoi consiste cette illusion subjective qui, fortifiée par
une illusion objective correspondante, donnera naissance
à l'idée du libre arbitre ? L'illusion consiste à faire un faux
emploi de cette idée ; mais pour le dire encore une fois,

---

[1] *Psychologie*, tome I, page 544.

l'emploi légitime ou non d'une idée suppose que l'idée préexiste, et ne fournit aucune lumière quelconque sur son origine.

La doctrine de Schopenhauer donne lieu aux mêmes remarques. Il traite d'illusion naturelle la pensée que « la « conscience affirme l'existence du libre arbitre », et il ne fournit aucune lumière sur la provenance du concept dont la fausse application constitue cette illusion naturelle[1].

Après ces exemples de tentatives qui nous viennent d'Angleterre et d'Allemagne, en voici un pris en France. M. Fouillée estime que le libre arbitre n'existe pas, que son idée n'est pas une conception primitive et simple, mais une construction de la pensée; voici ses explications : Un homme a agi d'une certaine manière dans des circonstances données. Lorsqu'il se tourne vers son passé, il conçoit que, dans d'autres circonstances, il aurait agi autrement. Ainsi se forme dans sa pensée la notion de diverses actions possibles, d'où il conclut à un pouvoir d'action indéterminé, ce qui est la notion du libre arbitre. Citons les propres termes de l'auteur. « J'aurais pu prendre un autre parti *si* « *le motif contraire était devenu le plus fort*: voilà le juge- « ment qui sert de point de départ. Faisons abstraction par « la pensée de cette condition et remplaçons-la par cette « nouvelle hypothèse : *Les motifs étant les mêmes, j'aurais* « *pu agir autrement*; nous aurons ainsi construit l'idée du « pouvoir inconditionnel, ambigu et libre, qui constituerait « le *libre arbitre*. Il n'est pas nécessaire pour cela que l'idée « du libre arbitre réponde à une réalité[2] ». Voilà le texte,

---

[1] *Essai sur le libre arbitre*, pages 82 et 83.

[2] *Revue philosophique* de décembre 1882, p. 594. C'est l'auteur qui a souligné.

en voici le commentaire : L'homme, en constatant qu'il a agi d'une certaine manière dans des circonstances données, conçoit que, dans d'autres circonstances, la force relative des motifs étant autre, il aurait agi autrement. Au point de vue des déterministes, le changement de circonstances aurait entraîné nécessairement le changement des actes. Le pouvoir de prendre un autre parti a ici un sens purement objectif et désigne simplement la faculté d'agir diversement selon la diversité des impulsions. Il n'y a rien là d'où puisse procéder l'idée du libre arbitre. L'auteur le reconnaît et, pour arriver à cette idée il lui faut « une nouvelle hypo-« thèse »; laquelle? « Les motifs étant les mêmes j'aurais « pu agir autrement ». Ici le pouvoir d'agir prend un sens subjectif, celui de la faculté de se déterminer librement. L'idée du libre arbitre est donc contenue dans l'hypothèse, qui ne sert pas à la « construire » puisqu'elle la renferme déjà. L'hypothèse ne *produit* pas l'idée dont il faut assigner l'origine; mais, ce qui est fort différent, elle l'*introduit*. Les alchimistes trouvaient de l'or au fond de leurs creusets lorsqu'ils y en avaient mis au début, ou dans le cours de l'opération.

Telles sont les tentatives faites par les déterministes pour assigner une origine à l'idée de la liberté. Ces tentatives ont toutes le même caractère. Elles consistent à chercher l'origine d'une notion dans l'emploi de cette notion même, qu'on ne saurait employer sans la posséder. A cette objection d'ordre intellectuel, qui s'oppose au déterminisme, s'en joignent d'autres tirées de la considération des phénomènes moraux.

87. *Le déterminisme ne fournit pas une explication valable de l'existence du mal.*

Pour le déterminisme, ce qui est, est identique à ce qui doit être. Il n'y a pas de différence entre le fait et le droit, puisque la distinction du fait et du droit disparaît avec l'idée de la liberté. Cette doctrine remonte à la philosophie grecque. Hégel, en proclamant l'identité de ce qui est et de ce qui doit être, n'a fait que renouveler les pensées de Parménide. Cet ancien philosophe disait que le réel ne diffère pas du rationnel, parce que l'être est identique à la pensée et que, contemplé en dehors des fausses opinions des mortels, l'être est parfait[1]. Un écrivain français déjà cité (51) exposant dans la *Revue des deux mondes*[2] les principes de l'Hégélianisme en a exprimé un dans cette formule : « Aux yeux du savant moderne, tout est bien. » L'adjectif *moderne* est là hors de sa place, puisque, sans parler des fragments mutilés de Parménide dont l'interprétation peut être douteuse, Plotin enseignait que sans l'existence des choses que nous appelons des maux « le monde serait moins parfait, » et pour qu'il ne restât aucun nuage sur la portée de sa déclaration, il rangeait expressément la méchanceté dans le nombre des éléments qui contribuent à la perfection de l'univers[3].

L'affirmation que tout est bien ne s'accorde pas logiquement avec la théorie du déterminisme ; si tout est nécessaire, il n'y a ni bien ni mal. Mais, réserve faite pour cette remarque, il faut reconnaître que cette affirmation est,

---

[1] *Fragments de Parménide*, édition Karsten vers 41 et 101.
[2] *Février* 1861.
[3] *Deuxième Ennéade*, Livre troisième XVIII.

a été, et sera toujours la conséquence de la négation de la liberté, sauf pour les pessimistes absolus qui pensent que tout est mal. Les objections contre cet optimisme qui découle de l'idée de la nécessité sont nombreuses et fortes. C'est d'abord un argument *ad hominem*. Les philosophes qui affirment que tout est bien témoignent souvent beaucoup de mauvaise humeur contre ce qui est. Passons sur cette contradiction pratique. Ces philosophes font des efforts pour établir leur doctrine en renversant la théorie du libre arbitre. Pourquoi? Parce que l'idée du libre arbitre est une erreur à leurs yeux. Si tout est bien, comment existe-t-il des erreurs? L'erreur est certainement la forme intellectuelle du mal. On peut enfin appliquer ici d'une manière générale la pensée que l'optimisme des déterministes est une de ces doctrines que contredit la vie de ceux qui la soutiennent théoriquement (69). Voici un des nombreux exemples de ce fait.

J'ai connu jadis un ancien officier de la marine anglaise dont l'histoire intellectuelle est curieuse. C'était un homme pieux, qui s'était nourri d'ouvrages chrétiens à tendance mystique: l'*Imitation de Jésus-Christ* et les *Oeuvres spirituelles* de Fénelon. Il passa ensuite aux écrits de Saint-Martin, le philosophe inconnu. Enfin l'*Éthique* de Spinoza tomba entre ses mains. Quand il comprit la portée du Spinosisme, il jeta le livre au feu; il avait eu le sentiment d'une tentation de la pensée à laquelle il voulait résister. Cette impression passa; il revint à l'ouvrage dont il avait brûlé un exemplaire. Sa conversion au Spinosisme fut complète. Cette doctrine lui sembla d'accord avec la piété chrétienne dont il ne se départit pas, et il trouva le repos de son âme dans la pensée que tout est bien. Un soir, je me promenais avec lui dans les environs de Genève ; et comme il m'exposait sa doctrine, je lui dis : « Vous avez un fils qui est un jeune homme excellent. Supposez, ce qu'à Dieu ne plaise, qu'il devienne un scélérat, pouvez-vous me dire que vous continueriez à penser que tout est bien ? » Il s'arrêta, garda un moment le silence et répondit : « Je n'aime pas à penser à ces choses-là. » Mais ces choses-là, qui ne se sont point réalisées pour le jeune homme dont je parlais, sont malheureusement un des éléments considérables du monde. Le mal est un phénomène trop apparent pour que la philosophie ne doive pas en chercher l'explication. Quelle est l'explication que peut offrir le déterminisme ? La voici : L'univers tend au bien par un développement nécessaire, et le bien est identique à l'être. Mais l'être se développe à partir du néant, et se réalise progressivement. Ce que nous appelons le mal n'est que le non-être qui demeure dans l'évolution progressive du monde. Ce n'est rien en soi, c'est l'imperfection inhérente à toute existence finie ; et tout ce qui se développe est fini par essence.

Cette explication résulte d'une équivoque relative au terme *imperfection*, du passage indu d'un des sens de ce mot à un autre. En un sens, imparfait veut dire inachevé. L'ouvrier qui a fini un travail peut dire : il est fait, il est parfait ; il ne l'était pas pendant le cours de l'opération. Dans un autre sens imparfait signifie moralement mauvais. On passe d'un sens à l'autre lorsqu'on croit avoir trouvé l'explication du mal dans le caractère relatif des êtres finis. La confusion d'idées est facile à constater. Voici une fabrique d'horlogerie où l'on a ébauché des mouvements qui ne sont pas finis. Un homme du métier, voyant ces mouvements, pourra dire : C'est un ouvrage parfait. Il le dira si l'ébauche est tout ce qu'elle doit être. Généralisons cette pensée : Une chose est bonne, à chaque moment de son développement, si elle est ce qu'elle doit être à ce moment même ; dans le cas contraire elle est mauvaise. Les idées du bien et du mal, de la perfection et de l'imperfection sont susceptibles d'un sens absolu ; mais quand il est question des êtres finis, les idées du bien et du mal ne résultent pas d'une comparaison entre le relatif et l'absolu, mais d'une comparaison entre ce qu'une chose est et ce qu'elle devrait être dans les conditions déterminées de son existence. Si on l'oublie, si on ne voit dans le mal qu'un moindre développement, on arrive à des conséquences bizarres et que personne ne saurait sérieusement accepter. Si le mal n'était qu'une absence de développement, il faudrait admettre qu'un bouton est une mauvaise fleur, et qu'un enfant est un mauvais homme. Le déterminisme contredit ainsi le sens commun entendu dans la meilleure acception de ce terme ; ce n'est pas le plus grave de ses défauts.

88. *Le déterminisme contredit la conscience morale.*

Ceci n'est que la répétition d'une thèse déjà formulée (51) ; mais le sujet est assez important pour qu'il vaille la peine d'y insister. Revenons à l'affirmation de Plotin : « Sans l'existence du mal, le monde serait moins parfait » ; et essayons d'en faire quelques applications ; traduisons cette algèbre en arithmétique. Si Robespierre n'avait pas inondé de sang la guillotine dressée en permanence, le monde aurait été moins parfait. Si Louis XV n'avait pas été un libertin scandaleux, si Néron n'avait pas été un monstre de cruauté et de débauche, le monde aurait été moins parfait. Appliquez la formule à de simples particuliers. Considérez une action hideuse, un sentiment vil; et efforcez-vous de penser que sans cette action et sans ce sentiment il aurait manqué quelque chose à la perfection de l'univers; vous ne le pourrez pas. Il est vrai que, dans la marche du monde, le bien semble sortir du mal; mais en réalité, il n'en sort pas; il se produit et se montre à son occasion, ce qui est fort différent. Tant que le principe de la vie demeure intact, l'organisme humain possède un merveilleux pouvoir pour réparer les désordres qui se produisent dans son sein : un mal s'accroît, devient plus grave; une crise éclate et la convalescence suit. Est-ce la crise maladive qui a produit la guérison? Nullement; c'est la puissance de restauration que possède la machine humaine qui a surmonté l'obstacle. Il est des crises morales qui ont le même caractère. Voici un individu dont la vie n'est pas bonne. Il lui arrive de faire une chute morale très grave; il en conçoit une honte salutaire et il se corrige. Sa conscience et sa volonté se sont éveillées à l'occasion de sa chute, mais ce n'est pas le péché qui a produit la vertu. Le mal peut devenir une occasion, un appel à la manifestation du bien, mais il ne faut pas croire que le mal produise le bien. Accepter le mal comme nécessaire, c'est porter directement atteinte à la conscience. C'est le sentiment exprimé par Sully Prudhomme :

> Par je ne sais quoi de brutal
> Et d'hostile à toute noblesse
> Un monde absolument fatal
> Dans ma conscience me blesse[1].

Porter atteinte à la conscience, c'est paralyser l'action.

---

[1] *La Justice*. Sixième veille.

89. *Le déterminisme engendre logiquement le quiétisme.*

J'appelle quiétisme, en généralisant l'emploi de ce terme qui reçoit en général une application exclusivement religieuse, la disposition à suspendre l'action et à se tenir en repos. Que ce soit là la conséquence logique de l'idée de la nécessité universelle, c'est l'évidence même. Le phénomène s'est produit sur une grande échelle dans la civilisation de l'Inde. On peut en citer des exemples plus rapprochés de nous. Le capitaine Roos disait en parlant des races inférieures de l'humanité : « Il faut que les sau« vages fassent place à la civilisation ; c'est la loi de ce « monde, et toutes les lamentations et tous les efforts d'une « philanthropie pleurarde n'y feront rien[1] ». Et il concluait qu'il ne faut pas s'affliger de voir les Esquimaux décimés par l'abus des liqueurs alcooliques. Voilà l'idée déterministe et sa conséquence : il est inutile de lutter contre l'accomplissement d'une loi fatale. Il est certain que les races sauvages tendent à disparaître par l'influence de diverses causes dont l'abus de l'alcool est une des principales ; mais, sous la loi qui exprime le fait, il est facile de discerner des actes dont les hommes sont responsables. Un chef indien disait un jour à un Européen à l'occasion des liqueurs fortes : « Avant que vos pères vinssent habiter près de « nous, nous n'avions aucune idée des eaux de feu. Mais « quelques-uns de vos méchants frères nous ont apporté ce « poison, et voyez quelles en ont été les conséquences. Nous « sommes maintenant réduits à une poignée d'hommes « pour pleurer sur les tombeaux de nos ancêtres[2] ». Un

[1] J. L. Micheli. *Deux lettres sur les missions.* Genève 1860.
[2] Poulain. *L'œuvre des missions évangéliques.* Paris, librairie Grassart 1867, page 30.

Américain, M. Matthieu Williams, n'accepte pas seulement ces faits, il s'en réjouit. Partant de la théorie de la sélection naturelle, il arrive à l'idée que l'alcoolisme est un des agents importants de l'amélioration du monde, parce que l'abus de l'alcool énerve et finit par tuer les êtres les moins intelligents et les moins vertueux, ce qui laisse la place libre aux meilleurs[1]. Entendue d'une manière générale l'affirmation serait remarquablement absurde, puisque, pour que la sélection s'opérât, il faudrait que les ivrognes n'eussent jamais d'enfants ; c'est pourquoi je suppose que M. Matthieu Williams a en vue cette destruction des Indiens, qui fait place aux citoyens des États-Unis. Il y a dans les destinées des races inférieures un côté qui demeure mystérieux ; mais il y a aussi un côté trop clair : l'intérêt des marchands d'alcool, et les crimes de nations que, dans ce cas au moins, on ne saurait nommer chrétiennes.

Autre exemple : En 1876, il est mort une femme qui était le dernier représentant des Tasmaniens[2]. Voilà une race humaine qui a disparu ; quelles sont les causes du fait ? On a envoyé des déportés dans l'île de Van Diemen. Ces convicts européens ont fait une convention pour la destruction des indigènes. On accordait 125 fr. pour chaque tête d'adulte et 50 fr. pour chaque tête d'enfant. Cela a duré de 1803 à 1810. Les Tasmaniens se sont révoltés, ce qui était assurément naturel. A l'exécrable emploi de la liberté des Européens, ils ont opposé l'emploi légitime de la leur. La révolte les a mis en conflit avec le

---

[1] Voir un article sur l'utilité de l'ivresse dans la *Revue scientifique* du 12 mai 1883, page 607.

[2] Consulter sur les Tasmaniens, Quatrefages, *Hommes fossiles et hommes sauvages*. Paris 1884.

gouvernement. On les a déportés deux fois, et ils ont fini par s'éteindre. Il n'y a pas là une loi fatale, mais le résultat de causes très apparentes, qui n'ont point un caractère de nécessité : la férocité des convicts et la trop longue incurie du gouvernement anglais. Le quiétisme est une erreur qui devient criminelle et qui résulte d'une théorie fausse. Ne couvrons jamais du manteau de la science les hontes et les méfaits des hommes.

90. *Le quiétisme paralyse la fonction la plus élevée du cœur.*

La fonction la plus élevée du cœur est cette bienveillance universelle que les chrétiens appellent charité et que l'école d'Auguste Comte a baptisée du nom d'altruisme. A cette disposition s'oppose l'égoïsme, qui a deux degrés. Le premier degré de l'égoïsme est l'indifférence. L'homme qui en est atteint s'enferme en lui-même, comme le rat de Lafontaine dans son fromage, et ne prend nul souci de ses semblables. Le second degré de l'égoïsme consiste à nuire aux autres, le sachant et le voulant, dans l'intérêt de sa jouissance personnelle. Le quiétisme ne produit pas cet égoïsme du second degré qui engendre les actions souvent énergiques d'hommes écrasant les autres pour jouir ; mais il produit l'indifférence. Il ne pervertit pas le cœur, il le paralyse, et arrête ainsi ses fonctions normales. Tels sont les effets logiques du déterminisme, effets qui se trouvent arrêtés ou du moins atténués par le fait de la contradiction que la vie inflige à une doctrine qui violente la nature (69).

Rappelons maintenant les règles de la méthode scientifique. Construire un système, et le maintenir lors même qu'il n'est pas d'accord avec les faits, c'est le chemin de l'erreur. La règle essentielle de la méthode est que l'observation soit la base et le contrôle de toute théorie. N'existe-t-il pas des faits moraux et sociaux qui présentent d'autres caractères que les faits physiques? Personne ne le conteste. Ce qui fait la différence entre ces deux classes de faits, n'est-ce pas l'existence dans l'humanité d'un élément de liberté relative? C'est là, on peut le dire avec certitude, la question suprême de la philosophie. Si la réponse à la question posée est affirmative, les systèmes qui produisent l'affirmation du déterminisme universel doivent être rejetés. Deux d'entre eux présentent ce caractère, et comme il n'en existe que trois véritablement distincts, il reste à examiner le troisième.

CHAPITRE IV.

LE SPIRITUALISME.

L'objet de la recherche philosophique est le principe de l'univers. Or, comme le dit Platon : « un principe ne « saurait être produit ; toute chose produite doit naître « d'un principe, et le principe ne naître de rien [1] ». Dans tous les systèmes, il faut partir d'un être par soi, nécessaire et éternel. Quel est ce principe? L'objet des sens, dit le matérialisme. Mais la matière n'explique rien que par la considération des lois du mouvement. L'explication des choses ne se trouve donc pas dans la substance, mais dans les idées ; tel est le raisonnement très simple par lequel l'idéalisme triomphe de la doctrine de la matière. Mais les idées ne sont pas des agents, des forces ; elles ne sont que l'expression intellectuelle des faits. La matière n'explique rien sans les lois, qui sont des idées ; de même les idées n'expliquent rien sans une puissance qui les réalise; tel est le fondement du spiritualisme. Le principe du monde est un esprit, c'est-à-dire une volonté éternelle et intelligente. Quand on est arrivé à cette conception, voici la question qui se pose : A partir d'un esprit éternel

---

[1] *Phèdre.* Traduction Cousin. Tome VI, page 47.

comment comprendrons-nous l'apparition de l'univers? quel but assignerons-nous à son principe? Le problème n'existe pas pour les systèmes déterministes. Un principe nécessaire se développe selon sa nature, en sorte que l'idée d'un but ne peut pas lui être attribuée; mais, si l'on conçoit le monde comme le produit d'un esprit, d'une volonté intelligente, la question du but se pose nécessairement. La cause finale devient, comme dans la doctrine d'Aristote, la dernière explication des choses; le but rend raison des moyens. On peut déclarer la pensée humaine incapable de résoudre ce problème; si on l'aborde, en se laissant guider par des considérations rationnelles, voici la solution à laquelle on se trouve conduit.

Un esprit éternel et créateur étant donné, le seul mobile qu'on puisse lui attribuer est la bonté, c'est-à-dire la volonté du bien des créatures possibles. C'est la thèse formulée par Platon, dans le *Timée*, par Sénèque dans sa lettre LXV, et reproduite par divers penseurs contemporains[1]. A cette affirmation s'en rattachent deux autres qui s'en déduisent facilement: la réalité des esprits et leur durée au delà des bornes de la vie présente. Ce n'est pas le lieu de développer ici ces pensées, il suffit de les indiquer.

En donnant au mot Dieu le sens que lui assignent les traditions des Juifs, des Chrétiens et des Mahométans, l'existence de Dieu est la meilleure explication de l'univers : telle est la thèse fondamentale du spiritualisme. Cette thèse, en raison même de son rapport avec les croyances

---

[1] Voir en particulier *la Philosophie de la liberté* de Charles Secrétan, leçon XVIII.

religieuses, suscite d'assez vives préventions. C'est une solution du problème philosophique dont les origines ne paraissent pas scientifiques ; s'y arrêter, n'est-ce pas le fait des intelligences faibles qui n'ont pas réussi à se dégager du joug de la tradition? Cette manière de penser se montre à notre époque, mais elle n'a rien de nouveau ; la considérer comme un produit de l'esprit *moderne* serait une erreur. Sans remonter à l'antiquité, il suffit de rappeler le courant d'opinion qu'on voulait créer en faveur de l'athéisme, lorsque Gilbert mettait en scène un homme bienveillant qui lui adressait la recommandation suivante :

«Je soupçonne, entre nous, que vous croyez en Dieu ;
«N'allez point dans vos vers en consigner l'aveu ;
« Craignez le ridicule, et respectez vos maîtres.
«Croire en Dieu fut un tort permis à nos ancêtres ;
«Mais dans notre âge! Allons, il faut vous corriger,
«Éclairez-vous, jeune homme, au lieu de nous juger [1] ».

L'outrecuidance des athées de ce temps-là était telle qu'elle finit par impatienter même Voltaire dont le théisme pourtant n'est pas toujours bien ferme. Il se fait dire par un des coryphées du parti irréligieux :

«Acceptez à la fin votre brevet d'athée, »

et il répond :

« Ah! vous êtes trop bon ! Je sens au fond du cœur
«Tout le prix qu'on doit mettre à cet excès d'honneur.
« Il est vrai, j'ai raillé Saint-Médard et la bulle,
«Mais j'ai sur la nature encor quelque scrupule,
«L'univers m'embarrasse ; et je ne puis songer
«Que cette horloge existe et n'ai point d'horloger [2] ».

---

[1] *Satire I*. Le dix-huitième siècle.
[2] *Satires*. Les cabales.

A la même époque, voici ce que disait Rousseau : « Tout
« savant dédaigne le sentiment vulgaire.... Où est le phi-
« losophe qui, pour sa gloire, ne tromperait pas volontiers
« le genre humain ? Où est celui qui, dans le secret de son
« cœur, se propose un autre objet que de se distinguer ?
« Pourvu qu'il s'élève au-dessus du vulgaire, pourvu qu'il
« efface l'éclat de ses concurrens, que demande-t-il de
« plus ? L'essentiel est de penser autrement que les autres.
« Chez les croyans, il est athée ; chez les athées, il serait
« croyant[1] ». Dans un exemplaire de l'*Émile* que j'ai eu
sous les yeux, Voltaire a écrit à côté de ce passage :
« C'est le portrait du peintre ! » La misanthropie de Rousseau le porte à exagérer un fait qui n'est vrai que dans de
certaines limites. Il est sans doute des philosophes qui
recherchent la renommée plus que la vérité, et parfois au
détriment de la vérité ; mais tous ne sont pas dans ce cas.
On peut en citer deux des plus illustres qui n'ont pas
hésité à déclarer que les opinions généralement admises
peuvent être bonnes. Leibniz écrit : « J'ai trouvé, après de
« longues recherches, qu'ordinairement les opinions les plus
« anciennes et les plus reçues sont les meilleures, pourvu
« qu'on les interprète équitablement[2] ». Kant, dans sa
critique de la *Raison pure*, affirme que le sentiment moral
postule la foi en Dieu et en une autre vie, puis il écrit :
« Mais est-ce là, dira-t-on, tout ce que fait la raison pure,
« quand elle s'ouvre des vues par delà les limites de l'expé-
« rience ? Rien que deux articles de foi ? Le sens commun
« en aurait bien pu faire autant, sans avoir besoin de con-

---

[1] *Profession de foi du Vicaire Savoyard*.
[2] *Préceptes pour avancer les sciences*. Édition Erdmann, page 167.

« sulter là-dessus les philosophes !.... Exigez-vous donc « qu'une connaissance qui intéresse tous les hommes sur- « passe le sens commun et ne puisse vous être découverte « que par les philosophes ? Ce que vous blâmez est pré- « cisément la meilleure preuve de l'exactitude des asser- « tions précédentes, puisque cela vous découvre ce que « vous ne pouviez apercevoir jusque-là, à savoir que la « nature, dans ce qui intéresse les hommes sans distinction, « ne peut être accusée de distribuer partialement ses dons, « et que la plus haute philosophie, par rapport aux fins « essentielles de la nature humaine, ne peut pas conduire « plus loin que ne le fait la direction qu'elle a accordée au « sens commun [1] ». Voilà de bonnes paroles qui démontrent que l'affirmation de Rousseau est sujette à de notables exceptions. Leibniz et Kant n'éprouvent pas le besoin de penser autrement que le reste des hommes sur les points où les opinions communes leur paraissent conformes à la vérité. Examinons, en dehors de toute prévention et de tout préjugé, les rapports du spiritualisme avec la question de la liberté.

91. *Le spiritualisme explique l'idée de la liberté par la réalité de son objet.*

L'explication de l'idée de la liberté par la réalité de son objet est certainement l'explication la plus naturelle du fait psychique, incontestable et incontesté, que cette idée existe dans l'esprit humain (40). Si l'homme est doué d'un élément de libre arbitre, l'idée qu'il en a est le résultat d'une perception interne, de même que les idées relatives

---

[1] *Critique de la Raison pure.* Traduction Barni, tome II, page 388.

aux corps sont le résultat des perceptions externes. Il n'y a pas plus d'obscurité dans un cas que dans l'autre. Cette pensée a été formulée souvent ; elle l'a été en particulier par Maine de Biran qui a consacré de longues et patientes analyses à en démontrer la valeur. « Mettre la liberté en « problème c'est y mettre le sentiment de l'existence ou « du *moi*.... La liberté, ou l'idée de la liberté prise dans « sa source réelle, n'est autre chose que le sentiment même « de notre activité, ou de ce pouvoir d'agir, de créer l'effort « constitutif du *moi*[1] ».

La seule difficulté que l'on puisse soulever au sujet de cette explication est celle-ci : Si l'acte libre était l'objet d'une perception immédiate, comment pourrait-il être nié par un grand nombre de philosophes ? Pour résoudre la difficulté, il faut remarquer que les déterministes en général ne nient pas la conscience de la liberté, à titre de fait psychologique, mais la réalité de l'objet de cette conscience. Thomas Buckle, par exemple, se met en présence de cette affirmation « nous avons la conscience de posséder un « libre arbitre ». Il ne le nie pas, mais il affirme que la conscience est faillible (38). Pour cet auteur, la conscience de la liberté est donc bien une perception, mais c'est une perception fausse, une hallucination psychique. Éclaircissons ce sujet par une comparaison qui renferme une raison. On demande : Si la liberté était l'objet d'une perception, comment se trouverait-il des philosophes qui la nient ? On pourrait demander aussi : Si les corps étaient l'objet d'une perception, comment se trouverait-il des philosophes qui en nient l'existence ? Les idéalistes de l'école de

---

[1] *Œuvres inédites*, tome I, p. 284.

Berkeley la nient cependant. Ils ne nient pas la perception des corps comme phénomène subjectif, mais la réalité de l'objet de cette perception. C'est ici l'un de ces cas où une négation théorique est inévitablement contredite par la pratique. Que l'on accorde aux notions de la liberté et de la responsabilité la même valeur que les philosophes qui nient la réalité des corps accordent pratiquement à l'objet de leur négation, cela suffit. L'existence du déterminisme philosophique n'invalide pas la réalité de la perception du pouvoir libre plus que l'existence de l'idéalisme subjectif n'invalide la réalité de la perception des corps.

Après avoir trouvé dans l'existence du libre arbitre l'origine de l'idée que nous en avons, comment expliquer cette existence même?

92. *Le spiritualisme explique l'existence de la liberté par la doctrine de la création.*

Si l'on admet que la liberté est le degré le plus élevé de l'être (31), la liberté relative de l'homme ne peut procéder que de la liberté suprême du Créateur. Tout autre système ferait provenir la liberté de quelque chose qui lui serait inférieur. Or, admettre que le plus procède du moins, non pas dans le développement progressif d'une virtualité préexistante, mais dans le sens absolu des termes, c'est admettre des phénomènes sans cause. Admettre des phénomènes sans cause, c'est nier les bases de la raison; c'est attribuer un pouvoir producteur au néant, ce qui constitue un jugement pleinement contradictoire, puisque le néant n'est que l'expression de la négation pure, du non être dont rien ne saurait sortir.

On dit souvent qu'expliquer quelque chose par la considération d'un acte créateur, c'est ne rien expliquer au point de vue de la science, parce que la science exige qu'on rende raison de tout conséquent par des antécédents intelligibles. Cette manière de penser est le résultat de la fausse interprétation du principe de causalité propre à l'idéalisme (79). Si l'on fait observer que l'acte créateur ne se comprend pas, et par conséquent n'explique rien, on oublie qu'en remontant la chaîne de ses déductions, la science arrive toujours et nécessairement à des points de départ qui ne sont pas intelligibles, en ce sens qu'ils ne peuvent se ramener à des antécédents. La physique n'a pas la prétention de comprendre les propriétés primordiales de la matière ; elle les constate et ne les explique pas. La nature des choses n'est certainement pas un point de départ plus intelligible que la volonté de l'esprit éternel. L'essentiel est de reconnaître que la liberté absolue du créateur explique et explique seule la liberté relative des créatures. La liberté ne pourrait pas exister dans le monde, si elle n'existait pas dans le principe du monde.

93. *Le libre arbitre établit l'analogie la plus importante entre le Créateur et la créature spirituelle.*

L'école platonicienne indiquait dans la raison, dans la faculté de concevoir les idées, l'analogie essentielle entre l'homme et le principe de l'univers. Cette manière de penser est entrée, avec les influences de la philosophie grecque, dans les œuvres de docteurs chrétiens ; on en discerne la trace dans les travaux de plusieurs écrivains du XVIIe siècle. Si l'on cherche le caractère essentiel de l'homme dans la raison, en faisant plus ou moins abstraction de la volonté, on ouvre la voie aux conceptions idéalistes. C'est pourquoi Malebranche, par exemple, arrive à des doctrines bien plus rapprochées qu'il ne le pense de celles de ce Spinoza qu'il maudit. On apprécie souvent assez mal le vrai rôle du XVIIe siècle dans la construction de la science. L'œuvre essentielle de cette grande époque a été d'ouvrir de nouveaux horizons aux mathématiques, par l'application de l'algèbre à la géométrie et par la découverte du calcul infinitésimal, et de jeter les bases de la physique moderne. Or les sciences physiques et mathématiques se meuvent dans le domaine du déterminisme pur. De là une conception de la philosophie qui incline à l'idéalisme. Descartes déclare bien que c'est dans la liberté du franc arbitre que se trouve surtout « l'image et la ressemblance de Dieu[1] ». Quand Bossuet traite directement la question du libre arbitre, il signale l'image de Dieu en l'homme dans l'existence de la volonté libre[2]. Mais, d'une manière générale, c'est dans la raison et non dans la volonté que les grands écrivains du XVIIe siècle cherchent l'analogie la plus importante entre la créature spirituelle et le Créateur. Ils sont facilement conduits par là à considérer l'intelligence comme la plus haute fonction de l'esprit humain et à méconnaître le rôle de la liberté (83). L'idée de la raison peut se séparer de celle de la volonté, c'est-à-dire qu'on peut concevoir une intelligence sans pouvoir, mais la volonté suppose l'intelligence, parce que l'idée de la volonté n'est pas celle d'un pouvoir aveugle ou fatal, mais celle d'un pouvoir qui choisit, et qui, par conséquent, comprend l'objet de son

---

[1] *Méditations métaphysiques.* IV.
[2] *Traité du libre arbitre.* Chapitre II.

choix. C'est dans la liberté relative des créatures que se reflète partiellement la liberté absolue de l'Être des êtres.

94. *Les esprits sont, dans le monde créé, les seules causes initiales.*

Il existe deux espèces de causes : les agents de transmission et les pouvoirs producteurs. Dans le monde purement matériel, il n'existe que des agents de transmission. Tout se ramène au mouvement qui se communique d'un corps à l'autre, et qui se modifie en se communiquant selon la diversité des agrégats ; c'est la région du déterminisme mécanique. Dans le monde animal interviennent des mouvements qui paraissent spontanés, si on les compare aux phénomènes purement physiques, mais qui offrent probablement le caractère d'un déterminisme psychique (22). Dans le domaine de l'esprit, apparaît enfin la liberté. L'univers matériel a réalisé, par son développement, les conditions de l'apparition de la vie ; le monde animal a réalisé, par son développement, les conditions de l'apparition des esprits.

L'élément libre de la volonté est une cause initiale, une cause première, non pas quant à son être, ni aux conditions de son exercice, mais quant au choix fait entre des résolutions diverses. L'existence de telles causes ne permet pas de considérer l'univers comme la manifestation d'un plan fixe dans toutes ses parties, aussi bien dans ses détails que dans ses traits généraux. Cette dernière conception, qui forme la base de la théodicée de Leibniz, et qui résume la pensée dominante du XVIIe siècle, est incompatible avec un spiritualisme conséquent. Si la liberté existe, aucune déduction *a priori* ne peut construire les destinées du monde. Les actes de la liberté créatrice et ceux des libertés créées ne peuvent être que constatés ; la science première n'est pas la logique, mais l'histoire, dans le sens le plus étendu de ce terme.

Après avoir expliqué l'origine de la liberté humaine; il faut rendre compte de son caractère essentiellement relatif.

95. *Le spiritualisme explique le caractère relatif de la liberté humaine.*

Si l'on admet que la liberté humaine a été voulue par le Créateur, on lui accorde le même degré de réalité qu'aux autres éléments de l'univers. En effet, dans la doctrine de la création, les êtres de toute nature qui constituent le monde n'ont pas d'autre raison d'être que la volonté de l'Esprit éternel. En dehors de cet Esprit il n'y a pas de *chose en soi*, au sens absolu de ces termes. La liberté est donc réelle; pourquoi est-elle relative ? Parce que les esprits arrivent à leur manifestation dans une nature antécédente à laquelle ils participent. C'est pourquoi l'on trouve dans l'homme l'application de toutes les lois de la physique pour la partie purement matérielle de son existence, l'application des lois de la physiologie pour sa vie simple (7), et enfin les éléments psychiques de l'animalité (21. 22). Il ne s'agit point ici de la déduction *a priori* d'un principe nécessaire; mais, une fois qu'on a constaté le fait que l'esprit émerge de la nature, qui ne le produit pas mais lui fournit les conditions de son activité, tout s'explique d'une manière satisfaisante. De plus, l'homme ayant, dans les plans du Créateur, un but à atteindre, il se trouve par là même soumis à une loi, ce qui explique la relativité du libre arbitre au point de vue de l'obligation morale (8). En admettant la liberté et la loi de la liberté qui oblige sans contraindre, le spiritualisme seul permet de comprendre la nature de ce que nous appelons le bien ou le mal (87. 97), et rétablit les droits de la conscience méconnus par le déterminisme (88).

96. *La réalité substantielle de l'esprit explique, soit le développement normal de la personne humaine, soit ses altérations.*

Les esprits sont des êtres, des éléments de l'univers, et non pas de simples modes de l'être, des combinaisons passagères d'autres éléments. C'est la thèse du spiritualisme, et cette thèse fournit des explications satisfaisantes des données de l'observation.

Dans le développement de l'homme, on voit paraître d'abord l'individualité psychique seule (24). Un enfant qui débute dans la vie est semblable à un animal nouveau-né; les sensations qui viennent du dehors et plus encore celles qui procèdent de l'organisme, dominent totalement son existence. Peu à peu la personne paraît, dans la mesure où l'esprit acquiert la conscience de son pouvoir, de la faculté qu'il a de choisir entre des impulsions diverses; c'est le commencement de la vie morale. Tel est le fait constaté par l'observation. A ce fait se joint un jugement de hiérarchie que personne ne saurait nier sans se mettre en contradiction avec sa propre pensée, c'est que la vie consciente et libre est supérieure à une existence entièrement dominée par des influences étrangères (34). Cela étant admis, il faut choisir entre ces deux affirmations: ou bien le supérieur est produit par l'inférieur, ou bien l'esprit a une existence propre dont les manifestations progressives se produisent sous des conditions déterminées. La première de ces affirmations est inadmissible. La liberté ne peut pas être la transformation d'éléments d'une autre nature (32), et le plus ne peut pas être le produit du moins. Auguste Comte, dans le développement de sa pensée, est arrivé, par moments au moins, à une vue assez claire de ce sujet. Il avait admis d'abord que les phénomènes que présentent les êtres organisés sont de simples modifications des phénomènes inorganiques ; c'était admettre la production de la vie par des éléments placés plus bas qu'elle dans la hiérarchie de l'univers. Il comprit plus tard qu'on ne peut expliquer le supérieur par l'inférieur, et il adopta la maxime que « c'est le supérieur qui explique l'inférieur[1] ». Si l'esprit a une réalité substantielle, on comprend fort bien qu'il réalise peu à peu, sous des conditions déterminées, ce qui existait virtuellement en lui ; mais ses manifestations croissantes ne peuvent être expliquées que par une puissance qui lui est propre. L'erreur continuelle de l'empirisme est de prendre l'ordre de succession des phénomènes pour un ordre de causalité, et de méconnaître l'existence du virtuel ou du potentiel, existence sans laquelle les phénomènes physiques eux-mêmes demeurent inexpliqués (77).

Ce qui rend compte du développement normal de la personne humaine, rend compte aussi de ses altérations. Si l'on méconnaît la dualité de la personne proprement dite et d'une vie psychique placée sous la dépendance immédiate de l'organisme, on ne comprend pas les deux modes de vie dont l'alternance constitue le sommeil et la veille, l'état hypnotique et l'état normal (57). Il en est de même pour les phénomènes du délire. Sous l'influence d'un dés-

---

[1] Ravaisson. *La philosophie en France au XIXe siècle*, pages 77 à 79.

ordre cérébral toutes les facultés intellectuelles et morales disparaissent; la cause physiologique du délire cesse-t-elle? la personne se retrouve dans toute son intégrité. Lorsqu'on observe ce fait, une comparaison s'offre naturellement à la pensée. L'esprit qui reparaît après avoir été couvert d'un voile, offre un phénomène analogue au retour de la lumière du soleil après le passage d'un nuage qui en interceptait les rayons. Le nuage, c'est l'ensemble des conditions organiques qui suppriment les manifestations de la vie libre; le soleil qui reparaît, c'est l'esprit rentrant en possession de lui-même par le retour des conditions organiques de la liberté. Il n'est pas rare de voir chez un malade dont les facultés sont profondément enveloppées, une éclaircie subite qui est assez souvent le prélude et le présage de la mort. La réalité de l'esprit qui a momentanément perdu et qui retrouve les conditions de ses manifestations régulières est assurément la meilleure explication du fait.

Voici, quant aux phénomènes d'aliénation, une observation tristement mais sérieusement instructive; elle est consignée dans le *Traité des maladies inflammatoires du cerveau* de Calmeil. « Glénadel, ayant perdu son père dès
« son enfance, fut élevé par sa mère, qui l'adorait. A seize
« ans, son caractère jusque-là sage et soumis, changea. Il
« devint sombre et taciturne. Pressé de questions par sa
« mère, il se décida enfin à un aveu : — « Je vous dois tout,
« lui dit-il, je vous aime de toute mon âme; cependant
« depuis quelques jours une idée incessante me pousse à
« vous tuer. Empêchez que, vaincu à la fin, un si grand
« malheur ne s'accomplisse; permettez-moi de m'engager.
« Malgré des sollicitations pressantes, il fut inébranlable

« dans sa résolution, partit et fut bon soldat. Cependant
« une volonté secrète le poussait sans cesse à déserter pour
« revenir au pays tuer sa mère. Au terme de son engage-
« ment, l'idée était aussi forte que le premier jour. Il con-
« tracta un nouvel engagement. L'instinct homicide per-
« sistait, mais en acceptant la substitution d'une autre
« victime : Il ne songe plus à tuer sa mère ; l'affreuse
« impulsion lui désigne nuit et jour sa belle-sœur. Pour
« résister à cette seconde impulsion, il se condamne à un
« exil perpétuel.

« Sur ces entrefaites, un compatriote arrive à son régi-
« ment, Glénadel lui confie sa peine : — « Rassure-toi, lui
« dit l'autre, le crime est impossible, ta belle-sœur vient
« de mourir. A ces mots, Glénadel se lève comme un captif
« délivré ; une joie le pénètre ; il part pour son pays, qu'il
« n'avait pas revu depuis son enfance. En arrivant, il
« aperçoit sa belle-sœur vivante : Il pousse un cri, et l'im-
« pulsion terrible le ressaisit à l'instant comme une proie.

« Le soir même, il se fait attacher par son frère. —
« Prends une corde solide, attache-moi comme un loup
« dans la grange et va prévenir M. Calmeil.... Il obtint de
« lui son admission dans un asile d'aliénés. La veille de
« son entrée, il écrivait au directeur de l'établissement :
« Monsieur, je vais entrer dans votre maison : Je m'y
« conduirai comme au régiment. On me croira guéri ; par
« moments, peut-être je feindrai de l'être. Ne me croyez
« jamais ; je ne dois plus sortir sous aucun prétexte.
« Quand je solliciterai mon élargissement, redoublez de
« surveillance : je n'userais de cette liberté que pour com-
« mettre un crime, qui me fait horreur[1] ».

[1] Ribot. *Les maladies de la volonté*, pages 77 à 79.

Dans ce fait et dans d'autres faits analogues, on assiste au spectacle d'une volonté consciente, en lutte avec les impulsions produites par des désordres de l'organisme. On ne saurait mettre en plus vive lumière la réalité de l'esprit qui a le double sentiment de sa responsabilité et des influences d'une puissance étrangère contre laquelle il sent sa faiblesse et prend ses précautions. Passons maintenant à l'interprétation des idées du bien et du mal.

97. *Le bien et le mal sont des directions de la volonté.*

Le bien et le mal au sens moral des termes (c'est celui qui intervient seul dans la question du libre arbitre) ne sont pas des êtres, des substances ; ce sont des qualifications de la volonté et de la volonté seule. La volonté suprême étant conçue comme identique au bien, il y a une loi pour les volontés créées comme pour les astres du ciel et les molécules de la terre. La différence est que, dans le monde physique, les êtres inertes de leur nature obéissent à une parole qu'ils n'ont jamais entendue, tandis que la loi morale est proposée à la liberté humaine et l'oblige sans la contraindre. L'observation de la loi est le bien, sa violation est le mal.

La loi est plus ou moins connue, ce qui amène à distinguer, pour les notions du bien et du mal, un sens subjectif et un sens objectif. Il y a bien, au sens subjectif, lorsque l'agent libre fait ce qu'il estime être son devoir ; il y a mal lorsque l'agent libre accomplit un acte qu'il sait contraire à son devoir. Au point de vue objectif, l'action est bonne si elle est conforme à la loi absolue, mauvaise si elle est contraire à cette loi. Il arrive qu'on fait le mal avec une bonne conscience en croyant faire le bien. Ce n'est pas la volonté qui est en défaut, c'est la connaissance. Ce double aspect sous lequel peut s'offrir une même action, bonne en un sens et mauvaise en un autre, soulève un des problèmes les plus importants et les plus ardus de la philosophie morale ; ce n'est pas ici le lieu de l'aborder.

Ce que nous appelons le bien étant identique à la volonté créatrice, les actions que nous appelons mauvaises sont contraires à cette volonté suprême. Mais, le Créateur ayant appelé à la vie des êtres libres, il en résulte que, dans l'accomplissement du mal, il y a une manifestation de sa volonté, puisque le mal ne pourrait pas exister, s'il n'existait pas des agents libres qu'il a voulu produire. Mais cette volonté concerne le pouvoir d'agir attribué aux créatures, et nullement la qualité de leurs actes quand ces actes sont contraires à la loi. Le bien et le mal étant reconnus comme des directions de la volonté, il reste à demander quelle est l'origine de ces directions opposées.

98. *Le bien et le mal moral n'ont pas leur siège dans l'intelligence.*

Cette affirmation est directement contraire à l'une des thèses les plus connues des écoles socratiques. Cicéron dit que ceux qui s'écartent des doctrines de Socrate et de Platon sont les plébéiens de la philosophie ; mais une vérité plébéienne est préférable à une erreur patricienne ; et sur le point dont il s'agit la vérité n'est pas dans la doctrine des chefs illustres de la pensée grecque. Le mal selon Socrate est le produit de l'ignorance ; nous faisons le bien dès que nous le connaissons ; le péché n'est donc jamais que le résultat d'un déficit de l'intelligence. Toute l'expérience du genre humain s'élève contre cette noble illusion.

> Je ne fais pas le bien que j'aime
> Et je fais le mal que je hais,

dit Racine, traduisant l'apôtre Saint-Paul[1], et le poète Ovide parlait comme Saint-Paul et Racine[2]. A qui donc n'est-il pas arrivé de faire une chose en se disant qu'il ferait mieux d'agir autrement? Il est inutile d'insister sur une vérité si claire, si positivement démontrée par l'examen que peut faire de lui-même tout homme de bonne foi. Ce qu'il importe de remarquer, c'est que, si l'on admet qu'il ne dépend pas de nous de connaître, la thèse socratique a le déterminisme pour conséquence. Dira-t-on que la connaissance dépend de nous, et que si nous ignorons le bien c'est notre faute? L'affirmation est vraie dans une certaine mesure; mais, loin d'appuyer la thèse socratique, elle la renverse en faisant de l'erreur le produit du mal et non pas du mal le produit de l'erreur. L'illusion du maître de Platon a été reproduite dans les temps modernes par les philanthropes qui ont cru que pour rendre les hommes bons il suffirait de les instruire. Bacon a dit : « Savoir, c'est pouvoir ». Il a raison, mais ce pouvoir, qu'en fera-t-on? Si la volonté est tournée vers le mal, elle fera de son pouvoir un mauvais usage. L'instruction est comparable aux machines qui accroissent la puissance de l'homme, mais sans agir sur la direction de cette puissance. Les machines sont tantôt des instruments de bien, et tantôt des instruments de mal. Appliquées à l'agriculture et à l'industrie

---

[1] *Cantiques spirituels.* II.
[2] Video meliora proboque, deteriora sequor.

elles assurent la subsistance des hommes ; elles contribuent à les faire vivre. D'autre part, les engins meurtriers, qui occupent une si large part dans les préoccupations des gouvernements contemporains, ont beaucoup avancé la solution du problème de la guerre qui consiste à tuer le plus grand nombre possible d'hommes dans le moindre espace de temps. Entre les mains d'hommes bien intentionnés, les découvertes de la chimie sont une source féconde de bienfaits ; elles servent aussi à fabriquer la dynamite à l'usage des assassins et à rendre les empoisonnements plus faciles. L'instruction peut être pour la société, selon la direction des volontés, un avantage ou un fléau. Le savoir est une source de puissance, il n'est pas une source de vertu.

99. *Le spiritualisme explique la possibilité du mal.*

Le mal, au sens moral du terme, est un phénomène des plus considérables. Les déterministes, n'ayant pas le moyen de l'expliquer, prennent le parti de le nier (87) ; cette négation est la conséquence directe de leur doctrine. L'existence du mal a été de tout temps une cause de difficultés soulevées contre l'affirmation de la bonté du principe de l'univers. Cette question a donné lieu à de nombreux écrits dont le but commun est la justification de la Providence divine, et dont la *Théodicée* de Leibniz est le plus connu. Je n'aborde pas ici ces hautes et difficiles questions dans toute leur généralité, mais seulement le problème de la possibilité du mal.

L'explication de la possibilité du mal se déduit avec une entière clarté de la doctrine spiritualiste. Selon cette doctrino, le bonheur des créatures est le mobile assigné à l'acte créateur. Le bonheur suppose la conscience (ceci est trop évident pour avoir besoin d'être démontré); et la conscience suppose la liberté (18). Il faut donc concevoir dans le principe du monde une volonté double ou deux volontés : l'une, celle du bonheur des créatures, qui est le but, l'autre, celle de la liberté des créatures, qui est le moyen. Que le moyen puisse se mettre en contradiction avec le but, c'est ce qui ne saurait être contesté dès que le moyen est la liberté. Une loi est proposée à la volonté libre, et c'est dans cette loi que résident les conditions du bonheur. Pour que cette loi puisse être librement accomplie, il faut qu'elle puisse être violée ; c'est la notion même du libre arbitre ou du pouvoir de choisir. La possibilité du mal est donc la condition absolue de l'existence du bien.

La possibilité du mal ne permet pas de conclure à sa réalité ; ces deux idées sont distinctes et, de l'une à l'autre, il n'y a pas de passage logique ; on peut concevoir le mal possible et non réalisé. On dit souvent qu'il faut que l'homme passe par l'erreur pour arriver à la vérité. En considérant les faits, on peut bien affirmer que les hommes ont habituellement passé par l'erreur avant d'arriver à la vérité ; mais c'est une donnée expérimentale qui n'exprime pas une vérité nécessaire. Il est facile de concevoir un esprit partant de l'ignorance et arrivant à la vérité sans passer par l'erreur. De même, on peut concevoir un être innocent arrivant au bien à travers une série de tentations toujours vaincues. C'est la possibilité du mal et non sa réalisation qui est la condition du bien. M. Guizot a fort bien exprimé cette vérité en disant : « Il y a entre la créa-
« ture qui n'est que faillible et la créature qui a failli une

distance immense[1] ». La possibilité du mal résulte donc de la conception spiritualiste de l'univers. Mais ces considérations demeurent abstraites et ne satisfont qu'incomplètement la pensée, si l'on ne comprend pas d'où procéderaient les tentations que traverserait l'être libre pour arriver de l'innocence au bien, sans passer par le mal.

100. *La liberté renferme une tentation qui lui est inhérente.*

Une puissance libre, mais relative, a la conscience d'être un principe d'action ; mais parce qu'elle est relative sa liberté n'est pas illimitée. La volonté se trouve en présence d'une loi qui est l'expression de son activité légitime (8); elle a donc le choix entre l'obéissance et la révolte. La tentation de la révolte est le résultat du désir de s'affranchir de toute loi, c'est-à-dire de transformer la liberté relative en liberté absolue. Mais cette tentation met la volonté en présence d'un désir impossible à réaliser, puisque la liberté ne pourra pas se créer son objet (5, 6). Comment donc pourra se manifester la révolte contre la loi que révèle la conscience? La réponse à cette question se trouve dans le fait que l'esprit émerge de la nature. L'homme, disait M. de Bonald, est une intelligence servie par des organes; mais, comme nous l'avons vu, l'esprit ne se trouve pas seulement en présence du corps en tant que simple agrégat matériel, mais en présence d'une vie psychique déterminée par les organes (21). On comprend, en se plaçant à un point de vue abstrait, que les impulsions de la vie animale

---

[1] *Méditations sur l'essence de la religion chrétienne.* Première série, page 51.

puissent être entièrement dominées par une volonté libre qui les mettrait à son service. On comprend aussi que, par un renversement de l'ordre naturel et hiérarchique, l'esprit puisse se mettre au service de la vie animale, et faire de ses facultés supérieures un simple moyen dans la recherche de jouissances inférieures. La révolte est une tentation inhérente à un être libre voulant passer d'une liberté relative à une liberté absolue; mais, si l'on sort de l'abstraction pure, on demande naturellement par quel acte déterminé la révolte pourra se produire? L'existence de la vie animale est là pour rendre intelligible l'occasion d'un tel acte. L'esprit, en recherche d'une liberté absolue qu'il ne saurait réaliser, ne sort de l'obéissance que pour tomber dans l'esclavage (29).

En résumé, une liberté relative ne peut se manifester que par un choix; elle a le choix entre l'obéissance et la révolte. Le fait que l'esprit est engagé dans une vie psychique dont il devrait se faire un instrument et dont il peut se faire un but, fait comprendre la nature de l'acte par lequel la révolte peut se manifester. Au moyen de ces considérations, on peut entendre, non seulement que le mal est possible d'une manière purement abstraite, mais aussi quelles sont les conditions dans lesquelles il peut se produire, sans avoir jamais un caractère de nécessité.

101. *La réalité du mal est une question de fait.*

Cette affirmation est la conséquence évidente de celle que le mal (c'est toujours du mal moral seul qu'il est question) est le produit de la liberté. Les actes libres échappent par leur nature à toute construction *a priori*. C'est ici l'occasion de constater le côté faible de la doctrine de

Leibniz. Dans la pensée de ce philosophe tous les mondes possibles préexistent avec tous leurs détails à l'acte de la volonté créatrice. On peut les représenter sous la forme d'une pyramide au sommet de laquelle se trouve le meilleur des mondes possibles, et dont la base s'élargit indéfiniment, parce que le nombre des possibles est illimité. Entre tous ces mondes, le Créateur, en vertu de sa perfection même, a dû choisir le meilleur. En enlevant le mal, tel qu'il s'offre à notre observation, le Créateur aurait produit un monde inférieur à celui qu'il a réalisé. L'intelligence qui aurait connu tous les mondes possibles et la souveraine sagesse du Créateur, aurait donc pu construire *a priori* le monde actuel avec le mal qu'il renferme. La négation du libre arbitre est manifestement contenue dans cette théorie. Pour maintenir les bases de la morale, la conscience et le génie de Leibniz soutiennent une lutte inégale contre les conséquences logiques de sa doctrine. Cette doctrine est manifestement idéaliste. Pour le spiritualisme, la seule chose établie est la possibilité du mal; et son existence est un fait, une donnée de l'expérience. L'expérience seule peut nous dire dans quelle mesure et dans quelles conditions le mal a été réalisé.

102. *Le mal, tel qu'il existe dans le monde, ne trouve pas une explication suffisante dans l'acte des volontés individuelles.*

L'origine du mal serait-elle entièrement dans les volontés individuelles? Une réponse affirmative à cette question soulève une difficulté très grave qui naît de la généralité du mal. Si l'on compare les faits à la loi absolue, telle que nous la concevons, voici à quel résultat on arrive :

L'homme est une créature spirituelle; son intelligence ne doit pas être mise au service des jouissances physiques; la sensualité est contraire à la loi. L'homme doit être animé de bienveillance à l'égard des autres créatures; l'égoïsme est contraire à la loi. Il suffit de ces deux considérations pour établir que, au point de vue de la loi absolue, tous les hommes sont en défaut. Voici comment Kant s'exprime à ce sujet dans un chapitre intitulé: « *L'homme est mé-* « *chant de sa nature* », et qui a pour épigraphe ces mots tirés des œuvres d'Horace : *Vitiis nemo sine nascitur.* « L'homme est méchant de sa nature signifie que la mé- « chanceté est étendue à toute l'espèce humaine. On ne veut « pas dire toutefois que cette qualité puisse être déduite de « l'idée d'espèce humaine ou d'homme en général, car alors « elle serait nécessaire; mais on entend par là que l'homme, « d'après les données de l'expérience, doit être jugé mé- « chant [1] ».

Sans être nécessaire, le mal est général. Peut-on admettre que cette généralité soit le résultat des actes de toutes les volontés individuelles? Cela n'est pas théoriquement impossible, mais cela est extrêmement improbable. En réalité, nous ne sommes pas assis, comme Hercule, entre le bien et le mal dans la plénitude de notre liberté. Dans nos actes, il y a toujours deux facteurs: les impulsions et le choix (14). Or les impulsions mauvaises dans ce qu'elles ont de primitif, d'inné, ne peuvent pas être imputées à la liberté des individus. Rousseau, après avoir établi la réalité de la conscience qui manifeste la loi, arrive à cette

---

[1] *La Religion dans les limites de la raison*. Partie I, chapitre 3, traduction Trullard, page 31.

conclusion : Les hommes sont naturellement bons, c'est la société qui les déprave. Si tous les individus sont primitivement bons, comment la société est-elle mauvaise, puisque la société n'est que la réunion des individus ? Cette simple remarque, qui montre l'insuffisance de la pensée de Rousseau pour une solution complète du problème, ne doit pas empêcher de reconnaître la grande part de vérité contenue dans cette pensée. La société exerce souvent une influence délétère sur les individus. Prenons pour exemple le fait social du paupérisme. Le contraste de la misère avec le luxe est pour les pauvres une source manifeste de sentiments mauvais : l'envie et la haine. C'est un fait sur lequel les circonstances du temps présent attirent fortement l'attention. Envisageons le sujet d'une manière plus générale. L'individu se trouve toujours plongé dans un courant d'opinions, d'usages, de mœurs, qui agit sur lui dès sa naissance et pendant toute sa vie. Quand le courant de l'opinion est bon, il offre un puissant appui aux hommes de bonne volonté ; pour d'autres il engendre l'hypocrisie, cet hommage que le vice rend à la vertu. Quand le courant de l'opinion est mauvais, il développe les germes du mal, et il produit parfois un phénomène étrange : l'hypocrisie du vice. Un de mes camarades d'enfance m'a confié un jour que, bien qu'il eût conservé des mœurs pures, il était obligé de laisser croire qu'il vivait dans la débauche, de crainte que ses amis ne se moquassent de lui. Il n'est pas nécessaire d'insister ; chacun comprend, et peut constater par sa propre expérience, que le courant de l'opinion constitue une influence générale qui entre pour une part considérable dans la production du mal. Joignez à cette influence collective de la société les influences particulières. Voici de pauvres enfants élevés dans une famille où, à l'accomplissement de la loi du travail, on a substitué l'habitude de la mendicité, l'exemple et les préceptes du mensonge et du vol. Quand ces enfants auront commis quelque méfait, admettrez-vous qu'ils sont totalement responsables? Voici une famille honorable aux yeux du monde, mais chez laquelle domine l'amour de l'argent, de cet argent qui permet les satisfactions de la sensualité et de la vanité. Les enfants de cette famille auront un esprit mondain dans le mauvais sens du terme; oserez-vous dire qu'ils sont totalement responsables de la mauvaise direction de leurs sentiments et de leurs pensées? Dans les balances de la justice absolue un individu qui accomplit le mal peut être souvent moins coupable que ceux qui l'y ont poussé.

Cette affirmation, solidement fondée sur l'observation des faits, détruit-elle la responsabilité individuelle? Nullement. Elle l'atténue d'une part, mais elle l'augmente de l'autre. Vous avez accompli un acte que la conscience vous reproche. Vous pouvez diminuer le sentiment de votre responsabilité par la considération des influences qui ont agi sur vous. Ce sont les antécédents de votre acte; mais voyez-en les conséquences, et le sentiment de votre responsabilité grandira. Par un mauvais exemple, par une parole mauvaise, vous avez agi sur les autres, et cette influence pourra se transmettre. Vous pouvez avoir une part de responsabilité dans des faits qui se produiront longtemps peut-être après votre mort. Nous sommes tous liés par une chaîne continue. Personne n'est totalement responsable de ses œuvres, soit bonnes, soit mauvaises; l'acte des volontés individuelles ne suffit donc pas pour rendre compte de l'existence du mal. Il faut cependant, avant de conclure définitivement, examiner une hypothèse.

103. *L'hypothèse d'une préexistence individuelle des esprits ne rend pas compte de l'origine du mal tel qu'il existe dans le monde.*

Cette hypothèse, qu'on rencontre dans les traditions de l'Inde antique et dans les doctrines de l'école pythagoricienne, a été appliquée par Platon à l'ordre intellectuel. Dans sa doctrine, les éléments *a priori* de la pensée sont des réminiscences d'un état antérieur. L'esprit, avant d'être obscurci par le corps, avait une vue directe de la vérité, et il peut en retrouver le souvenir en se libérant de l'influence de la matière. Appliquée à l'ordre moral, l'hypothèse permet de trouver l'origine du mal dans l'acte des volontés individuelles. D'où viennent les mauvaises impulsions qui agissent sur nous et dont nous ne paraissons pas responsables? De nos fautes personnelles. Ces impulsions sont de mauvaises habitudes contractées par chacun de nous dans une vie antérieure. La généralité du mal s'explique par le fait que la terre que nous habitons est un purgatoire peuplé d'esprits coupables. Cette hypothèse manque de bases sérieuses, et se trouve en contradiction, soit avec le fait certain des influences actuelles subies par les individus, soit avec le fait non moins certain des influences héréditaires. Les dispositions des parents se transmettent aux enfants. Bien que cette loi souffre des exceptions, et n'ait pas le caractère absolu des lois physiques, elle est incontestable dans sa généralité. Or la transmission héréditaire des penchants mauvais s'oppose à toute solution purement individualiste des questions relatives à l'origine du mal.

104. *L'étude du problème du mal exige qu'on prenne en considération la solidarité du genre humain.*

La solidarité physiologique qui relie les individus est évidente : les enfants naissent avec un tempérament déterminé qu'ils héritent de leurs parents. La solidarité intellectuelle n'est pas moins évidente. Sans parler de la transmission des idées par l'enseignement, on trouve, à la base même de la vie de l'intelligence, la foi au témoignage hors de laquelle la pensée humaine ferait naufrage. Chacun comprend que c'est par le témoignage que nous connaissons les faits qui n'ont pas été l'objet de nos perceptions personnelles. Ce qu'on remarque moins, c'est l'intervention du témoignage dans l'évidence intellectuelle. Un mathématicien prudent ne se tiendra pour absolument assuré de la valeur d'une démonstration que lorsqu'elle aura été soumise à l'appréciation de ses confrères. Pourquoi? Parce qu'il lui faut constater par le témoignage qu'il ne prend pas pour l'évidence une erreur de sa pensée, une sorte d'hallucination intellectuelle[1]. La solidarité morale enfin n'est pas moins manifeste que la solidarité physiologique et la solidarité intellectuelle[2].

Les faits étant établis, on se trouve en présence du problème de la conciliation de la solidarité et de la liberté.

---

[1] Voir un mémoire sur l'importance du témoignage dans le tome CXXVIII des *Séances et travaux de l'Académie des sciences morales et politiques*, 1887.

[2] Consulter à ce sujet : *De la solidarité morale*, par Henri Marion, 1 vol. in-8. Paris, Germer Baillière, 1880.

Dans les actions humaines, quelle est la part de responsabilité qui incombe à l'individu? quelle est la part qui incombe à la société? La solution se trouve dans la distinction établie entre les divers facteurs qui concourent à une volition : les impulsions d'une part, le choix libre d'une autre. La solidarité existe dans les impulsions, et la liberté dans le choix. Le passé de la liberté se retrouve dans le présent de la nature (23), en sorte que les impulsions peuvent être des habitudes volontaires dans leur origine ; mais, si l'on considère le moment où une volition se produit, nous n'avons aucune responsabilité *actuelle* quant aux impulsions. Il n'y a pas de vertu dans des penchants honnêtes, et l'on n'est pas coupable d'avoir de mauvais penchants. La responsabilité s'attache uniquement à l'acte libre, c'est-à-dire au choix entre des impulsions diverses.

Dans toute action accomplie, les influences héréditaires et celles de l'éducation et de la société mettent en pleine lumière une solidarité qui concerne le passé. Si l'on remarque que le présent deviendra le passé pour l'avenir, la solidarité se présente sous un nouvel aspect, puisque chacun devient partiellement responsable d'actes qui seront accomplis par d'autres (102). La société humaine est un organisme, et il faut renoncer entièrement à l'idée qu'il existe des fautes purement individuelles. Un homme qui n'a ni enfants, ni parents aux besoins desquels il doive pourvoir, a un goût vif pour la boisson. Il pense qu'en se procurant des moments de douce gaieté, il ne fait de tort à personne, et que les conséquences de son habitude ne concernent que lui. Il se trompe. Ne parlons pas de l'exemple donné et de son influence. Cet individu était membre de la société, et la société pouvait attendre de lui tel service que le vice l'empêchera de lui rendre. Il croit ne nuire à personne; en réalité, il nuit à tout le monde.

105. *La solidarité dans le bien est le but des volontés libres.*

La solidarité est active ou passive, puisqu'elle résulte tantôt de l'action des individus sur la société et tantôt de l'action de la société sur les individus. Dans l'élément passif de la solidarité, on discerne deux instincts animaux qui se manifestent surtout chez les moutons et chez les singes. Le fait qu'un homme s'associe à une action collective par une impulsion naturelle et souvent irréfléchie est le résultat d'un instinct moutonnier. Cet instinct joue un rôle considérable, et souvent fort utile dans la vie sociale. S'il n'existait pas, la discipline dans les écoles et dans les armées deviendrait très difficile. L'action d'un groupe sur chacun de ses membres enlève aux actes une grande partie de leur valeur personnelle. Dans l'assaut d'une redoute, un grand nombre de soldats s'exposent au feu de l'ennemi, sans qu'on songe à leur accorder des éloges spéciaux; l'un d'eux se présente-t-il seul devant la bouche des canons? on le considère comme un héros. Sans l'instinct simien qui est analogue au précédent, et qui s'en distingue seulement parce qu'il porte à l'imitation d'un fait même individuel, l'éducation serait à peu près impossible et le développement de la civilisation se trouverait considérablement retardé.

La solidarité dans le mal est essentiellement passive, parce qu'elle résulte de la contagion d'exemples qui s'adressent aux impulsions mauvaises qu'ils fortifient.

La solidarité dans le bien renferme un élément passif; mais dans le plus grand nombre de cas, elle demande une activité personnelle qui s'oppose aux instincts du mouton et du singe. Si l'on s'en tient à l'expérience du dehors, au spectacle qu'offre la société, si l'on suit passivement le courant de l'opinion commune, on arrive à la pensée que la règle des actions humaines est, sinon le mal, du moins un bien extrêmement relatif et mélangé. Mais il y a une autre expérience, l'intérieure, celle de la conscience éclairée par le cœur et par la raison. La loi révélée par cette expérience-là est la substitution de la recherche du bien général à la lutte des intérêts, au règne de l'égoïsme, c'est-à-dire l'établissement d'une solidarité dans le bien résultant de l'acte de volontés libres. La maxime : « Tu aimeras ton prochain comme toi-même », est en contradiction, d'une part avec l'égoïsme, et d'autre part avec les exagérations d'une piété maladive, qui veut que l'homme s'anéantisse entièrement. Suivez les conséquences de cet anéantissement introduit par certains mystiques dans l'interprétation de la loi de la charité, que devient cette loi ? « Tu ne t'aimeras pas toi-même, et par conséquent tu n'aimeras pas ton prochain. » Mais voici le vrai sens de maxime : Tu cesseras de te considérer comme le centre du monde ; ton prochain est un être doué des mêmes droits que toi ; tes efforts doivent tendre, non pas à tes satisfactions exclusivement personnelles, mais au bien général de la société, dont tu fais partie et dans lequel ton propre bien se trouve compris.

Ces pensées se trouvent exprimées dans les plus anciens documents de la Chine, par ce proverbe : « Celui qui veut faire le bien des autres, a déjà fait le sien ». Dans l'antique poème indien du Ramayana, il est dit que le héros Râma faisait son bonheur du bonheur de toutes les créatures. Cicéron développe la pensée de l'amour égal que l'on doit avoir pour ses amis et pour soi-même[1] et crée le mot de charité (*caritas generis humani*). L'école stoïcienne, bien qu'elle recommande théoriquement l'égoïsme de l'orgueil, a des aspirations généreuses qui contredisent le fond de sa doctrine, et développe l'idée d'une société humaine universelle. La pensée de la solidarité dans le bien est produite par la conscience humaine, sous la condition d'une certaine culture intellectuelle et morale. Elle apparaît comme une lueur dans l'antiquité; de cette lueur, le christianisme a fait une lumière.

On peut se demander, en levant les yeux vers le ciel et en contemplant la multitude des astres qui peuplent le firmament, s'il existe des mondes où les conditions de la société idéale soient remplies, des mondes dont les habitants, mis en présence des tentations de la liberté, s'élèvent de l'innocence à la vertu et de la vertu à la sainteté par un effort collectif, tous se tendant spirituellement la main. Cette planète dans tous les cas n'est point notre terre; mais la supposition d'un tel état de choses exprime le but proposé aux volontés libres : la réalisation de la solidarité dans le bien.

Pour travailler en vue de ce but, il faut que l'individu, s'il est placé dans une solidarité mauvaise, se sépare et se singularise, mais sans tomber dans les pièges d'un isolement orgueilleux. Il faut se séparer, mais pour se réunir; il faut se singulariser, mais pour amener ses semblables à pour-

---

[1] *Tusculanes*, Livre III, § 20.

suivre en commun l'idéal qu'on a conçu. Lorsqu'un édifice est défectueux, on peut en disjoindre les matériaux, non pour les laisser dispersés sur le sol, mais pour construire un édifice nouveau. C'est en ce sens seulement que l'homme de bien peut et doit souvent se séparer dans ses pensées, ses sentiments et ses actes, de la société telle qu'elle est, en vue de la constitution d'une société meilleure.

Je n'aborderai pas ici dans leur généralité les problèmes multiples que soulève la question du bien et du mal. J'ai voulu seulement planter trois jalons pour l'étude de cette difficile question :

1° Le spiritualisme explique la possibilité du mal, tandis que tous les systèmes déterministes sont obligés de torturer la langue et la conscience en niant cette possibilité.

2° Dans l'étude du mal réalisé, il est nécessaire de prendre en considération la solidarité du genre humain.

3° La solidarité ne détruit pas la responsabilité individuelle et l'élément de liberté qui en est le fondement.

Le spiritualisme offre des solutions pour les problèmes soulevés par l'étude du libre arbitre; mais, d'autre part, il suscite des difficultés spéciales qui procèdent de ses doctrines.

CHAPITRE V.

OBJECTIONS A LA LIBERTÉ DÉDUITES DE LA THÉORIE SPIRITUALISTE.

L'idée du principe de l'univers telle qu'elle est formulée par le spiritualisme soulève trois difficultés au sujet du libre arbitre. La première provient de l'infinité de Dieu envisagée d'une manière générale; la seconde de l'infinité de sa puissance et la troisième de l'infinité de son intelligence.

106. *L'infinité de Dieu n'exclut pas la réalité des êtres finis.*

On a souvent déduit de l'idée du caractère infini du principe du monde la négation de la réalité des êtres particuliers. Une objection à l'existence de la liberté humaine se trouve ainsi renfermée dans une conception d'une portée plus générale. Voici le raisonnement : Toute existence autre que celle de l'Être-principe limiterait cet Être. Si Dieu est infini, il ne peut être limité, d'où résulte que rien n'existe hors de lui. Les êtres particuliers ne peuvent donc être que des modes de la substance unique. Considérer ces modes de l'être comme des entités distinctes est une erreur manifeste.

Cette conception est à la base des doctrines de Parménide et de Spinoza. C'est le panthéisme proprement dit, dont la négation du libre arbitre a toujours été et sera toujours la conséquence. Si l'on part de la réalité des êtres finis, l'argument se retourne et conclut à l'athéisme. On disait à Descartes : « Si Dieu existait, il y aurait un infini. Or l'infini exclut toute existence autre que la sienne ; d'où suit que la réalité des êtres finis exclut l'existence de Dieu[1] ».

Cette manière de raisonner s'applique légitimement à la conception de l'espace. Si l'espace est infini, il ne peut exister aucune étendue en dehors de lui et, d'une manière générale, il n'est pas d'axiome plus certain que celui-ci : en dehors de tout, il n'y a rien. Mais la question est de savoir si la conception *géométrique* de l'infini s'applique légitimement au principe de l'univers. Descartes résout très justement la difficulté qui lui est proposée en faisant appel à l'idée de la puissance. La puissance infinie, dit-il, doit avoir le pouvoir de créer. Dès que cela est compris, on voit bien que l'infinité de la puissance, loin d'exclure la réalité d'êtres particuliers, en indique au contraire l'existence possible, en donne la raison d'être. Il suffit pour cela de substituer à la conception géométrique de l'infini une conception dynamique. Mais, si la difficulté se trouve ainsi résolue pour l'existence des êtres particuliers en général, il sort de l'idée même de la puissance une objection spéciale contre l'existence des êtres libres.

---

[1] Secondes objections aux *Méditations métaphysiques*.

107. *La toute-puissance divine ne fournit pas une objection valable contre l'affirmation de la liberté.*

Voici comment se formule l'objection : Selon la doctrine spiritualiste, Dieu est la cause absolue et unique de l'univers. Il semble qu'on doive déduire de cette pensée qu'il ne se passe rien qui ne soit l'expression de sa volonté. En adoptant cette thèse, on sort de la conception géométrique de l'infini pour y substituer une conception dynamique ; mais on demeure dans un dynamisme *mécanique*. On conçoit l'infini de la puissance sous la notion d'une force demeurée unique qui réalise la plénitude de ses effets. Une conception *spirituelle* de la puissance infinie conduit à un résultat différent. L'idée d'une puissance créatrice est certainement supérieure à celle d'une puissance qui ne ferait qu'ordonner une matière préexistante, selon la conception dualiste qui demeure au fond de la pensée des philosophes grecs. Si l'on admet que la liberté est la plus haute manifestation de l'être (34), il en résulte, par une conclusion logique, que la création d'un être libre est la plus haute manifestation de la puissance créatrice. L'idée de l'infini appliqué à la puissance, loin d'exclure la liberté, l'affirme donc comme possible. La pensée contraire s'est souvent produite sous l'influence de deux sentiments religieux respectables : la piété et l'humilité.

La piété porte à attribuer tout pouvoir à Dieu seul, à voir en lui la seule cause efficiente. Malebranche s'efforce d'atténuer la valeur de la créature, de la dépouiller de sa réalité, pour concentrer en Dieu l'existence véritable. Calvin, au point de vue de la logique pure, semble se trouver d'accord avec Spinoza[1]. Cette direction de la pensée se montre avec éclat dans des paroles de Schleiermacher. L'idée essentielle de ce grand théologien est que la base de la religion est le sentiment de la dépendance. Si l'on entend par là le sentiment de l'obligation morale qui pose une loi à la liberté humaine, rien de mieux ; mais rien de plus funeste, si l'on entend que la puissance divine fait tout et l'homme rien. Schleiermacher, par moments au moins, n'a pas évité cet écueil. Il a glorifié Spinoza d'une manière assez imprudente en écrivant : « Sacrifiez avec moi une « boucle de cheveux aux mânes du saint et méconnu Spi-« noza ! Le sublime esprit du monde le pénétra, l'infini « fut son commencement et sa fin, l'universel son unique « et éternel amour. Vivant dans une sainte innocence et dans « une humilité profonde, il se mira dans le monde éternel « et il vit que lui aussi était pour le monde un miroir digne « d'amour. Il fut plein de religion et plein de l'Esprit Saint ; « aussi nous apparaît-il solitaire et non égalé ; maître en « son art, mais élevé au-dessus du profane, sans disciples « et sans droit de bourgeoisie [2] ».

Cet enthousiasme lyrique est difficile à concilier avec la foi des chrétiens, et n'exprime probablement qu'une disposition passagère de la pensée de Schleiermacher. Tout rapporter à Dieu est une tendance naturelle à la piété ; mais s'il faut considérer Dieu comme l'auteur du péché et traiter le repentir d'illusion, ainsi que le fait Spinoza, cette piété

---

[1] C'est l'affirmation de M. D. Tissot, professeur à l'école de théologie de Genève. Voir *la Réformation du XVIe siècle*, brochure in-8°, Genève 1835, note de la page 22.

[2] Cité dans les *Œuvres de Spinoza*, édition Saisset. Introduction, pages XIII et XIV.

devient blasphématoire. Une remarque de même nature s'applique à l'humilité.

Il faut distinguer l'humilité vraie, le sentiment d'un être qui se reproche d'avoir mal employé la force qui est en lui, et l'humilité fausse, le sentiment d'un être qui se considère comme n'étant rien et ne pouvant rien. Passer de l'idée que l'homme n'est rien par lui-même à cette autre idée qu'il n'est rien dans le sens absolu du terme, c'est dévoyer absolument le sentiment de l'humilité. Pour un être qui n'est rien, il n'y a ni action véritable possible, ni responsabilité, ni péché, ni repentir. On aboutit ainsi à un quiétisme dangereux (90). Fénelon est quelquefois sur la route de cette erreur. Il lui est arrivé d'écrire : « Se re-« noncer, c'est se compter pour rien ». Bossuet a répondu avec raison : « L'homme que Dieu a fait à son image, « n'est-il qu'une ombre?... n'est-ce qu'un rien[1]? » D'une manière générale, la tendance de la pensée, au XVIIe siècle, était d'anéantir la créature pour glorifier le Créateur. Au XVIIIe siècle, une tendance non moins prononcée était de nier le Créateur, ou d'atténuer l'idée de son pouvoir, afin de glorifier la créature. Il y a là deux erreurs opposées. La vérité est que si toutes les existences procèdent de Dieu, cause absolue de l'univers, et si la création d'êtres libres est la plus haute manifestation de sa puissance, le pouvoir libre procède de Lui, mais non pas l'emploi de ce pouvoir. De même, dans l'ordre physiologique, la force dont l'homme dispose procède de l'état de son corps, mais non pas la direction donnée à cette force (76). Dieu doit être glorifié dans la création des esprits, plus encore que dans celle de

---

[1] Oraison funèbre de la duchesse d'Orléans.

la nature; et l'homme doit s'humilier du mauvais emploi du pouvoir par lequel il ressemble au Créateur dans la mesure où le fini peut reproduire l'image de l'infini (93). Lorsque cela est compris, la piété et l'humilité prennent leur sens véritable et ne risquent plus d'engendrer de graves erreurs.

Il est intéressant de constater la rencontre d'un sentiment religieux dévoyé avec les déductions des faux systèmes de philosophie. Pour le matérialisme, l'homme n'est que le produit passager d'une agrégation d'atomes; l'esprit n'a aucune réalité substantielle; il ne possède aucun pouvoir. L'idéalisme conséquent arrive au même résultat; les individus ne sont que les manifestations temporaires des idées; le plus haut point de la sagesse est d'arriver à reconnaître que l'homme n'est rien, que toute action est illusoire. C'est ainsi que des sentiments religieux et des vues philosophiques s'accordent pour anéantir ce que Jules Lequier appelle avec raison « le témoignage intérieur de l'âme « créée à l'image de Dieu et capable de lui résister puis-« qu'elle doit lui obéir (38) ». L'humiliation profonde qui devrait résulter logiquement de la négation du pouvoir des créatures est généralement démentie par la pratique. Les matérialistes sont volontiers fiers; Pascal en fait la remarque, et Cicéron l'avait faite avant Pascal[1]. Les idéalistes donnent souvent lieu à la même observation. Il y a là une contradiction apparente facile à expliquer. Des hommes qui croient posséder l'explication universelle des phénomènes en se passant du Créateur, éprouvent une satisfaction intel-

---

[1] Velleius fidenter sane, ut solent isti, nihil tam verens, quam ne dubitare aliqua de re videretur. De *natura deorum*. Livre I, § 8.

lectuelle qui les élève à leurs propres yeux, lors même que le contenu de leur doctrine devrait les abaisser.

La puissance suprême se manifeste dans la création des êtres libres ; elle se maintient en présence des écarts de la liberté par les conséquences naturelles de la révolte des volontés créées contre leur loi.

108. *La loi de la souffrance impose une limite aux écarts de la liberté humaine.*

On a souvent remarqué le caractère bienfaisant de la douleur physique. Les désordres de l'organisme sont une cause de destruction, un acheminement à la mort. Si ces désordres n'étaient pas accompagnés de douleurs, s'ils suivaient leur cours sans un avertissement de leur présence, l'espèce humaine serait promptement détruite. C'est ce qui a fait dire à Voltaire :

> « C'est à la douleur même
> « Que je connais de Dieu la sagesse suprême :
> « Ce sentiment si prompt dans nos corps répandu,
> « Parmi tous nos dangers sentinelle assidu,
> « D'une voix salutaire incessamment nous crie :
> « Ménagez, défendez, conservez votre vie [1] ».

Tel est, dans l'organisation du monde, le rôle de la douleur physique. Une loi semblable existe dans l'ordre spirituel. L'accomplissement du bien est la condition du bonheur ; la souffrance est l'ombre qui accompagne la pratique du mal. On peut, en dehors de l'ordre, trouver des voies passagères, des plaisirs ; sans cela les hommes n'étant

---

[1] *Discours sur l'homme.* Cinquième discours : *Sur la nature du plaisir.*

jamais attirés que par le bien seraient tous des saints. Mais s'il y a des plaisirs en dehors de l'ordre, il n'y a jamais de bonheur ; la violation de la loi morale se traduit toujours par un état de malaise : le remords ou l'ennui, le vide, un sentiment pessimiste de l'existence. La douleur tend à ramener au bien ; elle a souvent cet effet, soit pour les individus, soit pour les nations. Les souffrances personnelles sont un avertissement salutaire pour l'individu, et les orages sociaux purifient parfois l'atmosphère. C'est ainsi que la puissance divine se maintient : les rebelles sont ramenés à l'ordre par les conséquences de leur révolte. Cela arrive ; mais cela est loin d'arriver toujours. Combien d'hommes persévèrent dans une conduite dont ils constatent pourtant les suites funestes! De là naît une question sérieuse.

109. *L'avenir des esprits créés soulève un problème dont la solution philosophique présente de graves difficultés.*

Ce problème, le voici : Le spiritualisme admet que le but de l'univers est le bonheur des esprits créés, bonheur qui doit être le résultat de l'emploi de leur liberté. Or il est manifeste que, dans le monde que nous pouvons connaître par l'expérience, on ne trouve la réalisation pleine, ni du bonheur qui est le but, ni de la vertu qui est le moyen. L'effet réparateur de la souffrance ramenant au bien les volontés égarées est loin d'être universel, en sorte que la volonté créatrice, telle que le spiritualisme la comprend, ne s'accomplit pas dans l'économie actuelle ; ne s'accomplira-t-elle jamais ? telle est la question.

On cherche une réponse dans l'affirmation d'une économie future où toutes les volontés rentreront dans l'ordre. Cette doctrine, qu'on rencontre déjà dans d'anciens documonts de l'Inde et de la Perse, a été reproduite avec éclat dans le monde chrétien par Origène. On la désigne par les termes de rétablissement final, de salut universel, ou plus brièvement d'universalisme. Je n'ai point à l'étudier ici d'une manière générale, mais seulement dans son rapport avec l'objet de mon étude. On élève contre le libre arbitre une objection déduite de l'idée de la toute puissance divine : Dieu étant tout puissant, il ne peut exister des actes contraires à sa volonté. A cela, nous avons répondu : 1° la manifestation la plus élevée de la puissance consiste dans la création d'êtres libres ; 2° les écarts des volontés créées trouvent une limite dans la loi de la souffrance. L'universalisme admet que cette loi obtiendra son plein effet, que toutes les créatures arriveront au bonheur, et qu'ainsi, sous la condition du temps, la volonté suprême sera pleinement accomplie. Cette doctrine se heurte à une difficulté grave :

La liberté ne peut pas être contrainte ; car si elle était contrainte, elle ne serait plus. L'expérience montre que, dans le monde actuel, elle peut persévérer et persévère souvent dans la révolte contre la loi ; pourquoi n'en serait-il pas toujours ainsi ? Si la souffrance est sans fin comme la révolte, que devient la puissance divine qui veut le bien des créatures ? La liberté est le moyen pour arriver au bonheur ; mais s'il y a des créatures toujours malheureuses, le but est manqué. Lorsque Dante et son guide arrivent à la porte de l'enfer, ils y lisent cette inscription : « Je suis l'œuvre de la divine puissance, de la souveraine « sagesse et du premier amour [1] ». Ces paroles font allusion

---

[1] *L'Enfer.* Chant III au commencement.

au dogme de la Trinité. On comprend qu'un lieu de tourments sans terme soit l'œuvre de la puissance et d'une sagesse manifestée par l'accomplissement de la justice ; mais il est difficile d'entendre que des supplices sans fin soient l'œuvre du premier amour. La difficulté naît de la double face sous laquelle on peut considérer la volonté suprême. Si on fixe son attention sur l'idée de sa bonté, le bonheur des créatures se montre comme le but de l'évolution du monde, et l'espérance que tout finira bien entre dans le cœur. Mais si l'on se tourne vers la notion de la liberté dont l'essence est de pouvoir résister aux conditions du bien et du bonheur, le doute reparaît et de sombres nuages s'élèvent à l'horizon de la pensée. Charles Secrétan, après avoir présenté les deux côtés du problème, arrive à cette conclusion : « Je finis par l'aveu de mon ignorance [1] ».

Une hypothèse qui a trouvé, de nos jours, des défenseurs nombreux s'offre ici comme une solution du problème, comme un moyen de concilier la liberté des créatures et le plein accomplissement de la volonté créatrice. Il s'agit d'admettre l'anéantissement final des volontés rebelles. A ce point de vue, la souffrance a pour mission de ramener les volontés égarées, mais si elle ne les ramène pas, elle finit par les détruire ; c'est un feu qui consume ce qu'il n'a pas réussi à purifier. Dans cette hypothèse la liberté est maintenue dans la plénitude de ses effets ; elle a même le pouvoir de se détruire. Ainsi le but du Créateur, qui est le

[1] *La Philosophie de la Liberté.* Leçon XXXVI, page 397 de la première édition. Dans un écrit plus récent, Charles Secrétan paraît se prononcer en faveur de la doctrine de l'immortalité conditionnelle. Voir *la Civilisation et la Croyance.* Lausanne 1887, pages 399 à 402.

bonheur des êtres libres, et la liberté qui est le moyen, ne se trouvent plus en opposition, mais s'accordent dans le bonheur de tous les êtres qui auront survécu à l'épreuve de la liberté, dans le bonheur de tous les *vivants*.

Cette doctrine est proposée de nos jours, à titre de vérité révélée, par des théologiens qui y attachent une grande importance [1]. Aborder le sujet à ce point de vue serait sortir du programme de mon étude. Je n'ai à envisager la question que dans les conditions spéciales de la philosophie.

Rousseau, dans une lettre du 18 février 1758 adressée au pasteur Vernes, exprime l'idée que la fin des méchants pourrait bien être l'anéantissement et que « sentir et exister « seraient le prix d'une bonne vie ». H. B. de Saussure, dans son cours de philosophie, faisait une mention rapide de cette doctrine, qu'il repoussait sans du reste la discuter [2]. En 1862, M. Charles Lambert a soutenu l'idée d'une immortalité facultative qui ne se réaliserait que pour ceux qui l'auraient méritée [3]. Un philosophe allemand, Lotze, se prononce dans le même sens [4]. Enfin M. Renouvier, qui a déclaré d'abord que, en suivant les règles d'une méthode sévère, « on ne peut guère espérer de sortir de

---

[1] *L'immortalité conditionnelle ou la vie en Christ*, par Edward White, traduction Charles Byse, un volume in-8°, Paris 1880. Voir aussi, entr'autres écrits, ceux de M. Petavel Olliff, l'un des défenseurs les plus convaincus et les plus zélés de la doctrine, et spécialement le *Salut universel au point de vue de l'immortalité facultative*. Paris, Grassart 1884.

[2] *Bibliothèque universelle*. Mai 1883, page 290.

[3] *Le Système du monde moral*, un volume in-8°. Paris, Michel Lévy, 1862.

[4] *Principes généraux de Psychologie physiologique*. Traduction Peujon. 1 vol. in-18. Paris, Germer Baillière, 1881, page 104.

l'ignorance en de telles matières[1] » s'est ensuite prononcé nettement en faveur de la doctrine de l'immortalité conditionnelle dans les lignes suivantes : « L'anéantissement, « c'est-à-dire la *mort* pure et simple, comme fin du mal « dans la conduite, parallèlement à la vie immortelle et « impeccable, comme fin du bien poursuivi par la volonté ; « telle est l'hypothèse la plus satisfaisante pour le sentiment, « et la plus irréprochable au point de vue de la justice[2] ». Il importe de prévenir ici un grave malentendu. Dans la pensée des partisans de l'immortalité facultative, la doctrine ne signifie pas qu'au moment de la mort terrestre, les volontés rebelles soient anéanties. Entendue en ce sens, la doctrine renverserait les fondements de la morale. Si au moment où un malfaiteur commence à supporter les conséquences de ses méfaits, il lui suffisait de se tuer pour rentrer dans le néant, et pour échapper ainsi à toute sanction, l'idée de la justice s'évanouirait. Les partisans de l'immortalité facultative, si je comprends bien leur pensée, admettent la survivance au delà de la mort, et l'existence d'une autre vie où la liberté subsistera. Leur thèse est que, si la révolte de la volonté dure indéfiniment, cette révolte prendra les caractères d'une maladie incurable, qui, à la suite d'angoisses prolongées, conduira à l'anéantissement. C'est la peine de mort dans le monde des esprits, peine qui n'est pas prononcée par un tribunal extérieur, mais que la volonté rebelle s'inflige elle-même, en se séparant du principe de la vie ; c'est un suicide. Les deux idées de la loi et de sa sanction sont donc maintenues, en sorte que la

[1] *La Critique philosophique* du 23 février 1884, page 58.

[2] *Esquisse d'une classification systématique des doctrines philosophiques.* Paris 1886, tome II, page 337.

morale, dont les bases sont respectées, n'a pas un intérêt considérable dans le débat.

Telle est l'hypothèse proposée pour concilier la liberté de la créature avec la puissance du Créateur. Y a-t-il contre cette manière de voir un argument philosophique qui permette de l'écarter par une considération *a priori*? Il y en aurait un, si l'on admettait l'immortalité essentielle des esprits; mais admettre que les esprits soient immortels nécessairement et par essence, c'est se mettre en pleine contradiction avec la doctrine de la création. Si les esprits sont créés, ils ne possèdent pas l'immortalité en vertu d'une nécessité primitive; ils ne pourraient la posséder ainsi que s'ils étaient, non pas une création, mais une émanation du principe de l'univers. Saint-Thomas pose la question suivante : « Dieu peut-il faire rentrer un être dans le néant? » il répond : « Dieu n'ayant pas donné et ne conservant pas « nécessairement mais librement l'existence aux créatures, « il peut les faire rentrer dans le néant, s'il en a la « volonté [1] ». La doctrine de la création, qui est l'une des bases essentielles du spiritualisme, étant admise, on ne peut donc pas opposer à l'idée de l'immortalité conditionnelle la thèse que les esprits seraient immortels par essence; mais sans être nécessairement immortels, ils peuvent l'être par la volonté du Créateur, selon cette autre thèse de Saint-Thomas, qui reproduit une pensée de Platon [2] : « Dieu a créé les choses pour qu'elles fussent ». Voici donc la difficulté qui subsiste. Il faut admettre en Dieu deux volontés : l'une qui a créé des êtres libres pour qu'ils fussent et l'autre qui veut leur bonheur. L'anéantissement final des

---

[1] *Somme théologique.* Partie I, question 104, article 3.
[2] Le *Timée*, page 137 de la traduction Cousin.

créatures révoltées a pour effet que, en ce qui les concerne, ni l'une ni l'autre des deux volontés ne se trouvent réalisées. On peut répondre que c'est le résultat d'une volonté conditionnelle dans laquelle le but était subordonné à l'emploi d'un moyen : la vie durable n'était offerte qu'aux esprits qui voudraient en remplir les conditions ; ceux qui ne le veulent pas portent la conséquence prévue de leurs actes.

En résumé : Si l'on se place au point de vue purement logique, la durée indéfinie de la souffrance produite par une révolte permanente, ou l'anéantissement final des volontés obstinément rebelles offrent des conciliations, sinon entièrement satisfaisantes, du moins sérieuses de l'idée de la puissance divine et de celle de la liberté créée. Si l'on écoute les raisons du cœur, la pensée d'une restauration universelle, la prévision d'un état où tous les esprits rentrés dans l'ordre, arriveraient au bonheur par l'effet de souffrances purifiantes a quelque chose de plus séduisant. Je ne pense pas qu'une philosophie prudente puisse arriver sur ce sujet à une conclusion absolue, et, je le répète, les solutions d'un ordre spécialement religieux qui reposent sur une autorité de foi sont en dehors du programme de mon étude. Ce qui rentre directement dans ce programme, c'est l'affirmation que l'idée de la puissance divine ne fournit pas une objection valable contre l'affirmation du libre arbitre ; mais il reste à étudier une difficulté très sérieuse.

110. *L'idée de la prescience divine crée une difficulté sérieuse pour la doctrine du libre arbitre.*

La plupart des philosophes spiritualistes admettent que l'omniscience est un des attributs de la divinité. Dieu connaît l'avenir aussi bien que le présent et le passé. De là une objection contre le libre arbitre qui se présente sous la forme du syllogisme que voici :

Majeure. Ce qui est prévu avec certitude ne peut pas être libre.

Mineure. Les actions des hommes sont prévues avec certitude par Dieu.

Conclusion. Les actions des hommes ne sont pas libres.

La majeure est difficile à nier, bien que Reid ait entrepris de le faire[1]. Le propre d'un acte libre paraît être sa contingence, et la contingence semble inconciliable avec une prévision certaine qui suppose la nécessité. C'est une thèse déjà développée par Cicéron[2], et bien souvent reproduite. Si la majeure et la mineure sont admises, la conclusion est valable, car le raisonnement est correct. A ce syllogisme on a opposé le syllogisme suivant qui se trouve dans les scolastiques, et qui a été reproduit jusqu'à nos jours :

Majeure. Les choses sont telles que Dieu les prévoit.

Mineure. Dieu prévoit les actions des hommes comme libres.

Conclusion. Les actions des hommes sont libres.

Cet argument a été accepté par des savants estimables. La mineure ne renferme-t-elle pas cependant une pétition de principe, puisque la question est de savoir si une action libre peut être prévue? La difficulté est grave; aussi elle a porté un grand nombre de philosophes à nier l'une des deux idées qu'il s'agit de concilier. Les déterministes de

---

[1] *Œuvres complètes de Thomas Reid*, traduction Jouffroy, tome VI, pages 275 et suivantes.

[2] *De divinatione.* Livre II, chapitres 6 et suivants.

toutes les écoles ont nié la liberté. D'autres penseurs ont pris le parti de nier la prescience divine pour sauver le libre arbitre. Antoinette Bourignon écrivait: « Ce n'est que « par son libre arbitre que l'homme est l'image de Dieu. « Devant le libre arbitre s'arrête la prescience divine. Dieu « ne veut pas même savoir ce que l'homme fera [1] ». Un « savant allemand, le docteur Rothe, a émis, de nos jours, des pensées analogues. La dernière phrase d'Antoinette Bourignon ne supporterait pas l'examen si on l'entendait en ce sens que Dieu ne voudrait pas savoir ce qui pourrait être su; mais elle prend un sens acceptable si on l'interprète ainsi: En créant des êtres libres, Dieu a permis la possibilité d'actes contraires à sa volonté, et par là même il a renoncé pour ces actes à une prescience, qui demeure certaine pour tout ce qui n'est que l'expression de sa volonté même.

Ceux qui n'ont voulu sacrifier ni la liberté, ni la prescience ont dit: Nous sommes en présence de deux vérités solidement établies; il faut les retenir l'une et l'autre, lors même que nous ne pouvons pas les concilier. C'est la thèse de Saint-Augustin qui demande qu'on admette la prescience divine afin de bien croire, et le libre arbitre de l'homme afin de bien vivre[2]. Bossuet développe la même pensée dans ces paroles souvent citées: « La première règle de « notre logique, c'est qu'il ne faut jamais abandonner les

---

[1] Voir les *Essais de critique philosophique* de M. Franck. Paris 1885, page 187.

[2] Nullo modo cogimur, aut retenta præscientia Dei, tollere voluntatis arbitrium; aut retento voluntatis arbitrio, Deum (quod nefas est) negare præscium futurorum; sed utrumque amplectimur, utrumque fideliter et veraciter confitemur; illud, ut bene credamus, hoc, ut bene vivamus. *La Cité de Dieu*. Livre V, chapitre 10, § 2.

« vérités une fois connues, quelque difficulté qui survienne
« quand on veut les concilier; mais qu'il faut au contraire,
« pour ainsi parler, tenir toujours fortement comme les
« deux bouts de la chaîne, quoiqu'on ne voie pas toujours
« le milieu, par où l'enchaînement se continue [1] ».

Voilà une règle de logique excellente; mais, à moins
d'admettre avec Hegel l'identité des contraires, on ne peut
pas appliquer cette règle dans les cas où il s'agit de deux
affirmations vraiment contradictoires. Y a-t-il contradiction
proprement dite entre l'omniscience divine et la liberté des
créatures? Moïse Maïmonide pensait que non, et voici ses
raisons pour admettre que la liberté et l'omniscience, inconciliables en apparence, ne le sont pas en réalité : « Nous
« savons très bien ce que c'est que la liberté; nous voyons
« qu'elle est le principe de nos actions et la condition de
« notre responsabilité; nous n'avons pas une idée aussi
« nette de la prescience de Dieu, ou de la manière dont
« les choses sont présentes à sa pensée et soumises à ses
« décrets : il nous est donc impossible de soutenir que ces
« deux choses sont inconciliables entr'elles [2] ». Pour prononcer que deux jugements sont contradictoires, il faut
posséder une vue nette du sens et de la portée de chacun
de ces jugements. Or, nous n'avons pas une conception
assez claire de la manière dont les choses sont présentes
à la pensée divine pour en déduire une objection valable
contre le libre arbitre. Telle est la pensée de Maïmonide
qui peut être éclaircie par l'étude de sa base métaphysique.

---

[1] *Traité du libre arbitre.* Chapitre IV.
[2] *Études orientales* de M. Franck. Paris 1861, page 355.

111. *L'objection à la liberté tirée de la prescience divine trouve une réponse dans le mystère de l'éternité.*

Le mot éternité a deux sens. Dans son acception la plus ordinaire, il signifie la succession indéfinie du temps; mais, toutes les fois que la culture philosophique a atteint un certain degré, on a conçu sous le nom d'éternité un mode d'existence étranger au temps. L'éternité entendue dans ce sens n'exclut pas seulement les idées d'un commencement et d'une fin, mais celle d'un écoulement, d'une succession; ce n'est pas la prolongation sans terme du temps; c'est sa négation. Cette conception, malgré sa difficulté, s'est imposée, à toutes les époques, aux esprits spéculatifs qui en ont fait l'application au principe de l'univers. Voici comment Plutarque l'expose sous l'influence des doctrines de Platon et d'Aristote[1]: « Quel est l'être véritable? C'est celui « qui existe de toute éternité, qui n'a ni origine, ni terme, « à qui le temps ne fait éprouver aucune vicissitude. Dieu « est donc nécessairement, et son existence est *hors du* « *temps*. Il est immuable dans son éternité. Il ne connaît « pas la succession des temps: il n'y a en lui ni temps anté-« rieur, ni temps postérieur, ni rien de récent. Seul il *est*; « son existence est l'éternité, et par la raison qu'il EST, il « EST véritablement. On ne peut pas dire de lui qu'il a été; « qu'il sera, qu'il a eu un commencement et qu'il aura une « fin. Voilà sous quelle dénomination il faut connaître et « adorer cet Être suprême [2] ». Cette conception étant admise,

---

[1] Pour Platon voir le *Timée*, page 130 de la traduction Cousin, pour Aristote le livre XII de la *Métaphysique* et les livres VII et VIII de la *Physique*.

[2] Que signifie le mot *Ei?* dans les *Œuvres morales* de Plutarque, traduction Ricard, tome II, pages 246 et 247.

il en résulte que pour Dieu toutes choses sont présentes; il ne *prévoit* pas, mais il *voit*, comme l'a fait remarquer Saint-Augustin[1].

Dès lors plus de difficulté. La connaissance d'un acte n'élève certainement aucune objection contre la liberté. Ce n'est pas de la *science* que naît l'objection, mais de la *prescience;* et il n'y a pas de prescience pour un Être qui voit toutes choses dans un présent éternel. Ce raisonnement a été présenté par Boëce dans des pages d'un haut intérêt. Il commence par établir que les choses ne sont connues que selon les facultés du sujet qui connaît, et non pas dans leur propre nature[2]. L'homme qui vit dans le temps connaît la loi de la succession; pour Dieu, il n'y a ni passé, ni futur. Partant de là, Boëce écrit: « Pourquoi « veux-tu subordonner à la nécessité les événements aperçus « par la divine lumière, lorsque les hommes même ne né- « cessitent pas ce qui s'accomplit sous leurs yeux? Est-ce « que la notion que tu acquiers d'un fait actuel rend cet acte « plus nécessaire? Nullement. Or, s'il est possible de com- « parer le présent de l'homme au présent de Dieu, Dieu « voit toutes choses dans son présent éternel de la même « façon que vous en voyez quelques-unes dans votre pré- « sent momentané[3] ». Ces pensées ont une analogie frap-

---

[1] Res non sunt in Deo futuræ, sed præsentes, ac per hoc non jam *præscientia* sed tantum *scientia* dici potest. Voir le développement de la même pensée dans la *Somme* de St Thomas. Partie I, question XIV, article 13.

[2] Omne enim quod cognoscitur, non secundum sui vim, sed secundum cognoscentium potius comprehenditur facultatem. *De consolatione philosophiæ*, Lib. V, § 7.

[3] Quid igitur postulas, ut necessaria fiant quæ divino lumine lustrentur, quum ne homines quidem necessaria faciant esse quæ videant? Num enim quæ præsentia cernis, aliquam eis necessitatem tuus addit

pante avec celles de Kant; mais voici la différence : Kant veut nous faire entendre qu'un acte est à la fois libre et déterminé, libre dans le monde extra-temporel, déterminé dans le domaine de l'expérience. Boëce ne part pas d'une conception déterministe de la science. Les actes sont libres; mais pour Dieu qui existe hors du temps, ils sont l'objet d'une vision qui n'enlève rien à leur liberté, et dont le mode nous échappe. La prévision *humaine* est incompatible avec le libre arbitre ; mais lorsqu'on étend ce principe à la prévision *divine*, qui n'est qu'une vision, on établit une équation fausse entre des quantités dissemblables.

Au moyen de ces considérations, la pensée de Maïmonide se justifie et se complète. Nous n'avons pas, nous ne pouvons pas avoir une idée nette de la manière dont les choses sont présentes à l'intelligence divine, et la pensée de l'éternité rend compte de l'obscurité dont ces hautes questions demeurent enveloppées. Que le futur soit présent pour l'Esprit éternel, c'est assurément un mystère; mais nous ne sommes plus en présence de la contradiction, et nous pouvons appliquer la règle de Bossuet : « tenir « toujours fortement comme les deux bouts de la chaîne, « quoiqu'on ne voie pas toujours le milieu par où l'enchaî- « nement se continue ».

112. *Le spiritualisme ouvre à l'explication des actions humaines une voie que ferment les systèmes déterministes.*

Les faits sont pour une science sérieuse la base et le contrôle des théories. Existe-t-il des faits moraux et sociaux

intuitus? Minime. Atqui, si est divini humanique præsentis digna collatio, uti vos vestro hoc temporario præsenti quædam videtis, ita ille omnia suo cernit æterno. — *Ibid.* § 11, page 320 de l'édition de M. Judicis de Mirandol.

qui aient un autre caractère que les phénomènes physiques? Si de tels faits existent, quel est le caractère spécifique qui les distingue des autres? L'analyse établit que ce caractère spécifique est un élément de liberté et de responsabilité. L'existence de cet élément est une des données du problème universel, et offre à la synthèse un point de départ et un moyen de contrôle. Le matérialisme et l'idéalisme, si différents d'ailleurs, se trouvent d'accord pour une conception du principe de l'univers qui entraîne la négation de la liberté. Si l'affirmation de la liberté est un résultat légitime de l'analyse, ces deux systèmes se trouvent donc exclus par l'application de la méthode scientifique; reste le troisième. Assurément le spiritualisme ne déchire pas tous les voiles et ne supprime pas tous les mystères; mais il laisse la voie ouverte pour l'explication de la nature de l'homme et de ses destinées, tandis que les théories déterministes, dès qu'on en discerne les inévitables conséquences, froissent le cœur, révoltent la conscience et contredisent la raison.

CONCLUSION.

On rencontre dans les poëmes d'Homère deux courants d'idées distincts, et, en quelque mesure, opposés. D'une part, le destin y apparaît comme une puissance impersonnelle, fatale, qui dirige souverainement les dieux et les hommes; et, d'autre part, on voit, soit les hommes, soit les dieux, avoir le sentiment d'une énergie personnelle qui les porte à braver le destin[1]. L'esprit héroïque aspire ainsi à se dégager des liens du fatalisme oriental. La civilisation grecque se développe. Dans la pratique se manifeste un vif sentiment de liberté; au-dessus de la couche des esclaves s'élève une race de citoyens jaloux, sinon de leur indépendance personnelle, du moins de l'indépendance de la société dans laquelle ils exercent une part de souveraineté. Pendant que l'idée et le sentiment de la liberté se développent ainsi sur le terrain pratique, la spéculation philosophique suit une marche inverse. Après Socrate, qui avait un vif sentiment de la valeur de la personne humaine, les

---

[1] On trouvera quelques indications à cet égard, dans l'Encyclopédie homérique placée par M. Giguet à la fin de sa traduction de l'Odyssée, article *Destin*.

tendances déterministes envahissent la science. On ne rencontre guère dans la philosophie que des aveux en faveur du libre arbitre, aveux qui contredisent les conséquences logiques des doctrines. La vie pratique va donc dans une direction et la science dans une autre. L'Europe moderne présente un spectacle analogue. L'idée de la liberté se développe avec un vif sentiment de la valeur des individus, sentiment plus ou moins inconnu à l'antiquité. En même temps, un des courants principaux de la science amène ceux qui le suivent à expliquer les destinées de l'homme et de l'humanité par des lois identiques à celles qui régissent les mouvements de la matière inerte, c'est-à-dire à proclamer la théorie de l'universelle nécessité. Cette opposition entre la théorie et la pratique n'est point normale; la maintenir serait appeler de plus en plus le discrédit sur la philosophie. De même, en effet, qu'un organisme vivant rejette les éléments morts, l'esprit humain ne peut pas s'assimiler des doctrines qui contredisent le sentiment immédiat de la réalité.

La cause de la liberté est souvent compromise par les exagérations de ses partisans; cela est vrai en politique, et cela n'est pas moins vrai en philosophie. Soutenir la liberté d'indifférence, méconnaître les conditions organiques de la vie, c'est rendre l'affirmation du libre arbitre légitimement suspecte aux hommes qui sont au courant de la marche et des progrès de la science. Pour maintenir l'idée de la liberté, il importe de ne jamais perdre de vue les rapports du libre arbitre avec les éléments de la nature. Les éléments de la nature constituent la part du déterminisme dans le phénomène complexe des volitions humaines; cette part doit être faite sans réserves et sans réticences. C'est ainsi que doivent se concilier deux tendances divergentes de la pensée. L'affirmation de la liberté *relative* offre la synthèse de l'idée de la liberté et de celle de la nécessité, en indiquant l'application légitime de ces notions. Mais liberté et nécessité demeurent des termes contradictoires en eux-mêmes, et qui ne sauraient par conséquent être attribués au même sujet. Toute synthèse qui prétendrait effacer cette contradiction, et ramener à l'unité deux éléments distincts, au lieu d'en constater les rapports, ne pourrait être qu'une négation du libre arbitre.

La question suprême de la philosophie est celle-ci : Existe-t-il un plan de l'univers qui se déroule fatalement, en sorte que l'homme n'ait pas plus d'influence sur ses propres destinées que l'astronome n'en a sur la marche des étoiles, ou bien existe-t-il une partie du plan de l'univers proposée à la liberté et dont la connaissance impose l'action? Au point de vue de la pratique il n'y a pas d'hésitation possible; la seconde conception s'impose. N'est-il pas temps que la science s'incline devant ce grand fait, qu'elle renonce à vivre dans un monde d'abstractions inconciliables avec la réalité? N'est-il pas temps que la philosophie reconnaisse que si le déterminisme est le postulat de toutes les sciences physiques et physiologiques, l'admission d'un élément de liberté relative, est, non moins certainement, le postulat de toutes les sciences psychologiques et morales?

RÉSUMÉS.

PREMIÈRE PARTIE.

ANALYSE.

CHAPITRE PREMIER.

L'IDÉE DE LA LIBERTÉ.

1. Le mot liberté a un sens universel, un sens social et un sens psychique.
2. La liberté, au sens universel du terme, est l'état d'un être qui réalise sans obstacle les lois de sa nature.
3. La liberté, au sens psychique du terme, est le pouvoir de choisir entre diverses résolutions.
4. La liberté doit être distinguée de la spontanéité.
5. La liberté humaine est relative parce que la volonté ne peut que choisir entre divers actes dont la pensée préexiste à sa détermination.
6. La liberté humaine est relative parce que la volonté ne peut que choisir entre des impulsions qui préexistent à son acte.
7. La liberté humaine est relative parce que son exercice est soumis à des conditions physiologiques.
8. La liberté humaine est relative parce que son emploi légitime est réglé par une loi.

9. La liberté n'aurait pas l'occasion de se manifester si la volonté était en présence des seules impulsions de la sensibilité.
10. La raison permet à l'homme de choisir entre sa jouissance actuelle et son intérêt.
11. Le sentiment esthétique appelle l'homme à choisir entre son plaisir ou son intérêt et la réalisation de l'idéal.
12. La conscience morale appelle l'homme à choisir entre son intérêt et son devoir.
13. La raison et la conscience fournissent à la volonté des *motifs* qui sont d'une autre nature que les *mobiles* de la sensibilité.
14. L'élément libre de la volonté doit être distingué du fait complexe d'une volition.
15. L'élément libre de la volonté ne se prête pas à l'analyse.
16. Le terme de *libre arbitre* exprime convenablement le rôle de l'élément libre de la volonté.
17. La question du libre arbitre est celle de la réalité substantielle de l'esprit.
18. L'élément libre de la volonté est la condition de la conscience psychique.
19. L'école sensualiste ne peut pas rendre compte de l'origine de la conscience.
20. L'élément libre de la volonté constitue la personnalité.
21. La personne humaine est intimement unie à une individualité psychique.
22. L'étude de l'individualité psychique de l'homme peut éclairer la question de la nature psychique des bêtes.
23. Le passé de la liberté se retrouve dans le présent de la nature.
24. La personnalité fait l'unité de l'esprit.
25. Les objections physiologiques à l'unité de la personne humaine reposent souvent sur une confusion d'idées.
26. L'aliénation complète est la suppression totale des manifestations de la personne.

27. Les cas de vie multiple cités pour établir la négation de l'unité de la personne ne sont pas probants.
28. La liberté de choix, ou le libre arbitre, a pour fin légitime la réalisation de la loi de la volonté, ou la liberté de nature.
29. L'homme ne peut que choisir entre l'obéissance et l'esclavage.
30. La liberté est une quantité variable.
31. La liberté est la plus haute manifestation de l'être.
32. La liberté ne peut être la transformation d'éléments d'une autre nature.
33. La valeur réelle de la personne humaine résulte de l'emploi de sa liberté.

CHAPITRE II.

LES SIGNES DE LA LIBERTÉ.

34. Tous les phénomènes psychiques sont liés à des mouvements.
35. Les mouvements volontaires se distinguent des mouvements contraints et des mouvements spontanés.
36. Les mouvements volontaires ont pour caractère spécifique la conscience de la liberté.
37. La liberté se manifeste dans les fonctions de l'intelligence par l'acte de l'attention.
38. L'homme a un sentiment immédiat de son propre pouvoir.
39. La liberté est le postulat d'une série d'idées, de sentiments et de jugements.
40. L'existence du libre arbitre est l'explication la plus naturelle de l'idée de la liberté.
41. L'idée du possible suppose celle de la liberté.
42. L'idée de la nécessité suppose celle de la liberté.
43. Les idées du péché et de la vertu supposent la liberté.
44. Le sentiment de l'obligation morale suppose la liberté.
45. Les sentiments du regret et du repentir supposent la liberté.

46. Le sentiment de l'esclavage suppose la liberté.
47. La responsabilité, qui est la base des jugements moraux et des sentiments qui s'y associent, suppose la liberté.
48. L'influence que les hommes cherchent à exercer les uns sur les autres suppose la liberté.
49. L'organisation sociale suppose la liberté.
50. L'histoire du genre humain suppose la liberté.
51. La négation de la liberté entraîne logiquement la destruction de la morale.

CHAPITRE III.

OBJECTIONS A LA LIBERTÉ.

52. L'objection physiologique à la liberté résulte de la confusion entre l'existence du libre arbitre et les conditions de son exercice.
53. Les phénomènes de l'hypnotisme doivent être étudiés dans leur rapport avec la question du libre arbitre.
54. L'hypnotisme est la production artificielle de phénomènes naturels.
55. L'hypnotisme est la suppression momentanée de la personne.
56. Le caractère fatal des suggestions hypnotiques subies dans l'état de veille n'est pas expérimentalement démontré.
57. Les phénomènes de l'hypnotisme fournissent un argument en faveur de la réalité du libre arbitre.
58. Les objections psychologiques à la liberté proviennent d'une étude exclusive des impulsions.
59. La force des impulsions ne peut pas être appréciée objectivement.
60. L'affirmation de la force subjective des impulsions renferme une pétition de principe.
61. La prévision des actions humaines n'a pas le caractère certain des prévisions physiques.
62. La volonté peut avoir une action immédiate sur les impulsions.

63. La volonté peut se créer des motifs.
64. La volonté a une action médiate sur les impulsions.
65. La statistique ne fournit pas une objection valable contre l'existence de la liberté.
66. La fixité des phénomènes ne prouve pas leur nécessité.
67. Les phénomènes sociaux ne présentent pas une fixité véritable.
68. Les phénomènes sociaux varient sous l'influence de causes dans lesquelles la liberté humaine a sa part.
69. La négation théorique de la liberté est démentie par la pratique.
70. La liberté relative de l'homme est une des données du problème universel.

DEUXIÈME PARTIE.

SYNTHÈSE.

CHAPITRE PREMIER.

LE MATÉRIALISME.

71. Le matérialisme a pour conséquence nécessaire la négation de la liberté.
72. L'action physique de l'esprit n'est pas plus inintelligible que l'action psychique de la matière.
73. L'objection à l'existence de la liberté tirée de la conservation de l'énergie est le résultat d'un *a priori* matérialiste.
74. La conservation de l'énergie dans le monde physique est une hypothèse qui n'est pas susceptible d'une démonstration absolue.
75. La loi de la conservation de l'énergie est étendue aux phénomènes biologiques par une induction contestable.

76. La loi de la conservation de l'énergie appliquée aux mouvements humains, n'exclut pas la liberté.
77. La conservation de l'énergie suppose l'état potentiel de la force, ce qui contredit le matérialisme.

CHAPITRE II.

L'IDÉALISME.

78. La négation de la liberté et de ses conséquences est imposée à l'idéalisme.
79. L'idéalisme donne une interprétation arbitraire au principe de causalité.
80. La conception de la science propre à l'idéalisme est le résultat d'une analyse incomplète.
81. L'interprétation idéaliste du principe de causalité explique les destinées de la philosophie de Kant.
82. Schopenhauer a mis en vive lumière une contradiction inhérente au Kantisme.
83. La pensée que la connaissance est la plus haute fonction de l'esprit, produit l'oubli de la liberté.

CHAPITRE III.

LE DÉTERMINISME.

84. Le matérialisme et l'idéalisme ont pour caractère commun l'affirmation du déterminisme universel.
85. Le déterminisme doit assigner une origine à l'idée de la liberté.
86. Les déterministes n'expliquent l'origine de l'idée de la liberté qu'en en présupposant l'existence.
87. Le déterminisme ne fournit pas une explication valable de l'existence du mal.
88. Le déterminisme contredit la conscience.
89. Le déterminisme engendre logiquement le quiétisme.
90. Le quiétisme paralyse la fonction la plus élevée du cœur.

CHAPITRE IV.

LE SPIRITUALISME.

91. Le spiritualisme explique l'idée de la liberté par la réalité de son objet.
92. Le spiritualisme explique l'existence de la liberté par la doctrine de la création.
93. Le libre arbitre établit l'analogie la plus importante entre le Créateur et la créature spirituelle.
94. Les esprits sont dans le monde créé les seules causes initiales.
95. Le spiritualisme explique le caractère relatif de la liberté humaine.
96. La réalité substantielle de l'esprit explique, soit le développement normal de la personne humaine, soit ses altérations.
97. Le bien et le mal moral sont des directions de la volonté.
98. Le bien et le mal moral n'ont pas leur siège dans l'intelligence.
99. Le spiritualisme explique la possibilité du mal.
100. La liberté renferme une tentation qui lui est inhérente.
101. La réalité du mal est une question de fait.
102. Le mal, tel qu'il existe dans le monde, ne trouve pas une explication suffisante dans l'acte des volontés individuelles.
103. L'hypothèse d'une préexistence individuelle des esprits ne rend pas compte de l'origine du mal tel qu'il existe dans le monde.
104. L'étude du problème du mal exige qu'on prenne en considération la solidarité du genre humain.
105. La solidarité dans le bien est le but des volontés libres.

CHAPITRE V.

OBJECTIONS A LA LIBERTÉ DÉDUITES DE LA THÉORIE SPIRITUALISTE.

106. L'infinité de Dieu n'exclut pas la réalité des êtres finis.
107. La toute-puissance divine ne fournit pas une objection valable contre l'affirmation de la liberté.
108. La loi de la souffrance impose une limite aux écarts de la liberté humaine.
109. L'avenir des esprits créés soulève un problème dont la solution philosophique présente de graves difficultés.
110. L'idée de la prescience divine crée une difficulté sérieuse pour la doctrine du libre arbitre.
111. L'objection à la liberté tirée de la prescience divine trouve une réponse dans le mystère de l'éternité.
112. Le spiritualisme ouvre à l'explication des actions humaines une voie que ferment les systèmes déterministes.

TABLE DES MATIÈRES.

	Pages.
AVANT-PROPOS	1
INTRODUCTION	7
Partie I. Analyse	35
Chapitre Ier. L'idée de la liberté	36
Chapitre II. Les signes de la liberté	121
Chapitre III. Objections à la liberté	164
Partie II. Synthèse	217
Chapitre Ier. Le Matérialisme	218
Chapitre II. L'Idéalisme	225
Chapitre III. Le Déterminisme	255
Chapitre IV. Le Spiritualisme	273
Chapitre V. Objections à la liberté déduites de la théorie spiritualiste	306
CONCLUSION	327
RÉSUMÉS	331

LIBRAIRIE FISCHBACHER, 33, Rue de Seine, à PARIS

EN VENTE :

HISTOIRE DE LA PHILOSOPHIE EUROPÉENNE, par Alfred Weber, professeur à l'Université de Strasbourg, 4º édition revue et augmentée. 1 vol. in-8. 10 fr.

LES ORIGINES INDO-EUROPÉENNES, par Adolphe Pictet. Ouvrage couronné par l'Académie française (Prix Volney). Deuxième édition, 3 vol. grand in-8. Prix . . . 30 fr.

LES ORIGINES. I. Le problème de la connaissance. — II. Le problème cosmologique. — III. Le problème anthropologique. — IV. L'origine de la morale et de la religion, par E. de Pressensé. 4º édit. 1 vol. in-8. 7 fr. 50

ORIGINE ET PHILOSOPHIE DU LANGAGE ou Principes de linguistique indo-européenne, par Paul Regnaud, professeur de sanskrit et de grammaire comparée à la Faculté des Lettres de Lyon. Deuxième édition augmentée d'une Préface, du Rapport de M. Vacherot sur le prix Bordin et de l'extrait du Discours de M. Jules Zeller. Un volume in-18 jésus. — Prix . . . . 4 fr.
L'Académie des Sciences morales et politiques a décerné le prix Bordin au mémoire qui a servi de base à cet ouvrage.

ÉTUDE LOGIQUE SUR LA CLASSIFICATION DES SCIENCES, par Adrien Naville. Brochure grand in-8 . . . . 2 fr.

ESSAI SUR LES ORIGINES DE L'IDÉE DU PROGRÈS, par Léon Maury. Un vol. in-8 . . . . 3 fr. 50

LES LOIS DE LA NATURE DANS LE MONDE SPIRITUEL, par Henry M. Drummond. Traduit de l'anglais par C.-A. Sanceau et précédé d'une introduction par Eug. Réveillaud. 1 vol. in-8. Prix . . . . 7 fr. 50

DE L'IDÉAL MORAL. Leçon d'ouverture du cours d'Histoire de la morale chrétienne avant la Réforme, faite le 5 novembre 1888, par Fr. Lichtenberger, doyen de la Faculté de théologie protestante de Paris. Brochure grand in-8 raisin . . . . 1 fr.

LE CRÉATEUR ET LA MÉTHODE DE LA CRÉATION. Discours prononcé à la conférence Fernley, en 1887, par W. H. Dallinger. Traduit de l'anglais par John W. Hérivel. Un vol. in-12 . . . . 1 fr. 50

LE PROBLÈME DU MAL, par A. Ott. Un volume in-8. Prix . 7 fr. 50
De la Raison. — Recherches sur la nature et l'origine des idées morales et scientifiques, par A. Ott. 1 vol. in-8 . . . . 7 fr. 50
Critique de l'Idéalisme et du Criticisme, par A. Ott. — Un vol. in-8 . . . 7 fr. 50

HISTOIRE DES RELIGIONS, par Albert Réville, professeur au Collège de France.
A. *Leçon d'ouverture du cours d'histoire des religions.* Brochure in-8 . . 1 fr. —
B. *Prolégomènes de l'histoire des religions,* 4º édition. 1 volume in-8 . . 6 fr. —
I. *Les Religions des peuples non-civilisés.* Deux volumes in-8 . . . . 12 fr. —
II. *Les Religions du Mexique, de l'Amérique centrale et du Pérou.* Un vol. in-8 7 fr. 50
III. *La Religion chinoise.* — Un vol. in-8 en deux sections . . . . . 12 fr. —

www.ingramcontent.com/pod-product-compliance
Lightning Source LLC
Chambersburg PA
CBHW050802170426
43202CB00013B/2532